云南大学
周边外交研究丛书

金珍 ◎ 著

澜湄次区域合作：
演进与发展

中国社会科学出版社

图书在版编目（CIP）数据

澜湄次区域合作：演进与发展／金珍著 . —北京：中国社会科学出版社，2021.6

（云南大学周边外交研究丛书）

ISBN 978 – 7 – 5203 – 8553 – 4

Ⅰ.①澜… Ⅱ.①金… Ⅲ.①澜沧江—流域—国际合作—区域经济合作—研究②湄公河—流域—国际合作—区域经济合作—研究 Ⅳ.①F127.74②F125.533

中国版本图书馆 CIP 数据核字（2021）第 106711 号

出 版 人	赵剑英	
责任编辑	马 明	
责任校对	王福仓	
责任印制	王 超	

出　　版	中国社会科学出版社	
社　　址	北京鼓楼西大街甲 158 号	
邮　　编	100720	
网　　址	http://www.csspw.cn	
发 行 部	010 – 84083685	
门 市 部	010 – 84029450	
经　　销	新华书店及其他书店	

印　　刷	北京明恒达印务有限公司	
装　　订	廊坊市广阳区广增装订厂	
版　　次	2021 年 6 月第 1 版	
印　　次	2021 年 6 月第 1 次印刷	

开　　本	710 × 1000	1/16
印　　张	13.75	
字　　数	216 千字	
定　　价	76.00 元	

云南大学周边外交研究中心
学术委员会名单

主任委员： 郑永年

副主任委员： 邢广程　朱成虎　肖　宪

委　　　员：（按姓氏笔画排序）

王逸舟　孔建勋　石源华
卢光盛　刘　稚　许利平
李一平　李明江　李晨阳
杨　恕　吴　磊　陈东晓
张景全　张振江　范祚军
胡仕胜　高祖贵　翟　崑
潘志平

《云南大学周边外交研究丛书》
编委会名单

编 委 会 主 任： 林文勋

编委会副主任： 杨泽宇　肖　宪

编 委 会 委 员：（按姓氏笔画排序）

　　　　　　　　孔建勋　卢光盛　刘　稚

　　　　　　　　毕世鸿　李晨阳　吴　磊

　　　　　　　　翟　崑

总　序

　　近年来，全球局势急剧变化，国际社会所关切的一个重要议题是：中国在发展成为世界第二大经济体之后，其外交政策是否会从防御转变为具有进攻性？是否会挑战现存的大国和国际秩序，甚至会单独建立自己主导的国际体系？的确，中国外交在转变。这些年来，中国已经形成了三位一体的新型大外交，我把它称为"两条腿，一个圈"。一条腿是"与美、欧、俄等建立新型的大国关系，尤其是建立中美新型大国关系"；另一条腿为主要针对广大发展中国家的发展战略，即"一带一路"；"一个圈"则体现于中国的周边外交。这三者相互关联，互相影响。不难理解，其中周边外交是中国外交的核心，也是影响另外两条腿行走的关键。这是由中国本身特殊的地缘政治考量所决定的。首先，周边外交是中国在新形势下全球谋篇布局的起点。中国的外交中心在亚洲，亚洲的和平与稳定对中国至关重要，因此能否处理好与周边国家关系的良性发展，克服周边复杂的地缘政治环境将成为影响中国在亚洲崛起并建设亚洲命运共同体的关键。其次，周边外交是助推中国"一带一路"主体外交政策的关键之举。"一带一路"已确定为中国的主体外交政策，而围绕着"一带一路"的诸多方案意在推动周边国家的社会经济发展，考量的是如何多做一些有利于周边国家的事，并让周边国家适应中国从"韬光养晦"到"有所作为"的转变，并使之愿意合作，加强对中国的信任。无疑，这是对周边外交智慧与策略的极大考验。最后，周边外交也是中国解决中美对抗、中日对抗等大国关系的重要方式与途径。中国充分发挥周边外交效用，巩固与加强同周边国家的友好合作关系，支持周边国家的发展壮大，提升中国的向心力，将降低美日等大国在中国周边地区与国家中的影响力，并化解美国在亚洲同盟与中国对抗的可能性与风险，促成周边国家自觉地对中国的外交政策做出适当的调整。

从近几年中国周边外交不断转型和升级来看，中国已经在客观上认识到了周边外交局势的复杂性，并做出积极调整。不过，目前还没能拿出一个更为具体、系统的战略。不难观察到，中国在周边外交的很多方面既缺乏方向，更缺乏行动力，与周边国家的关系始终处于"若即若离"的状态。其中导致该问题的一个重要原因是对周边外交研究的不足与相关智库建设的缺失，致使中国的周边外交还有很大的提升和改进空间。云南大学周边外交中心一直紧扣中国周边外交发展的新形势，在中国周边外交研究方面有着深厚的基础、特色定位，并在学术成果与外交实践上硕果颇丰，能为中国周边外交实践起到智力支撑与建言献策的重要作用。第一，在周边外交研究的基础上，云南大学周边外交中心扎实稳固，发展迅速。该中心所依托的云南大学国际问题研究院从20世纪40年代起就开始了相关研究。21世纪初，在东南亚、南亚等领域的研究开始发展与成熟，并与国内外相关研究机构建立了良好的合作关系，同时自2010年起每年举办的西南论坛会议成为中国西南地区最高层次的学术性和政策性论坛。2014年申报成功的云南省高校新型智库"西南周边环境与周边外交"中心更在中央、省级相关周边外交决策中发挥着重要作用。第二，在周边外交的研究定位上，云南大学周边外交中心有着鲜明的特色。该中心以东南亚、南亚为研究主体，以大湄公河次区域经济合作机制（GMS）、孟中印缅经济走廊（BCIM）和澜沧江—湄公河合作机制（LMC）等为重点研究方向，并具体围绕区域经济合作、区域安全合作、人文交流、南海问题、跨界民族、水资源合作、替代种植等重点领域进行深入研究并不断创新。第三，在周边外交的实际推动工作上，云南大学周边外交中心在服务决策、服务社会方面取得了初步成效。据了解，迄今为止该中心完成的多个应用性对策报告得到了相关部门的采纳和认可，起到了很好的资政服务作用。

云南大学周边外交中心推出的《云南大学周边外交研究丛书》与《云南大学周边外交研究中心智库报告》等系列丛书正是基于中国周边外交新形势以及自身多年在该领域学术研究与实践考察的深厚

积淀之上。从周边外交理论研究方面来看，这两套丛书力求基于具体的区域范畴考察、细致的国别研究、详细的案例分析，来构建起一套有助于建设亚洲命运共同体、利益共同体的新型周边外交理论，并力求在澜沧江—湄公河合作机制、孟中印缅经济合作机制、水资源合作机制等方面有所突破与创新。从周边外交的具体案例研究来看，该套丛书结合地缘政治、地缘经济的实际情况以及实事求是的田野调查，以安全合作、经济合作、人文合作、环境合作、边界冲突等为议题，进行了细致的研究、客观独立的分析与思考。从对于国内外中国周边外交学术研究与对外实践外交工作的意义来看，该丛书不仅将为国内相关研究同人提供借鉴，也将会在国际学界起到交流作用。与此同时，这两套丛书也将为中国周边外交的实践工作的展开提供智力支撑并发挥建言献策的积极作用。

郑永年

2016 年 11 月

前　言

随着中国综合实力与国际地位稳步提升，从 20 世纪 90 年代以来，特别是进入 21 世纪之后，中国与国际机制的关系正在逐渐由参与、融合，向塑造、引领转变，"中国倡议""中国方案"在全球和地区合作中日益突出。澜沧江—湄公河合作就是中国倡导和引领建设的次区域合作新机制，呈现出良好的发展态势。但是，作为次区域合作机制的"后来者"，澜沧江—湄公河合作如何处理和协调次区域内既有机制尤其是大湄公河次区域经济合作的关系，在学理和现实层面都面临着难题。

1992 年，在亚洲开发银行的倡导和推动下，中国与湄公河五国共同参与了大湄公河次区域经济合作。经过多年的建设和发展，大湄公河次区域经济合作成为六国间最早且最为成熟最具影响力的合作平台。2014 年，在国际和地区发展的新形势下，中国倡议并引领了次区域合作新机制的建设。2015 年 11 月，澜沧江—湄公河合作首次外长会议在中国云南顺利举行。2016 年 3 月，澜沧江—湄公河合作首次领导人会议在中国三亚成功召开。在各方的共同努力下，澜沧江—湄公河合作迅速发展成为共商共建共享"一带一路"的重要平台。这一进程，一方面，反映出随着次区域合作的深化，中国正在由国际机制的参与者向倡导者、主导者转变，这其中的经验值得探讨与总结。另一方面，中国正在卷入不断嵌套、重叠的多边地区机制之中，机制复杂性也日益成为中国制定政策时必须考虑的结构因素。如何妥善处理新老机制的关系，成为当前面临的现实难题。由此，对大湄公河次区域经济合作与澜沧江—湄公河合作进行比较研究，在学理层面，有利于把握次区域合作演进发展的态势，为新的理论突破提供更为可靠的事实依据。在实践层面，对于我国处理国际机制复杂化的问题可以提供良好的参鉴样本。

本书首先明晰次区域合作的基本概念，探究次区域经济合作与次区域合作的内在关联。结合区域主义、功能主义、区域性国际公共产品等相关理论，提出次区域合作机制间的比较分析框架，即纵向的历史比较，横向的机制间同类要素比较。其次运用这个框架，对大湄公河次区域经济合作与澜沧江—湄公河合作进行比较分析，探讨次区域合作演进发展的规律。纵向上，比较大湄公河次区域经济合作与澜沧江—湄公河合作各自的时代背景、发展历程、主要成果、主要困难，揭示后者对于前者的突破与发展。横向上，从合作领域、机制建设、合作主导权等方面进行比较，全面把握澜沧江—湄公河合作在合作领域、合作主导权等方面的优势，也准确分析其在机制建设方面的相对不足。在此基础上，从理论和实践两个层面，剖析两项机制的内在关联，指出两项机制应该且可以实现协调发展，共同推进次区域的繁荣与稳定。最后探究其对我国在新时期参与次区域合作的启示。从大湄公河次区域经济合作发展的成熟到澜沧江—湄公河合作的创设和推进，这一进程折射出中国与湄公河国家的合作已进入深度融合阶段，为我国在周边外交新时代如何引领和深化次区域合作，以及如何处理既有机制与创设机制的关系提供了理论参考和经验借鉴。

通过以上研究，本书认为，一是依据合作的深度不同，次区域合作可以分为"低阶次区域合作"和"高阶次区域合作"两类。"高阶"次区域合作相对"低阶"次区域合作而言，强调的是合作层次、合作水平及合作机制的提质升级。主要指原有的合作方式、合作领域、合作机制等不能很好地适用于新的发展形势，因此需要通过集体行动，来推进合作的调整和深化。这也是一个合作需求逐渐升级、合作领域不断拓展，以及合作机制不断演化的过程。二是澜沧江—湄公河合作的创建契合了澜湄次区域"高阶"合作发展趋势，澜沧江—湄公河合作不是对大湄公河次区域经济合作的"另起炉灶"，尽管其有望建设成为大湄公河次区域经济合作的"升级版"，但是实现全面超越仍有待时日。在次区域的发展进程中，二者必然长期共存，只有正确处理二者的竞合关系，实现协同发展，才能切实降低各方参与成本，减少合作中的不确定性，提高资源利用率，进一步提升机制的生命力和影响力。三是周边地区机制复杂性及机制建设与中国自身利益息息相关，中国应该完善相关机制建设，以推动地区深度融合，深化周边外交合作。要准确认识在周边区域合作中，创设机制与既有机制之间不是"零和"关系，而是既有竞争也有合作，二者竞争的一面需要磨合，二者共通的一面提供了协同发展的空间。中国倡导的新型次区域合作，无论在理念设计还是在机制安排等方面，都秉承着协同发展、开放包容的基本原则，创设机制是对既有次区域合作架构的补充而非替代，充分体现和展示了"和而不同"的中国理念。

目　录

绪　论

第一节　研究的问题与意义

一　问题的提出

澜沧江—湄公河流域具有丰富的自然资源，巨大的经济发展潜力，以及"牵一江而动东南亚"的地缘优势。20 世纪 90 年代以来，以澜沧江—湄公河为依托的地区合作逐步兴起。其中，大湄公河次区域经济合作（the Greater Mekong Subregion Economic Cooperation，GMS）最具影响力。GMS 由亚洲开发银行在 1992 年成功发起，成员国为澜沧江—湄公河沿岸的六国，即柬埔寨、老挝、缅甸、泰国、越南、中国（云南和广西）。在过去的二十多年里，大湄公河次区域经济合作表现出了较强的活力，成为亚洲乃至世界上最为成功的次区域合作机制之一，在促进次区域发展中扮演了重要角色。大湄公河次区域经济合作是中国参与的时间最早、成效最为显著的次区域合作之一，更是中国—东盟合作的前沿窗口和重要依托。

但是，在经过二十多年的快速发展之后，大湄公河次区域经济合作的发展障碍也越来越凸显，主要存在三个突出问题：一是合作深度问题。在次区域经济合作已经达到了一个较高层次（中国和越南、老挝、缅甸和柬埔寨的"零关税"在 2015 年 1 月 1 日实行）之后，如何有效保障经济发展的可持续性，进一步提升次区域经济合作的水平。二是合作广度问题。如何将经济合作拓展到政治、安全领域以及社会领域的深化合作，更加有效地应对次区域内日益突出的环境保护、毒品走私、恐怖主义、公共卫生等方面的问题。三是主导权问题。亚洲开发银行是 GMS 的主导者和协调者，推进了次区域合作。不过，传统上亚洲开发银行受日本、美国的影响，次区域国家间的合作也因此受到较大制约。而中国作为域内最大的经济体，为地区发展提供了诸多机遇和重要动力，却长期在合作规则制定、话语权等方面未能充分发挥作用。

为了破解大湄公河次区域经济合作的困境，切实保障次区域的可持续发展，实现地区的繁荣和稳定，中国与湄公河国家做出了积极努力。2014 年 12 月在 GMS 第五次领导人会议上，中国国务院总理李克强提出："中国愿与各方携手努力，打造中国—东盟合作升级版，打造中国同次区域国家经济合作升级版。"[①] 该倡议得到了次区域内各国的积极响应，在六国的共同推进下，2016 年 3 月 23 日，澜沧江—湄公河合作首次领导人会议成功举行，正式启动"澜沧江—湄公河合作"（Lancang-Mekong Cooperation，LMC），确定了建设"面向和平与繁荣的澜湄国家命运共同体"的目标。[②] 此后，这一由六国"共商、共建、共享的次区域合作平台"[③] 不断取得积极成果，影响力稳步提升。

大湄公河次区域经济合作与澜沧江—湄公河合作同为次区域内六国共同参与的合作机制，二者有着非常紧密的关系。正是大湄公河次区域经济合作的成功，孕育和培养了澜沧江—湄公河合作；澜沧江—湄公河合作的建立和完善，也正是对大湄公河次区域合作的突破与发展。相比较而言，澜沧江—湄公河合作在合作领域、合作机制、合作框架等方面都呈现出更高的合作层次和水平，在合作动力方面也呈现出由"外力"驱动转向"内力"驱动。那么，在中国与湄公河国家的合作进程中，由"次区域经济合作"迈向"次区域合作"的关键

---

① 《李克强在大湄公河次区域经济合作第五次领导人会议开幕式上的讲话（全文）》，2014 年 12 月 20 日，中国政府网（http：//www. gov. cn/guowuyuan/2014-12/20/content_2794565. htm）。

② 《澜沧江—湄公河合作首次领导人会议三亚宣言》，2016 年 3 月 23 日，澜沧江—湄公河合作中国秘书处（http：//www. lmcchina. org/zywj/t1511256. htm）。

③ 《澜沧江—湄公河合作首次外长会联合新闻公报》，2015 年 11 月 12 日，澜沧江—湄公河合作中国秘书处（http：//www. lmcchina. org/zywj/t1511257. htm）。

因素是什么，如何为我国参与的其他次区域合作乃至区域合作提供宝贵借鉴？澜沧江—湄公河合作作为新型次区域合作机制，有何优势与不足？针对这两项合作机制，我国在外交策略上如何抉择，是"另起炉灶""厚此薄彼"，还是"协同发展"？面对如火如荼的澜沧江—湄公河合作发展形势，总体上，相关研究已经远远不能适应深化合作的迫切需要，不能适应共建"人类命运共同体"，推进"一带一路"国际合作，以及巩固周边外交的战略需求。在此背景下，开展本项研究具有重要的学术价值和现实意义。

二　研究意义

（一）理论意义

1. 从学术层面探索和发展次区域合作理论

随着合作的不断推进和深入发展，原有合作模式、领域、机制等不再适用于新的发展形势，次区域合作需要进行升级，由此呈现出一种"成长性"。这也就是一个不断深化和拓展合作领域，提升合作层次，完善合作机制的进程。本书从比较分析的视角出发，系统分析次区域合作由"低阶"向"高阶"发展演进的逻辑内涵和动力机制。不仅从合作主体、合作机制、合作领域等方面对次区域合作展开全面分析，而且将重点研究次区域合作的发展动力、内部和外部约束问题，以及实现路径等。这对丰富和完善次区域合作的理论有着重要意义。

2. 为我国参与次区域合作提供理论借鉴

澜沧江—湄公河流域是我国开展次区域合作最早、最成熟，也是最有成效的地区，是当前及未来我国深化次区域合作最有基础，也最有可能取得重大进展的地区。本书以大湄公河次区域经济合作与澜沧江—湄公河合作的进阶发展为案例，开展理论与实证研究。系统梳理大湄公河次区域经济合作的发展进程、主要成果与问题，分析和把握澜沧江—湄公河合作的现状，研判澜沧江—湄公河合作的前景，探究深化次区域合作的一般规律。为我国更加积极有为地推进中亚区域经济合作、大图们江次区域经济合作等次区域层面，以及中国—东盟等区域层面的合作，提供理论参考和经验借鉴。

3. 丰富和发展我国的周边外交理论

次区域合作与我国的周边外交紧密相连。本书将对我国周边外交与次区域合作的互动关系进行理论探讨，把握我国在深化与湄公河国家合作的进程中，如何将我国的发展与周边国家和地区的共同发展相结合，在促进自身发展的同时，也更好地惠及周边国家和地区，将经济发展和周边安全有效结合，实现以发展保障和平，以和平促进发展。这些经验总结也为国际机制研究提供了丰富的素材，对于思考中国与周边国家关系的历史性变迁也不乏重要意义。在此基础上，进一步丰富我国周边外交工作的理念与内涵，充实和发展"人类命运共同体""一带一路"倡议下的周边外交理论。

（二）现实意义

1. 有利于协调相关次区域合作机制，共同推进澜湄国家命运共同体的构建

随着国际与地区政治经济形势的变化，我国与湄公河国家开展次区域合作面临着新问题和新挑战，亟待相关国家共同应对和妥善处理。当前，迫切需要妥善处理和协调 GMS 与 LMC 的关系，充分发挥出两项机制各自的优势和特点，深化我国与湄公河国家的沟通与合作，协力推进"澜湄国家命运共同体"建设，打造"人类命运共同体"先行先试的样板。本书将全面分析 GMS 和 LMC 面临的机遇与挑战，研判这两项国际机制未来的发展方向，针对性地提出发展思路和路径，服务于新时代下的澜湄次区域合作。

2. 有利于"一带一路"国际合作在澜湄次区域的建设和推进

"一带一路"国际合作旨在实现各参与方间"五通"，即"政策沟通、设施联通、贸易畅通、资金融通、民心相通"，这在澜湄次区域具有坚实基础和良好条件。总体来看，我国与湄公河国家间的合作进程，因受到域外因素的干扰而出现中断，或是发生逆转的可能性比较小。当前，我国应该在澜湄次区域发挥更大影响力，通过澜沧江—湄公河合作等平台，提供更多的契合地区发展需求的区域公共产品，树立起"负责任大国"的形象，实现我国与湄公河国家的互利共赢，吸引和推动其他国家、地区更加积极地参与"一带一路"国际合作。

3. 有利于新时代周边外交工作的深化

澜湄次区域在我国的周边外交战略中有着重要地位，是我国践行"亲、诚、惠、容"周边外交新理念的"示范窗口"。深化澜湄次区域合作，可以为我国经济社会的发展创造更加稳定的周边环境，也可以进一步促进"命运共同体"意识在周边落地生根，使澜湄次区域成为中国和平发展的牢固的地缘战略依托。澜湄次区域合作的演进发展，不仅为我国深化与周边国家和地区的合作提供了良好的政策借鉴，也为处理国际合作机制复杂化的问题提供了重要的参鉴样本。

第二节　研究现状与文献综述

大湄公河次区域经济合作已经走过了 27 个年头，与此同时，国内外学者也针对 GMS 展开了多视角、多学科的研究。相关研究与合作的进程紧密相连，研究成果数量多，涉及面广、内容丰富。可以说，一方面，不断深化的大湄公河次区域经济合作催生了相关学术研究成果；另一方面，学术研究成果的不断丰富完善，也进一步推动了大湄公河次区域经济合作的发展，也在很大程度上促成了澜沧江—湄公河合作的建立。GMS 与 LMC 这两项合作机制间的紧密联系，不仅需要从实践层面去厘清发展脉络，更需要从理论层面去探究次区域合作深化发展的规律。本书对相关成果进行梳理与归纳，重点关注了大湄公河次区域经济合作研究，澜沧江—湄公河合作研究，以及次区域合作的理论研究。

一　大湄公河次区域经济合作研究

关于大湄公河次区域经济合作，国内外已经取得非常丰硕的研究成果。依据研究议题、成果数量等，国内外对大湄公河次区域经济合作的研究大致可以分为三个阶段。

（一）第一阶段：从 20 世纪 80 年代末至 20 世纪末

国内一些机构开展了我国参与大湄公河次区域经济合作的相关政

策和合作规划研究，有相当一部分成果最终成为中央与地方政府参与次区域经济合作的主要政策。在专著方面，主要集中于次区域国别政治、经济、资源概况等问题的研究。① 在论文方面，总体数量不多，主要针对次区域合作模式、主要困难及合作意义等问题进行探讨。② 理论研究方面，国内外学者主要从传统的国际经济一体化理论中，如关税同盟理论、区域（地区）主义等基础上，探索性地提出了增长三角、增长多边形等理论思考，并结合东南亚的案例进行实证研究。这一阶段的研究具有一定的开创性，起到了积极的决策咨询作用，但也存在研究领域较为狭窄、议题单一等局限。

（二）第二阶段：从 21 世纪初至 2011 年

在这一时期，大湄公河次区域经济合作逐渐成为我国东南亚学界研究的一个热点。特别是 2002 年大湄公河次区域经济合作首次领导人会议召开之后，相关研究的议题不断深入和细化。一是主要从国别参与的视角展开研究。由于我国是次区域合作的主要参与方，也是次区域经济发展最有活力和潜力的国家，国内不少学者对我国参与次区域合作的进展、困难、前景等问题进行了重点关注。张锡镇提出我国与湄公河国家合作的深化，面临的主要矛盾"集中在水资源开发和利用这一领域"，必须找到突破障碍的有效途径。③ 付瑞红在分析了

---

① 包括：王士录：《当代越南》，四川人民出版社 1992 年版；贺圣达：《当代缅甸》，四川人民出版社 1993 年版；王士录：《当代柬埔寨》，四川人民出版社 1994 年版；马树洪：《东方多瑙河——澜沧江·湄公河流域开发探究》，云南人民出版社 1995 年版；曹云华：《东南亚的区域合作》，华南理工大学出版社 1995 年版；王文良：《当代泰国经济》，云南大学出版社 1997 年版；王士录：《当代柬埔寨经济》，云南大学出版社 1999 年版；刘稚：《当代越南经济》，云南大学出版社 2000 年版；等等。

② 包括：贺圣达：《突破中国与东南亚经贸关系的现有框架的创举——论中国参加澜沧江—湄公河开发国际合作的意义》，《东南亚》1993 年第 3 期；刘稚：《澜沧江—湄公河合作开发的国际环境和国际关系》，《东南亚》1993 年第 3 期；杨晓辉：《湄公河综合开发研究亟待进一步加强》，《亚太研究》1993 年第 5 期；郭来喜：《澜沧江—湄公河多目标协同开发研究》，《云南地理环境研究》1994 年第 1 期；马树洪：《澜沧江—湄公河流域综合开发研究》，《云南社会科学》1994 年第 5 期；施本植：《湄公河流域国家次区域合作的难点及模式选择》，《亚太研究》1994 年第 6 期；施本植：《湄公河流域国家次区域经济合作问题刍议》，《经济问题探索》1995 年第 4 期；何大明：《澜沧江—湄公河流域开发研究的回顾与展望》，《云南地理环境研究》1995 年第 1 期；贺圣达：《澜沧江—湄公河次区域合作的理论与方法》，《东南亚》1997 年第 2 期；等等。

③ 张锡镇：《中国参与大湄公河次区域合作的进展、障碍与出路》，《南洋问题研究》2007 年第 3 期。

次区域合作的演进发展、中国参与合作的角色特征等问题之后，提出
"中国政府进一步利用自身的经济、政治优势更好地发挥政策协调者
的角色是必要的，也是值得期待的"①。值得关注的是，云南大学澜
沧江—湄公河次区域研究中心自 2011 年以来，每年都发布《大湄公
河次区域合作发展报告》②，持续关注了次区域合作中的热点和重点
问题，对于准确把握合作的发展态势大有裨益。二是专题研究的视
角。国内学者主要围绕次区域合作中的产业、贸易、金融等方面进行
专题研究，主要集中在与经济相关的议题。③ 水资源开发是次区域合
作中的重要内容，国内对此也展开了相关研究，取得一些积极成果。
在这一阶段，随着越来越多的域外大国参与湄公河流域的开发，围绕
次区域合作主导权的竞争日趋激烈，国内研究路径开始呈现出由单一
的经济路径向国际关系路径扩展的特点。

　　国外对于大湄公河次区域经济合作的研究议题相对比较有限，集
中于澜沧江—湄公河"水政治"（Hydro-Politics）所引发的生态安全、
经济安全、政治安全等内容。研究成果主要以论文为主，专著的数量
较少。具体而言，国外研究特别关注两个问题，一是关于澜沧江—湄
公河这一跨界河流的管理。④ 二是中国参与次区域合作的动机、措施

　　① 付瑞红：《湄公河次区域经济合作的阶段演进与中国的角色》，《东南亚纵横》
2009 年第 5 期。

　　② 刘稚、卢光盛：《大湄公河次区域合作发展报告》（蓝皮书）系列丛书，社会科学
文献出版社 2011—2016 年版；2017 年《大湄公河次区域合作发展报告》（蓝皮书）更名为
《澜沧江—湄公河合作发展报告》（蓝皮书），社会科学文献出版社 2017 年版。

　　③ 包括：丁斗：《东亚地区的次区域经济》，北京大学出版社 2001 年版；李义敢、唐
新义、李平：《大西南联合参与澜沧江—湄公河次区域合作开发研究》，云南民族出版社
2001 年版；李义敢、毛义强：《滇沪联合参加澜沧江—湄公河次区域合作研究》，云南民族
出版社 2001 年版；李玫：《大湄公河次区域经济合作法律问题研究》，对外经济贸易大学出
版社 2006 年版；柴瑜、陆建人、杨先明：《大湄公河次区域经济合作研究》，社会科学文献
出版社 2007 年版；刘稚：《大湄公河次区域经济走廊建设研究》，云南大学出版社 2009 年
版；丁文丽：《大湄公河次区域货币合作：理论、基础与对策》，人民出版社 2009 年版；魏
景赋、邱成利：《大湄公河次区域经济研究——GMS 机制内的产业与贸易合作》，文汇出版
社 2010 年版；等等。

　　④ Pech Sokhem, Kengo Sunada & Satoru Oishi, "Managing Transboundary Rivers: The
Case of the Mekong River Basin", *Water International*, Vol. 32, No. 4, December 2007, pp.
503 – 523; Vannarith Chheang, "Environment and Economic Cooperation in the Mekong River",
Asia Europe Journal, Vol. 8, November 2010, pp. 359 – 368.

及影响。① 日本学者西泽信善比较了日本与中国对湄公河流域进行援助的情况，指出日本与中国在湄公河地区存在激烈的竞争，整体上中国对湄公河国家影响力正在不断超越日本，但是中国的这种影响力在湄公河各国之间仍存有差异。②

值得注意的是，国外不少学者和机构往往戴着"有色眼镜"来看待中国与湄公河国家的合作，不乏"中国威胁论"的论调。如，亚历克斯·利伯曼在《霸权渗透：中国的"和平崛起"与湄公河大坝建设》中，就以中国在湄公河流域的表现为例，否定中国提出的"和平崛起"。认为中国自身过于强大而湄公河国家严重示弱，中国对于这种不对称的权力关系绝对不会做出让步，中国与湄公河国家不可能实现双赢。③ 关于中国参与的湄公河水资源开发的研究，国外一些研究有失客观和公允，给中国与湄公河国家的合作带来了负面影响。

（三）第三阶段：从 2012 年至今

大湄公河次区域经济合作进入第三个十年阶段以来，即第四次 GMS 领导人会议发表《新十年战略框架（2012—2022）》之后，国外研究的议题和领域并没有发生显著变化，仍然对合作中的生态环境保护，区域治理等问题继续给予重点关注。④ 不过，我国学界针对 GMS 的研究却明显呈现出两种不同趋向。

一种是延续原有轨道，依据深化经济合作的思路，围绕大湄公河次区域经济合作新战略框架确定的区域一体化进程、基础设施互联互

---

① Timo Menniken, "China's Performance in International Politics: Lessons from the Mekong", *Contemporary Southeast Asia*, Vol. 29, No. 1, April 2007, pp. 97 – 120; Jim Glassman, *Bounding the Mekong: the Asian Development Bank, China, and Thailand*, Honolulu: University of Hawaii Press, 2010.

② ［日］西泽信善：《湄公河地区开发与日本的国际合作——日趋激烈的日中竞争》，《南洋译丛》2010 年第 1 期；［日］西泽信善：《湄公河地区开发与日本的政府开发援助》，《南洋译丛》2011 年第 1 期。

③ Alex Liebman, "Trickle-down Hegemony: China's 'Peaceful Rise' and Dam Building on the Mekong", *Contemporary Southeast Asia*, Vol. 27, No. 2, August 2005, pp. 281 – 283.

④ Sebastian Biba, "China's Continuous Dam: Building on the Mekong River", *Journal of Contemporary Asia*, Vol. 42, No. 4, November 2012, pp. 603 – 628; Andrea Haefner, "Regional Environmental Security: Cooperation and Challenges in the Mekong Subregion", *Global Change, Peace & Security*, Vol. 25, No. 1, 2013, pp. 27 – 41.

通、关注自然与社会因素三大战略目标开展研究，国内一些学者认为
应坚持"突出大湄公河次区域经济合作的主导地位"①。

　　另一种则是将研究重心由经济合作向政治安全、社会文化等领域
拓展的趋势。一些学者开始关注，在次区域经济合作已经达到了一定
程度，关税降低及道路联通的边际效应降低的情况下，特别是在大湄
公河次区域经济合作几乎不能有效解决我国看重的政治互信、安全合
作以及非传统安全合作等方面问题的情况下，应该如何深化合作等问
题。沈铭辉分析了大湄公河次区域经济合作的不足之后，指出中国如
果在今后的合作中，将"过多的原本不属于 GMS 的东西纳入目标范
畴，会导致中国反受其害"②。任娜和郭延军提出"探讨建立全流域
水资源合作机制的可能性"③。毕世鸿提出在安全合作方面，"中国可
考虑重构既有的合作框架，择机与湄公河国家联手筹组类似上海合作
组织的'大湄公河次区域合作组织'，加强顶层设计"④。卢光盛等明
确提出推动大湄公河次区域经济合作升级，拓展政治—安全以及社会
文化等维度的合作，并针对湄公河航道安全与联合护航、跨境犯罪防
控与合作、人文交流等方面开展了专题研究。⑤ 在 2014 年年末，国
内学界开始出现了"在 GMS 机制之外，由中国主导创设一个新的合
作机制"的意见和声音。⑥ 这说明，本阶段国内的一些前沿性研究，
在一定程度上呈现出与外交决策部门呼应和配合的趋势，实现了学术
研究与国家战略之间的良性互动。⑦

---

　　① 黄征学、肖金成、申兵：《中国参与澜沧江—湄公河国际次区域合作的思路及对
策》，《区域经济评论》2013 年第 3 期。

　　② 沈铭辉：《大湄公河次区域经济合作：复杂的合作机制与中国角色》，《亚太经济》
2012 年第 3 期。

　　③ 任娜、郭延军：《大湄公河次区域合作：问题与对策》，《战略决策研究》2012 年
第 2 期。

　　④ 毕世鸿：《机制拥堵还是大国协调——区域外大国与湄公河地区开发合作》，《国际
安全研究》2013 年第 2 期。

　　⑤ 卢光盛、金珍：《"一带一路"框架下大湄公河次区域合作升级版》，《国际展望》
2015 年第 5 期。

　　⑥ 卢光盛：《"一带一路"框架下推进澜沧江—湄公河次区域合作的几点思考》，《东
亚要报》2015 年第 7 期。

　　⑦ 卢光盛、金珍：《"澜湄合作机制"建设：原因、困难与路径?》，《战略决策研究》
2016 年第 3 期。

二　澜沧江—湄公河合作研究

澜沧江—湄公河合作（简称"澜湄合作"）于 2014 年开始起步建设，是中国响应泰国提出的次区域可持续发展倡议，引领和创建的新型次区域合作机制。① 自 2016 年 3 月，澜沧江—湄公河合作正式成立以来，引发了我国学界的广泛关注，研究议题和研究领域渐趋深入和细化。具体而言，国内学者集中关注了两个议题。一是对澜沧江—湄公河合作机制建设研究。在澜湄合作机制建立之前，澜湄次区域已经建立起多个多边合作机制，创设新机制的动力和意义何在？新机制与既有机制有何异同，是否存在竞争关系？澜湄合作当前面临哪些困难和障碍，如何推动其服务于我国"一带一路"和周边外交战略？国内学界对相关问题展开了深入的探讨，成果逐步丰富，起到了良好的决策参考作用。二是澜沧江—湄公河合作机制下的水资源合作研究。澜沧江—湄公河合作因水而生，水资源合作被确立为优先合作领域之一，具有突出的重要性。在澜湄合作机制下如何推进跨境水资源合作，我国参与澜湄合作水资源管理的发展路径等，也成为当前学界关注的重点问题。

（一）澜沧江—湄公河合作机制建设研究

在我国学界，卢光盛教授对澜沧江—湄公河合作进行了比较深入和全面的研究，成果颇为丰富。相关成果分别从多个视角分析澜湄合作的背景、主要难点、发展方向及建设路径等，探讨了澜湄合作与大湄公河次区域经济合作的关系，以及如何与次区域内其他相关机制实现优势互补、相互促进等问题。② 在《"命运共同体"视角下的周边

---

① 《澜沧江—湄公河合作首次领导人会议三亚宣言》，2016 年 3 月 23 日，澜沧江—湄公河合作中国秘书处（http：//www. lmcchina. org/zywj/t1511256. htm）。

② 主要包括：卢光盛、罗会琳：《"大湄"还是"澜湄"？一个绕不过去的话题》，《世界知识》2018 年第 9 期；卢光盛、熊鑫：《周边外交视野下的澜湄合作：战略关联与创新实践》，《云南师范大学学报》（哲学社会科学版）2018 年第 2 期；卢光盛、别梦婕：《"命运共同体"视角下的周边外交理论探索和实践创新——以澜湄合作为例》，《国际展望》2018 年第 1 期；卢光盛、别梦婕：《澜湄国家命运共同体：理想与现实之间》，《当代世界》2018 年第 1 期；卢光盛、罗会琳：《澜湄合作：发展评估和未来方向》，《世界知识》2018 年第 3 期；卢光盛、别梦婕：《澜湄合作机制：一个"高阶的"次区域主义》，《亚太经济》2017 年第 2 期；卢光盛、张励：《澜湄合作机制：升级澜湄流域地 （转下页）

外交理论探索和实践创新——以澜湄合作为例》一文中，提出我国应该构建"利益—责任—规范"三位一体的理论框架，以更好地指导周边外交，以及周边命运共同体建设。在《澜湄机制如何从湄公河地区诸多边机制中脱颖而出？》一文中，针对次区域内机制林立的状况，提出澜沧江—湄公河合作需要尽快找准定位，突出自身特色，秉持开放包容，构筑次区域国家的共同利益。① 他认为，面对复杂的地区安全形势，中国和湄公河国家在澜湄合作机制下建立和健全跨境安全治理，是解决跨境安全问题的关键所在。②

　　国内长期从事东南亚研究、周边外交研究的一些学者也对澜湄合作的发展给予了充分的关注，主要分析了澜湄合作对中国—东盟合作、周边外交的重要作用和价值，对如何完善机制建设展开了深入探讨。刘稚等提出要准确把握澜湄合作与"一带一路"的关系，进一步明确澜湄合作在"一带一路"中的战略定位与发展方向。③ 李晨阳分析了澜湄合作面临的机遇与挑战，提出中国需要变革合作中的观念、心态、侧重点等，必须加大在合作中的投入，否则澜湄合作难以取得切实成效。④ 毕世鸿提出，我国推进澜湄合作要有大局观，要在"一带一路"和周边外交的框架下谋划和经营。⑤ 黄河等认为中国需要成为澜湄次区域合作中区域性公共产品提供的推动者。⑥ 武友德等

（接上页）缘政治经济架构的新通道》，《世界知识》2017 年第 3 期；卢光盛：《湄公河航道的地缘政治经济学：困境与出路》，《深圳大学学报》（人文社会科学版）2017 年第 1 期；卢光盛、雷著宁：《澜湄机制是中国—东盟合作新纽带》，《世界知识》2016 年第 16 期；卢光盛、张励：《澜沧江—湄公河合作机制与跨境安全治理》，《南洋问题研究》2016 年第 3 期；卢光盛：《澜沧江—湄公河合作机制与中国—中南半岛经济走廊建设》，《东南亚纵横》2016 年第 6 期；卢光盛、金珍：《"澜湄合作机制"建设：原因、困难与路径？》，《战略决策研究》2016 年第 3 期；卢光盛：《澜湄机制如何从湄公河地区诸多边机制中脱颖而出？》，《当代世界》2016 年第 5 期；等等。

　　① 卢光盛：《澜湄机制如何从湄公河地区诸多边机制中脱颖而出？》，《当代世界》2016 年第 5 期。

　　② 卢光盛、张励：《澜沧江—湄公河合作机制与跨境安全治理》，《南洋问题研究》2016 年第 3 期。

　　③ 刘稚、徐秀良：《"一带一路"背景下澜湄合作的定位及发展》，《云南大学学报》（社会科学版）2017 年第 5 期。

　　④ 李晨阳：《澜沧江—湄公河合作：机遇、挑战与对策》，《学术探索》2016 年第 1 期。

　　⑤ 毕世鸿：《澜湄合作如何深化》，《世界知识》2016 年第 12 期。

　　⑥ 黄河、杨海燕：《区域性公共产品与澜湄合作机制》，《深圳大学学报》（人文社会科学版）2017 年第 1 期。

提出跨流域创新治理体系的构建是解决跨国区域合作的关键，澜湄合作要做好顶层战略设计，共同构建持续共赢的跨流域利益联合体。①

在著作方面，目前相关研究的数量还比较少。卢光盛等的《澜湄合作的方向、路径与云南的参与》是国内第一本系统研究澜湄合作的著作，主要内容包括澜湄合作与"一带一路"的战略关联、推进澜湄合作的困难与障碍、澜湄合作未来的方向和路径，以及云南参与澜湄合作建设的对策思考等。② 刘金鑫的《澜沧江—湄公河次区域合作研究报告》，主要对澜湄次区域的产业园区合作、中老泰昆曼经济走廊三方民间机制建设等问题展开了专题研究。③ 总体上看，相关成果从理论和实践层面丰富了澜沧江—湄公河合作的研究，为深化合作提供了积极的思路和具体对策。④

在国外，湄公河国家以及日本、美国等国家的一些媒体比较密切地关注了澜湄合作的发展进程，以及其对于地区格局的影响。但是，国外学界鲜见关于澜湄合作机制建设的系统研究。泰国朱拉隆功大学的学者 Chayodom Sabhasri 和 Piti Srisangnam 提出，澜湄合作若要有效展开，迫切需要解决次区域国家间的"信任危机"，构建起信任体系，以实现长期可持续的发展。⑤ 这为澜湄合作研究提供了一个有益视角，在合作中应该加强关注和了解湄公河国家，乃至域外大国和国际组织等相关行为体的态度、顾虑等，准确把握各方的利益契合点，以切实有效地推进澜湄合作。

---

① 武友德、李灿松、李正、张磊：《澜沧江—湄公河流域合作治理体系的理论基础与实现途径》，《云南师范大学学报》（哲学社会科学版）2016 年第 5 期。

② 卢光盛、段涛、金珍：《澜湄合作的方向、路径与云南的参与》，社会科学文献出版社 2018 年版。

③ 刘金鑫：《澜沧江—湄公河次区域合作研究报告》，云南大学出版社 2016 年版。

④ 包括：钟飞腾：《澜湄合作可有效缓解南海紧张局势》，《世界知识》2016 年第 18 期；全毅：《中国—东盟澜湄合作机制建设背景及重要意义》，《国际贸易》2016 年第 8 期；刘均胜：《澜湄合作：示范亚洲命运共同体建设》，《中国经济周刊》2016 年第 13 期；邵建平：《澜沧江—湄公河合作机制的推进路径探析》，《广西社会科学》2016 年第 7 期；渠立权、胡志丁、洪菊花、骆华松：《次区域合作背景下的云南边境区域经济合作研究》，《资源开发与市场》2017 年第 2 期；刘传春：《中国对外合作机制的身份认同功能：以澜湄合作机制为例的分析》，《国际论坛》2017 年第 6 期；等等。

⑤ ［泰］Chayodom Sabhasri、Piti Srisangnam：《澜湄合作：从"信任危机"到"可持续的信任建构过程"》，王海峰、蓝襄云译，《中国—东盟研究》2017 年第 2 期。

（二）澜沧江—湄公河合作机制下的水资源合作研究

在次区域合作发展的进程中，共享水资源开发和水资源保护所产生的利益冲突日益凸显。次区域国家如果能够在跨境水资源开发和管理等方面，不断深化合作，将大大提升彼此间的政治互信和经济合作。随着澜沧江—湄公河合作将水资源共同开发与管理作为重点内容提上议程，我国学界关于该领域的研究也上升到新层面。

在论文方面，学界主要从国际关系、国际法等视角展开了研究，重点探究在澜湄合作机制下，我国与湄公河国家深化水资源合作的途径与方式。国内学者郭延军对我国与湄公河国家的跨境水资源合作进行了长期研究。[①] 他提出，为更好地适应流域水资源治理发展的需要，我国参与水资源治理的方式应该从有限的技术合作扩展为全面性参与。通过积极与下游国家进行利益分享，推动水外交成为我国参与次区域合作的亮点，树立我国提供区域公共产品的典范。[②] 张励等认为要从"理念、内涵、机制、国际合作、舆论宣传与互信建设等方面着手，打造新型水合作复合模式"[③]。邢伟提出澜湄机制下，应尽快建立跨境气候变化适应性规划，以应对气候变化给水资源安全治理带来的风险。[④]

针对次区域现有治理机制存在法律滞后性，可能对澜湄合作起到负面连带效应，国内学者提出应进一步完善相关法制建设。付琴雯提出，我国需明确跨界水资源治理立场、构建区域水资源法律框架机制，弥补区域合作功能上的局限和不足，为构建"区域共同体"提供有效的法律保障。[⑤] 周新认为，目前六国货运合同法律制度存在较

---

① 郭延军：《"一带一路"建设中的中国周边水外交》，《亚太安全与海洋研究》2015年第4期；郭延军：《中国参与澜沧江—湄公河水资源治理：政策评估与未来走势》，《中国周边外交学刊》2015年第1期；郭延军：《权力流散与利益分享——湄公河水电开发新趋势与中国的应对》，《世界经济与政治》2014年第10期；郭延军、任娜：《湄公河下游水资源开发与环境保护——各国政策取向与流域治理》，《世界经济与政治》2013年第7期；等等。

② 郭延军：《"一带一路"建设中的中国周边水外交》，《亚太安全与海洋研究》2015年第4期。

③ 张励、卢光盛：《从应急补水看澜湄合作机制下的跨境水资源合作》，《国际展望》2016年第5期。

④ 邢伟：《澜湄合作机制视角下的水资源安全治理》，《东南亚研究》2016年第6期。

⑤ 付琴雯：《中国参与跨界水资源治理的法律立场和应对——以新"澜湄机制"为视角》，《学术探索》2017年第3期。

多歧异，在国际运输中容易引起法律冲突。建议借鉴相关国际公约的规定，构建澜沧江—湄公河统一货运合同法。①

在著作方面，马树洪的《东方多瑙河——澜沧江—湄公河流域开发探究》，主要介绍了澜沧江—湄公河的水能储量，以及流域内的自然资源等，针对次区域水能开发、航运、旅游业等领域提出对策和建议。② 相关研究进一步丰富和拓展了澜湄合作机制下的水资源合作研究的内容，但是从整体来看，尚未进入深层次系统分析阶段，还远不能满足澜沧江—湄公河合作机制下深化水资源开发和治理的现实需要。

需要重视的是，从国外研究来看，一些研究者对于澜湄合作机制下的水资源合作抱有怀疑甚至是排斥的态度。认为中国正在澜湄次区域强势推进"一带一路"建设，澜沧江—湄公河合作的建立显示出中国只愿意遵守自身所订立的"游戏规则"。认为澜沧江—湄公河合作是对湄公河委员会③的"另起炉灶"，妄言中国将通过 LMC 来主导水资源的分配，指责中国在上游建造水坝对下游国家造成威胁，制造一个既成事实，然后再成立一个管理组织。中国的目的在于掌控东南亚所有的大陆腹地，将该区域视为战略控制的周边范围，斥责中国在这一区域体现了典型的地缘霸权主义。④ 这些观点并没有基于次区域合作的客观事实，往往掺杂某些政治目的，甚至是恶意抹黑和曲解中国促进澜湄次区域经济和社会发展的意愿。但是，这些论调往往具有很强的煽动性，不仅给澜湄次区域的水电开发带来负面的舆论环境，也影响了中国与湄公河国家间的关系，给澜湄合作的发展增添了变数。这一现象也提醒了我国学界及相关部门，需要进一步加强澜湄合作机制下水资源治理方面的研究，及时根据合作进程中出现的新情况

① 周新：《"一带一路"战略下澜沧江—湄公河货运法律冲突研究》，《法学杂志》2017 年第 2 期。

② 马树洪：《东方多瑙河——澜沧江—湄公河流域开发探究》，云南人民出版社 2016 年版。

③ 湄公河委员会（简称湄委会）前身为联合国亚洲及太平洋经济社会委员会于 1957 年发起的"湄公河下游调查协调委员会"。1995 年 4 月，泰国、老挝、柬埔寨和越南四国在泰国清莱签署《湄公河流域发展合作协定》，决定成立湄公河委员会，重点在湄公河流域综合开发利用、防灾减灾、航运安全等领域开展合作。1996 年，中国和缅甸成为湄委会对话伙伴。

④ Tom Fawthrop, "The Unfolding Mekong Development Disaster", *The Diplomat*, No. 41, 2018.

和新问题，进行相应的调整并提出应对策略。

三　次区域合作的理论研究

在次区域合作理论研究方面，应该看到"次区域经济合作"与"次区域合作"本身并没有绝对的界限，"次区域经济合作"和"次区域合作"的概念存在重叠，也往往被视为次区域合作的组成部分。由于次区域合作本身就是一个动态发展的过程，本书也主要以发展的眼光和动态的视角，重点梳理次区域合作的演进动力、发展路径等方面的相关文献。

（一）次区域合作的发展动力

西方学者从欧洲一体化的实践中，关注到次区域合作发展的动力。功能主义的代表大卫·米特兰尼（David Mitrany）在《有效的和平体制》一书中详细阐述了他的观点。他认为，面对全球日益突出的技术问题，各国应该根据具体的需要或功能，通过加强跨国合作来找到解决方案。① 某一功能领域的合作成功，将会推动合作意向扩展到其他领域，从而在更大范围内进行深入合作，形成日益紧密的合作网络。这种合作网络将使国际合作机制得以形成并逐步加强。在这一进程中，往往是某一个领域越成功，开展其他领域合作的动力也就越强劲。②

新功能主义理论家进一步细化、修正和检验了功能主义有关一体化理论的假设，重点关注了欧盟的制度化发展进程。③ 厄恩斯特·哈斯（Ernst Haas）提出了"外溢"（spillover）概念，认为外溢是部门一体化的扩展逻辑，认为如果行为体以利益观念为基础，将某功能领域的一体化经验运用于新的领域，那么一体化的经验就被普遍化了。④

---

① David Mitrany, *A Working Peace System*, London：Royal Institute of International Affairs, 1943.

② David Mitrany, *The Progress of International Commitment*, New Haven, CT：Yale University Press, 1933.

③ R. J. Harrison, "Neo-Fuctionalism", in A. J. R. Groom and Paul Taylor, eds., *Framewok for International Cooperation*, 2nd ed., London：Pinter, 1994, pp. 138 – 150.

④ Ernst B. Haas, *Beyond the Nation-State：Functionalism and International Organization*, California：Stanford University Press, 1964, pp. 23, 48, 49 – 50.

他认为推动一体化的主要力量并不是功能主义所强调的地区制度，而是国家和地区精英、专家与权力集团。菲利普·施密特（Philippe Schmitter）则进一步依据西欧一体化积累的经验，对"外溢"进行了细化。他指出，在已经开始一体化的领域内，通过包含新议题的"连续外溢或者一揽子协议"，各行为体加强合作，可以为实现向政治一体化的跨越奠定基础。①

国内研究方面，卢光盛结合澜沧江—湄公河次区域合作的实践，做出了重要的理论探索。他提出，"高阶的"区域一体化是对现阶段的一体化程度，进行发展和升级后的更高等级的一体化形态。② 主要是指合作的各参与方从经济、技术等功能性领域加强合作，往往会产生积极的作用，推动合作领域逐渐扩展到政治安全、社会文化等。③ 此外，国内一些学者主要从大国与小国的差异，政治因素与经济因素的互动等方面探究深化合作的动力，也提供了非常有益的视角。李向阳主要探讨了在区域经济合作中，大国和小国存在经济规模等差异，由此大国的许多决策不能仅仅用经济因素来解释，应该看到，政治因素有时起到了更为关键的作用。④ 大国间的竞争将越来越表现为区域经济一体化组织间的竞争。⑤ 小国积极寻求与大国之间的合作是由多重因素推动的，大国间的竞争往往能够为小国创造发展的新机会。⑥ 胡志丁从"引致需求"⑦ 模型的视角提出，大国与小国之间存在利益诉求的"错位"，这正是深化区域合作的重要动力。为了巩固安全和政治利益，大国往往会在经济利益等方面对小国做出让步；小国为了获得更多经济利益，也倾向于在政治安全领域与大国开展合作。⑧

---

① Philippe C. Schmitter, "A Revised Theory of Regional Integration", *International Organization*, Vol. 24, No. 4, 1970, pp. 836 – 868.

② 卢光盛、别梦婕：《澜湄合作机制：一个"高阶的"次区域主义》，《亚太经济》2017 年第 2 期。

③ 卢光盛、金珍：《"澜湄合作机制"建设：原因、困难与路径?》，《战略决策研究》2016 年第 3 期。

④ 李向阳：《新区域主义与大国战略》，《国际经济评论》2003 年第 7 期。

⑤ 李向阳：《全球化条件下的区域经济合作》，《世界经济》2002 年第 5 期。

⑥ 李向阳：《区域经济合作中的小国战略》，《当代亚太》2008 年第 3 期。

⑦ "引致需求"模型是经济学中研究生产厂商对生产要素的需求时提出来的，是相对消费者对产品的直接需求而言的。

⑧ 胡志丁：《次区域合作与边界效应及边界效应调控研究》，人民出版社 2014 年版，第 69—71 页。

（二）次区域合作的发展路径

区域经济一体化的相关理论对区域合作的发展路径展开了探讨，这对于研判次区域合作的发展方向提供了积极参考。如，理查德·利普塞（Richard George Lipsey）提出，一体化的进程可以分为：特惠关税区、自由贸易区、关税同盟、共同市场和完全经济一体化六个阶段。[1] 但是，这一理论主要是基于经济发达地区一体化的研究，对于发展中国家开展区域合作的方式、特征、路径等方面考察不足。约瑟夫·奈（Joseph S. Nye）指出，发展中国家间的一体化可能与发达国家间的一体化在动力、进程等方面截然不同。[2] 他认为合作不断深化包括了七个"过程机制"：功能主义的任务联系，交往的增多，有意的联系和联盟的形成，精英社会化，地区组织的形成，意识形态和认同的吸引力，外部行为体的参与。[3] 同早期的新功能主义理论相比，他更加强调外部行为体的重要性，认为外部行为体的积极参与有利于一体化机制发展。

事实上，发展中国家之间的区域合作与发达国家之间的区域合作，在推进路径等方面存在共性，也有一定的差异性。在共性方面，二者的合作路径主要是由经济、技术等功能性领域积累基础，不断增强合作意向，逐步向政治、安全等领域扩展。经济一体化进程往往伴随着一定程度的政治一体化。在差异性方面，二者的合作基础、利益诉求、障碍因素、体系压力等各有不同。发达国家间的合作往往有着更好的经济基础，更加重视政治、安全、社会、文化等非经济领域的合作，外部因素影响合作进程的可能性较小，在一体化进程中属于主动升级型。发展中国家的区域合作的经济基础往往比较薄弱，生存与发展是合作中的优先诉求，合作进程中更易受到全球及地区政治经济格局的影响，更多属于被动升级型。

关于我国与周边国家深化区域合作的路径，国内学者提出了更具

---

[1]　Richard George Lipsey, *Economic Unions*, *in International Encyclopedia of the Social Sciences*, New York: Macmilian Company & The Free Press, 1972, pp. 541 – 542.

[2]　Joseph S. Nye, "Comparative Regional Integration: Concepts and Measurement", *International Organization*, Vol. 22, No. 4, 1968, p. 880.

[3]　Joseph S. Nye, *Peace in Parts: Integration and Conflict in Regional Organization*, Boston: Little, Brown and Company, 1971, pp. 56 – 58.

体的思考。郎平认为，在区域经济合作框架下，发展中国家可以开展政治与安全合作，通过完善制度组织形式、调整国内政治和地区力量结构。① 樊勇明、黄河、郑先武、韦红等学者关注到区域公共产品理论在区域合作中的运用，通过区域公共产品的供给和需求来探究区域合作的深化与发展。② 认为，中国应该且有能力实现区域公共产品的有效供给，为深化区域合作做出应有的贡献。③ 在新的发展阶段，原本"高质量"的区域公共产品可能已经是不合时宜的、"低质量"的，因此需要与时俱进，实现升级更新，以保障区域合作迈向更高层次的目标。④ 随着中国实力的增长，在区域合作中由"搭便车者"向"被搭便车者"的身份转变，中国应提供安全效应、观念类、制度类等安全公共产品。⑤ 卢光盛也从公共产品的视角，对中国与湄公河国家的合作展开专题分析，并根据次区域内现存的公共产品供给现状，提出了有利于扩大中国周边外交发展空间，提升次区域合作层次的供给原则和策略。⑥ 相关研究紧密结合了次区域合作的新形势，探讨了我国在次区域合作中的地位和作用，提出了我国与周边国家深化合作

① 郎平：《发展中国家区域经济一体化框架下的政治合作》，《世界经济与政治》2012 年第 8 期。

② 包括：樊勇明、钱亚平、饶芸燕：《区域国际公共产品与东亚合作》，上海人民出版社 2014 年版；樊勇明、薄思胜：《区域公共产品理论与实践——解读区域合作新视点》，上海人民出版社 2011 年版；樊勇明：《从国际公共产品到区域公共产品——区域合作理论的新增长点》，《世界经济与政治》2010 年第 1 期；樊勇明：《区域性国际公共产品——解释区域合作的另一个理论观点》，《世界经济与政治》2008 年第 1 期；黄河：《公共产品视角下的"一带一路"》，《世界经济与政治》2015 年第 6 期；黄河：《区域公共产品与区域合作——解决 GMS 国家环境问题的新视角》，《国际观察》2010 年第 2 期；黄河：《区域性公共产品：东亚区域合作的新动力》，《南京师大学报》2010 年第 3 期；韦红、魏智：《中国—东盟救灾区域公共产品供给研究》，《东南亚研究》2014 年第 3 期；李志斐：《水问题与国际关系：区域公共产品视角的分析》，《外交评论》2013 年第 2 期；郑先武：《区域间主义与国际公共产品供给》，《复旦国际关系评论》2009 年第 9 辑；等等。

③ 樊勇明：《区域性国际公共产品——解释区域合作的另一个理论观点》，《世界经济与政治》2008 年第 1 期。

④ 马学礼：《东亚经济合作中的区域公共产品供给研究》，博士学位论文，吉林大学，2016 年。

⑤ 孙云飞：《从"搭便车"到"被搭便车"：中国供应地区安全公共产品的选择》，《太平洋学报》2015 年第 9 期。

⑥ 卢光盛：《地缘政治视野下的西南周边安全与区域合作研究》，人民出版社 2012 年版。

的重点方向和具体路径。

四　现有文献述评

可以看到，现有成果主要取得了三个方面的进展。一是对大湄公河次区域经济合作进行了持续的、多维的研究和探讨，为厘清我国与湄公河国家间的合作进程、成果、不足之处等问题提供了重要的研究基础。二是对澜沧江—湄公河合作的研究不仅仅是对新机制本身的功能和特点的介绍，已经有一些学理性的探讨，并从国际关系、国际经济等视角，对大湄公河次区域经济合作与澜沧江—湄公河合作的关系，初步进行了理论分析和解读。三是从理论层面上，对次区域合作的发展动力、发展方向、路径等内容进行了有益探索。这些成果为本研究的开展提供了重要参考，但是现有的研究成果仍然存在一些欠缺和不足之处。

第一，关于澜沧江—湄公河合作的研究远远不能满足现实发展的需要。我国深化与湄公河国家的合作是近年来正在持续推进的事件，也是我国周边外交和次区域合作中的热点和重点问题，但是目前许多相关问题仍缺乏研究。首先，我国与湄公河国家推进经济合作不断密切的同时，也遭遇到环境恶化、跨境犯罪、恐怖主义、外部竞争等诸多新挑战。如何在"一带一路"国际合作深入推进的背景下，将经济合作扩展到政治互信与安全合作已经是日益突出的问题。实际上，这也正是我国推进区域合作和周边外交面临的短板。其次，研究中的"他方"视角不足。澜沧江—湄公河合作本身是一个多边合作形式，合作的推进和深化离不开湄公河国家的积极支持，域外大国及相关国际组织的态度和举措也会对合作进程造成直接影响。相关国家及国际组织的主要顾虑、利益关切、参与（或应对）策略、优先领域是什么？值得跟踪关注和密切分析。最后，在当前形势下，澜沧江—湄公河合作与"一带一路""人类命运共同体"的关联研究不足，澜湄合作如何服务和融入我国提出的共建"一带一路"倡议，如何切实建设成为"人类命运共同体"先行先试的样板？相关问题亟待加强研究。

　　第二，缺乏对大湄公河次区域经济合作与澜沧江—湄公河合作的系统比较分析。目前关于大湄公河次区域经济合作的研究非常丰富，但是对于其合作进程、合作成果、发展困境、发展前景等内容缺乏系统梳理和研判。对于澜沧江—湄公河合作正式建立后，针对两项机制的关系缺少相关研究。前者为后者提供了哪些发展条件和基础，后者又可以向前者吸取哪些经验和教训？在今后澜湄次区域合作中，这两项合作机制又该如何有效避免机制冲突？既有研究主要从建立澜湄合作的动机进行了阐释，并没有明确回答相关问题，更没有直接将GMS 与 LMC 进行系统比较，对于二者的优势与不足进行探讨的文献相对匮乏。总体上看，既有的研究对本书提出的问题提供了一些解释。但是，这些解释没有一个完整的理论体系，是相对零散的，特别是二者在合作领域、合作机制、合作主导权等方面的差异性等方面，相关研究还非常缺乏。

　　第三，关于次区域合作理论的构建尚有发展空间。从国内外现有的研究来看，一方面，未能对次区域合作演进的动力机制、影响因素、合作路径等方面给予充分的理论关注。另一方面，由于国外学者关于次区域合作的理论研究也不可能完全适用于中国参与次区域合作的实践，而且国内关于次区域合作理论的研究主要是对西方理论的借鉴和再消化，原创性的研究相对薄弱。事实上，任何次区域合作理论始终无法脱离对现实的观察，次区域合作发展的新实践需要新的理论构建，为我国建设性地参与次区域乃至区域事务和解决重大热点问题等，进一步提供理论支撑。

　　总体而言，国内外学界对大湄公河次区域经济合作、澜沧江—湄公河合作，以及次区域合作理论已经具有非常丰富的研究成果。但是，当前我国与湄公河国家的合作面临着新机遇和新挑战，如何妥善处理 GMS 与 LMC 的关系？次区域合作如何更好地服务于我国的周边外交，以及我国倡导的"一带一路"和人类命运共同体建设？目前无论是学界还是相关部门总体上还缺乏系统、深入和针对性的研究，次区域合作的发展迫切需要理论指导和实践创新，这些正是本项研究努力的主要方向。

第三节　研究框架和研究方法

一　研究框架

绪论　主要阐释研究问题的由来，以及"大湄公河次区域经济合作与澜沧江—湄公河合作比较研究"的价值和意义。通过梳理国内外相关研究的主要成果，进一步明确研究重点和难点。阐述本书采用的主要研究方法，阐释本项研究的创新之处，分析存在的不足。

第一章　次区域合作的相关概念及理论分析　本章主要梳理和界定次区域合作的相关概念，探讨区域和次区域、次区域经济合作和次区域合作、次区域一体化等基本范畴。梳理次区域合作的相关理论，重点把握次区域合作的发展动力和路径，尝试依据合作深度，将次区域合作分为"低阶次区域合作"和"高阶次区域合作"，并构建次区域合作机制间的比较框架。

第二章　大湄公河次经济合作：成效与困境　本章主要结合第一章的理论分析，系统梳理中国与湄公河国家开展大湄公河次区域经济合作的历史进程。主要分析 GMS 的历史背景、合作阶段，主要成果，重点分析和探讨大湄公河次区域经济合作深化发展面临的困境。

第三章　澜沧江—湄公河合作：突破与发展　本章主要阐述澜沧江—湄公河合作的时代背景、提出和建立、主要进展、面临的主要障碍。本章与第二章进行呼应，分析后者对前者的突破和提升，把握次区域合作深化发展的演进过程。也为后文对 GMS 和 LMC 进行系统比较奠定研究基础。

第四章　大湄公河次区域经济合作与澜沧江—湄公河合作的比较　本章主要结合前文的理论分析，对两项合作机制进行比较。纵向上，从时代背景、发展历程、主要成果、主要挑战展开比较分析。横向上，主要从合作领域、合作机制、合作主导权三个维度进行比较，全面把握二者的竞合关系。提出在今后及未来一段时期内，二者必然在次区域内长期共存，实现二者的协调发展，才能切实推进次区域的繁荣与发展。

第五章　GMS 与 LMC 比较研究对我国参与次区域合作的启示梳理和总结澜湄次区域合作深化发展的经验，及其对我国参与次区域合作的启示。主要在于：一是如何实现次区域合作由"低阶"向"高阶"的跨越。二是如何处理既有机制与创设机制的复杂关系，深化我国周边外交新时代下的次区域合作。

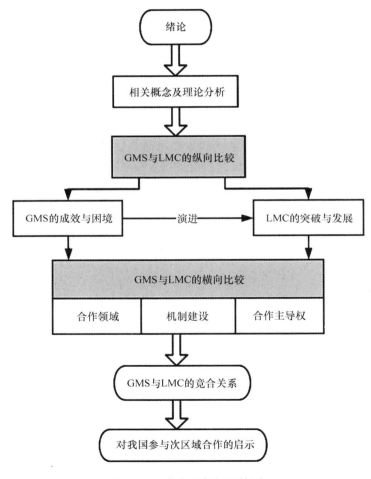

图 0 - 1　本书逻辑框架构图

二　研究方法

（一）比较分析法

比较分析法是认识经验世界的基本方法，可以为理论创新提供可靠的现实依据以及更加开阔的思维路径。在不同的发展阶段，中国与湄公河国家展开的次区域合作有着不同的合作内容、合作形式，呈现出不同的特点。本书一是在纵向上，对大湄公河次区域经济合作与澜沧江—湄公河合作的成立背景、发展进程、主要成果、主要问题等方面进行比较分析，把握次区域合作的演进发展。二是在横向上，结合次区域合作的相关理论，从合作领域、合作机制、合作主导权三个维度对 GMS 与 LMC 进行比较，准确分析两项机制的优势和不足。通过对历史信息的归纳和机制间同类信息的差异比较，最终形成判断及理论支撑。更加清晰地透视两项机制的关系，以及更为全面地把握次区域合作的内在发展规律，从而为我国当前及未来一段时间的区域合作实践提供参考和借鉴。

（二）历史分析法

我国与湄公河国家间的次区域合作首先是一个历史的进程。本书通过对大湄公河次区域经济合作进行历史回顾，全面梳理其历史背景、发展成果及现实困境。对大湄公河次区域经济合作成立以来所产生的经济效益、政治效益、社会效益等方面，以及合作进程中达成的相关协议、谅解备忘录等资料，进行全面和系统的收集整理。在此基础上，准确把握澜沧江—湄公河合作建立的必然性、梳理澜沧江—湄公河合作的主要进程、发展成果，并对我国如何有效深化与湄公河国家的关系进行探讨，强化研究的现实针对性。

（三）跨学科分析法

次区域合作本身既是一种经济现象，也是一种政治现象。次区域合作的深化发展，既涉及各参与方的利益得失，也关乎地区秩序的构建和演变。因此，单一的学科很难准确地概括这一系列复杂的、多层次的互动。本书充分重视国际经济学、国际政治学、国际政治经济学等学科的相关理论和成果，结合我国与湄公河国家间的次区域合作，经历 GMS 发展成熟到 LMC 正式建立，这一次区域合作深化发展的典型事例，以次区域合作理论为基础，对澜湄次区域合作做系统阐述，尝试探究次区域合作各要素之间的必然联系和作用机制。

第四节　创新与不足

一　创新之处

（一）提出新颖独特的研究视角和研究观点

本书将大湄公河次区域经济合作与澜沧江—湄公河合作进行系统的比较分析，采用这一视角既有利于全面把握我国与湄公河国家开展次区域合作的进程，也能更加深刻地揭示次区域秩序构建与变迁的内在规律。通过准确把握两者的联系和区别，分析新老机制的优劣，在此基础上提出澜沧江—湄公河合作与大湄公河次区域经济合作是竞合关系，这是两者相互协调的基础，在实践层面，当前及未来一段时间内，无论是"另起炉灶"，还是"厚此薄彼"，都不是我国在外交策略上的最优选择，推动二者"协同发展"才能切实保障我国的根本利益。

（二）创新和丰富了次区域合作理论

次区域合作尚处于发展阶段，对于次区域合作理论与实践的研究和探讨有着重要价值。本书在尊重和吸纳相关研究成果的基础上，结合国际政治经济学等学科的相关理论，尝试依据合作深度的不同，对次区域合作进行分类，把握"低阶"次区域合作向"高阶"次区域合作发展的关键要素。进一步结合我国与湄公河国家开展次区域合作的实践，探究提升次区域合作水平的难点、重点、发展方向等一般规律，为我国参与次区域合作提供新的理论支撑。同时，本书为次区域合作理论增添了"中国故事"。随着中国在次区域合作机制的角色转变，以及中国在机制构建中发挥越来越大的作用，关于中国的经验研究对检验和丰富次区域合作理论具有重要的价值。

（三）丰富和拓展了关于澜湄次区域合作的研究内容

我国与湄公河国家开展的次区域合作实践是一个"老"问题，但是如何推进新形势下的升级合作，却是一个"新"问题。本书在充分分析深化澜沧江—湄公河合作的内外部条件的基础上，进一步明确合作的功能和定位，推进澜沧江—湄公河合作与大湄公河次区域经济合作的协调，找准合作的重点与方向。与时俱进地发挥我国在次区域合作中的作用，进一步深化次区域国家间的相互信任，推动我国与湄公河国家共建"命运共同体"，促进"一带一路"国际合作在东南亚地区的实现。

二　不足之处

我国与湄公河国家开展的次区域合作正在不断深入，一方面，需要相关理论研究到位、提供有效指导。另一方面，实践的发展也在不断地充实和丰富次区域合作的理论研究。本书尝试在研究视角、观点等方面作出创新和发展，但仍存在许多不足之处有待在今后的研究中进一步完善。

第一，本书在次区域合作理论化方面的尝试尚处于探索阶段，有待进一步完善。本书将大湄公河次区域经济合作与澜沧江—湄公河合作进行比较分析，许多观点是基于澜沧江—湄公河次区域独特的区域和发展特点的认识，但是其实践主体及经验总结是否具有普遍性和适用性，能否准确揭示我国参与的次区域合作的发展规律，能否有效地指导次区域合作的深化与发展等问题，有待相关理论及次区域合作实践的检验。

第二，本书的数据资料方面还有待加强。由于次区域合作涉及多个国家和多个领域，相关统计资料在准确性、连续性以及可获得性方面都存在较多问题，以及在统计口径、时段等方面都存在差异性，本书所采用的部分数据及资料存在陈旧或不全的问题。另外，由于成立时间仅三年，澜湄合作相关的经验资料也不够系统和细致。

第三，对于次区域合作中的"他方"视角关注不够。次区域合作离不开各相关方的参与和支持。湄公河国家在合作中的利益诉求、参与重点、优先领域是什么？美国、日本、印度等域外大国以及亚洲开发银行等相关国际组织的态度和策略是什么？本书在研究过程中，对这些问题也进行了关注，但是受客观条件的限制，相关研究仍然存在不足。

第一章

次区域合作的相关概念及理论分析

20 世纪 80 年代末 90 年代初，次区域合作开始在亚洲地区兴起。经过二十多年的发展，次区域合作在当前仍然呈现出蓬勃发展的态势，并且出现新的发展特点。本章首先从学理上对次区域合作的相关概念进行梳理和辨析。结合国际经济学、国际政治学，以及国际政治经济学等学科中的相关理论和观点，对其展开理论阐释。本章重点梳理和探讨了次区域合作的概念、特点、分类，以及次区域合作演进发展动力和路径等。次区域合作的演进发展，必然需要相应的合作形式来给予体现和保障，合作机制的变化发展是合作内容演进的最直接体现。在结合相关理论分析的基础上，尝试构建次区域合作机制间的比较分析框架。

第一节　次区域合作的相关概念

次区域合作研究中的相关概念主要包括：次区域、次区域经济合作、次区域经济一体化、次区域合作，这些概念彼此交织并在一定程度上相互建构。

一　次区域

"次区域"（subregion）概念与"区域"（region）紧密相关，可以说是由区域的概念演化而来，因此，要准确把握次区域的概念，首先需要厘清"区域"的概念。需要说明的是，本书所讨论的"区域"，指由两个或者两个以上的国家共同构成的"国际区域"，是国际体系的组成部分。

（一）"区域"的内涵

关于"区域"的概念，学术界并没有形成统一的认识。依据不同的定义、不同标准往往会产生不同的区域。不过，拉西特对于"区域"的认识被普遍认为是较早且具有影响的观点。他认为，区域可以依据自然障碍、地理毗邻、经济交往、社会认同，以及行政管理等标准来划分。由此，他提出区域可划分为：地理上毗邻的区域；经济相互依存的区域；政治相互依存的区域；社会文化相同的区域；由政治观点和对外政策相似的国家构成的区域。[①]

小约瑟夫·奈对区域的定义更为简洁，他提出区域是由一些具有一定地缘关系和相互依存度的，且数量有限的国家所构成。他认为，没有"绝对的"和"国家决定"的地区，国家间的地理边界往往是依据不同目的而划分的。[②] 巴里·布赞总结了区域构成所需的三个条件，即共享特性（shared characteristics）、共享观念（shared perception）、成型互动（pattern interaction）。[③] 随着地区合作及一体化进程的推进，有研究者指出"区域"不仅仅是一个地理范畴，更是一个逐渐向国际政治经济内涵的实体过渡的概念，并认为区域是因国际政治经济"集团化"而逐步形成。[④]

奥兰·扬、本杰明·科恩、罗伯特·吉尔平等学者对"区域"也有着不同的定义，这些观点存在一定的交叉。[⑤] 总体来看，在传统

[①]　Bruce Russett, *International Regions and the International System: A Study in Political Ecology*, Chicago: Rand Mcnally Company, 1967, pp. 1 – 13.

[②]　Joseph S. Nye, *International Regionalism: Readings*, Boston: Little, Brown and Company, 1968.

[③]　Buzan Barry, *The Asia-Pacific: What Sort of Region in What Sort of World?* Mcgrew Anthony, Brook Christopher eds. Asia-Pacific in the New World Order, London: Routledge, 1998, pp. 68 – 73.

[④]　Tom Nierop, "Macro-regions and the Global Institutional Network, 1950 – 1980", *Political Geography Quarterly*, Vol. 8, No. 1, 1989, pp. 43 – 65; Tom Nierop, *Systems and Regions in Global Politics: An Empirical Study of Diplomacy, International Organization and Trade 1950 – 1991*, Chichester: John Wiley, 1994.

[⑤]　学者们关于区域概念的界定和讨论，可参见耿协峰《新地区主义与亚太地区结构变动》，北京大学出版社 2003 年版。

上，对于"区域"的定义集中在从国家、国际体系等角度进行界定。但是在 20 世纪 90 年代初，学者们开始更多地提出地理条件并不是构成区域的必然要素，认为区域不是"必然的"（given），而是"建构的"（constructed）。"区域"总是产生于一定的地理范围的基础之上，但并不绝对要求其组成部分相互毗邻。特别是随着科学技术日新月异的发展，交通物流更加便利快捷，全球跨区域合作蓬勃兴起，一个认知性"区域"并不必然要求其成员拥有共同的空间，而是可以通过非空间的互动来形成。① 我国学者就指出"一带一路"是一个典型的认知区域，"不是一个封闭的体系，没有一个绝对的边界"②。主要强调的是各国和国际组织、地区组织开创共商、共建、共享的合作，而这些国家是否毗邻并不重要。

可以看出，学界关于"区域"概念的界定往往涉及地理、经济、政治、社会和文化等诸多维度，既包含自然属性也包含社会属性。"区域"的内涵也更多地根据研究目的、主题、内容等因素来确定。本书所讨论的"区域"，主要指依据自然地理、历史传统、政治和经济、社会和文化等因素划分出来的，具有一定规模的人类社会生活空间。

（二）"次区域"的内涵

次区域（sub-region）本身就是相对于区域（region）而言的。可以认为，次区域是一个相对的概念，即区域的次一级，或者是子系统。有学者就提出，次区域属于中观区域，即区域可以划分为三种层次：宏观、中观及微观。宏观区域（marcoregion）指完全由国家组成的区域，比如东南亚国家联盟（东盟）、欧洲联盟（欧盟）；中观区域（mesoregion）同样是国际层面的，主要由两个国家或两个以上的国家组成，但不一定囊括成员国的全部疆域，比如本书主要涉及的澜沧江—湄公河次区域；微观区域（mircoregion）指国家内部的部分地区，如我国的珠江三角洲等。③ 相关概念之间的界限并不是固定不变

① 贺平：《跨区域主义：基于意愿联盟的规制融合》，《复旦国际关系评论》2014 年第 2 期；贺平：《新型跨区域主义的重要一环：日本—欧盟 EPA/FTA 初探》，《日本学刊》2014 年第 2 期。

② 刘卫东、田锦尘、欧晓理：《"一带一路"战略研究》，商务印书馆 2017 年版，第 36 页。

③ 卢光盛：《地区主义与东盟经济合作》，上海辞书出版社 2008 年版，第 5 页。

的，也存在一定的重叠和交叉。

在我国学界，著名学者贺圣达对于次区域的认识比较具有代表性，他认为：区域的地域范围更为广阔，次区域只是区域的一部分，"次区域"本身就是相对于"区域"而言的。如，东南亚和亚太。①丁斗也提出"区域"与"次区域"是一组相对性的概念，差别在于二者所界定的地理范围存在"大"和"小"之别。② 总体来看，我国大部分学者都认为"次区域"是相对于"区域"而言的概念。③对于"次区域"的地域范围界定，则需要根据具体语境作出判断。

可以说，次区域具备区域的要素，同时又具备自身的特点。威廉·汤普森的观点可以更清晰地认识次区域。他在对有关区域子系统的著作进行评论和总结的基础上提出，区域的子系统需要具备的充分条件包括：子系统至少由两个以上的行为体构成；子系统的独特性要得到系统内部和外部的认可；互动行为具有一定的强度和规律性；子系统间具有相似性。④

对于本书所主要讨论的"大湄公河次区域"，从地理范围上来讲，大湄公河次区域是指澜沧江—湄公河沿岸的六个国家，包括老挝、缅甸、柬埔寨、越南、泰国和中国（云南省与广西壮族自治区）⑤。

---

① 贺圣达：《澜沧江—湄公河次区域合作的理论与方法》，《东南亚》1997 年第 2 期。

② 丁斗：《东亚地区的次区域经济合作》，北京大学出版社 2001 年版，第 4 页。

③ 具体观点可以参见以下文献资料，李铁立：《边界效应与跨边界次区域经济合作研究》，中国金融出版社 2005 年版；张杰：《次区域经济合作研究——以大图们江次区域经济合作为中心》，博士学位论文，吉林大学，2009 年；姜永铭：《论跨国次区域经济合作的边界》，《延边大学学报》（社会科学版）2008 年第 4 期；陈迪宇：《云南与"大湄公河次区域经济合作机制"》，《国际观察》2008 年第 6 期；董锐：《国际次区域经济合作的概念演进及理论研究综述》，《呼伦贝尔学院学报》2009 年第 5 期；胡志丁、骆华松、夏显芳、阳茂庆：《次区域合作及其发展的成因——一个跨学科视角的分析》，《世界地理研究》2010 年第 2 期；等等。但是，也有学者提出"次区域"概念来源于"次区域经济合作"，那么"次区域"概念应该从"次区域经济合作"角度加以界定。参见吴世韶《中国与东南亚国家间次区域经济合作研究》，博士学位论文，华中师范大学，2011 年；吴世韶《从"次区域经济合作"到"次区域合作"：概念辨析》，《社会主义研究》2011 年第 1 期；张文韬《"次区域经济合作"相关概念的辨析》，《郑州师范教育》2013 年第 6 期。

④ Louis J. Cantori, Steven L. Spiegel, *The International Politics of Regions: A Comparative Approach*, New York: Prentice Hall, 1970, p. 101.

⑤ 1992 年大湄公河次区域经济合作机制成立之初，在地理范围上只包括柬埔寨、越南、老挝、缅甸、泰国、中国（云南），中国广西壮族自治区在 2005 年加入大湄公河次区域经济合作之后，才被纳入大湄公河次区域的地理范围。

1992 年，在亚洲开发银行的倡导下，六国共同参与了大湄公河次区域经济合作（the Greater Mekong Subregion Economic Cooperation, GMS）。随着合作的深入推进和影响力的提升，"GMS" 这个词也越来越多地被人们关注和接受。但是，在我国国内，很多时候使用"GMS 国家"这个称呼时，通常只是指湄公河沿岸的缅甸、老挝、泰国、柬埔寨和越南五国，而不包括中国在内。值得注意的是，包括日本在内的国际学术界，有时也将云南视为湄公河区域（Mekong region）的一部分。① 因此，在使用"GMS"这个概念时，到底包括哪些国家和地区，需要视具体的使用语境而定。另外，在我国学界，亚洲开发银行提出"大湄公河次区域"的称谓也并没有被完全接受，不少学者还是依据"澜沧江—湄公河"的全称，在研究中将其称为"澜沧江—湄公河次区域"或"澜湄次区域"。②

二　次区域经济合作

次区域经济合作（subregional economic cooperation）主要在 20 世纪 80 年代末 90 年代初开始出现，在东南亚、东亚地区表现得较为典型。当前，次区域经济合作仍然呈现出良好的发展态势，并且经过多年的实践，已经具备鲜明的特色。

（一）"次区域经济合作"的内涵

次区域经济合作源于 20 世纪 80 年代末出现的"成长三角"（growth triangle）计划。1989 年，新加坡总理吴作栋倡议，在新加坡、马来西亚柔佛州南部以及印度尼西亚廖内群岛，三国共同推进跨境经济合作区建设。由于这一区域的地理形状近似一个三角形，所以也被称为"成长三角"。之后这一概念被广泛接受，东亚地区出现了

---

① 卢光盛：《中国和大陆东南亚国家经济关系研究》，社会科学文献出版社 2014 年版，第 2 页。

② 参见贺圣达《澜沧江—湄公河次区域合作的理论与方法》，《东南亚》1997 年第 2 期；丁斗《图们江和澜沧江—湄公河增长三角：次区域经济合作的一种研究》，《战略与管理》1998 年第 3 期；刘稚《澜沧江—湄公河次区域经济合作的现状与前景》，《当代亚太》2000 年第 5 期；莫泰尧、李平《大西南联合参与澜沧江—湄公河次区域经济合作的探讨》，《思想战线》2000 年第 2 期；黄征学、肖金成、申兵《中国参与澜沧江—湄公河国际次区域合作的思路及对策》，《区域经济评论》2013 年第 3 期；李义敢、唐新义、李平《大西南联合参与澜沧江—湄公河次区域合作开发研究》，云南民族出版社 2001 年版；等等。

多个"成长三角"。

"成长三角"的蓬勃发展获得了亚洲开发银行（简称亚行）的关注和支持。亚行是一家多边金融机构，主要致力于协助亚太地区发展中成员国消除贫困，提高生活质量。亚行通过提供资金、技术等方式，积极创建大湄公河次区域经济合作，并展开了相关的理论探讨。1993 年 2 月，亚行组织专家和学者召开"亚洲的成长三角"国际研讨会。在此次会议上提出，"成长三角"也可以被称作"次区域经济合作"，主要是指三个或三个以上国家，在精心界定、地理毗邻的地区开展跨境经济合作，各国通过发挥比较优势，实现资源优势互补，进一步增进贸易和投资等合作。① 这一概念被用来具体指称图们江地区、大湄公河次区域、东盟北部和东部地区的经济合作。

此后，在相关的合作实践和文献研究中，"次区域经济合作"逐渐成为通用术语。随着合作的不断推进，不少学者从不同的学科视角进一步丰富和发展了"次区域经济合作"的概念。研究者依据地域范畴及合作属性，提出次区域经济合作有广义和狭义之分。广义的次区域经济合作指由区域经济合作衍生出来的局部区域间经济合作，也可称为子区域经济合作。既可以产生于不同国家之间，或者是不同国家的部分区域之间，也可以产生于一国内部区域之间。狭义的次区域经济合作指两个及两个以上的国家或地区在相邻区域展开的经济合作，有利于促进区域经济的发展水平。② 在一定程度上，这些概念阐释了次区域经济合作和区域经济合作的关系。但是，将国内范畴的经济合作，以及国际双边经济合作都视为次区域经济合作，则使得这一概念泛化。另外，有研究者关注到边界效应（border effect）③ 在次区

---

① Min Tang and Myo Thant, "Growth Triangles: Conceptual and Operational Considerations", in Myo Thant, Min Tang and Hiroshi Kakazu eds., *Growth Triangles in Asia: A New Approach to Regional Economic Cooperation*, Hong Kong: Oxford University Press, 1994, p. 2.

② 张杰:《次区域经济合作研究——以大图们江次区域经济合作为中心》，博士学位论文，吉林大学，2009 年。

③ 边界效应分为边界屏蔽效应和边界中介效应。边界的屏蔽效应指，边界周边的国家为保护其经济主权和发展民族工业，或因社会制度、政策法规、意识形态的不同，往往设置关税和非关税贸易壁垒，在一定程度上限制贸易和生产要素的流动，提高了交易成本。边界的中介效应指，边界充当了相邻国家或地区之间经济、社会、文化等交流的中介，是两国间接触和交往最频繁的地带，本身具有开放性，边界周边进行次区域合作有利于本国经济、社会发展。参见李铁立《边界效应与跨边界次区域经济合作研究》，中国金融出版社 2005 年版，第 48 页。

域经济合作中的作用，认为次区域经济合作就是毗邻国家在边境接壤的地区展开的经济合作，有利于发挥边境地区的区位、资源等优势，进而推动边界由屏蔽效应向中介效应转化，以改变边境地区的经济发展滞后状态，增强地区竞争力。① 这一概念强调了"边界"在跨境经济合作中的独特作用，不过从次区域经济合作的实践来看，仍然不够准确。

总体而言，"次区域经济合作"被普遍认为是次一级的区域经济合作，合作范围相对较小。次区域经济合作具有区域经济合作的相关特性，同时也具备自身的特殊性。次区域经济合作必然是在一定的地理空间范围之内，但"次区域"不是必然的（given），也不是固定不变的（fixed），而是由人们创造的（created），或者说是建构的（constructed）。随着交通和通信的发展，空间地理因素的重要性在下降。不过，从次区域经济合作的实践来看，也不能完全忽视地理上是否邻近。事实上，当前各国参与次区域经济合作，仍然主要是在毗邻区域展开合作，并且具有一定的历史延续性。除此以外，当前的次区域经济合作，在很大程度上已经超越单纯的"经济合作"的范畴，更多地包含社会发展、文化交流，甚至包含政治安全等因素。比如，大湄公河次区域合作不仅包括贸易与投资等经济合作，还包括环保、禁毒等领域的交流与合作。②

综合相关文献资料及次区域经济合作的实践，可以认为次区域经济合作是由三个及三个以上的国家，在精心界定的、地理毗邻的区域，开展的以提升经济发展水平为主要目标的跨境合作。本概念主要强调：第一，次区域经济合作属于多边合作，区别于双边合作。第二，次区域经济合作是国际层面的合作，区别于在国家内部范畴展开的经济合作。第三，经济合作具有"溢出"效应，随着经济合作的成功推进会进一步促进其他领域及相关区域的发展。

（二）次区域经济合作的主要特征

在经历了近 30 年的发展之后，在亚洲地区尤其是发展中国家间

---

① 李铁立：《边界效应与跨边界次区域经济合作研究》，中国金融出版社 2005 年版，第 115—121 页。

② 王琰婷：《浅析大湄公河次区域合作》，《东南亚纵横》2007 年第 9 期。

的次区域经济合作仍然呈现出方兴未艾的发展势头。一方面，主要是受发展中国家在全球化、区域化进程中的发展水平和地位等因素的影响。另一方面，则是受益于次区域经济合作的特点及优势。综合来看，次区域经济合作主要具有以下四个特征：

一是合作目的具有单一性。次区域经济合作主要以经济领域为重心，经济上追求实现优势互补、完善分工体系、调整产业体系、发挥规模效应、缩小地区发展差距等。不过经济与政治、社会等领域本身也难以截然分开，各方参与合作往往也包含在政治上维护国家和地区和平安定、提升国家威望、地区影响力等目的，其他方面诸如谋求合力应对自然灾害、气候变化、环境污染等均在其中。另外，在次区域经济合作中，往往会涉及一国的中央政府及地方政府，彼此间可能存在不同的目标定位和优先秩序，中央政府的政治考虑可能会高于地方经济发展的诉求。① 但是这些因素也并不能影响各参与方以经济领域为合作的起点和重点，特别是在"南南型"的合作中表现得更为突出。发展中国家创立或参与的次区域经济合作平台，其初衷往往是对抗发展中国家在国际分工、国际事务话语权等方面被边缘化的局面。其成立宗旨一般会强调自力更生原则，依靠内部成员间的经济合作及互惠互助等手段，以获取更好的生存和发展空间。

二是次区域经济合作在组织形式上比较松散。次区域经济合作所涉及的合作范围往往较小，不需要深层次的制度安排，各参与方可以在较短的时间内，通过较低的成本来建立。合作中，往往只是通过相关协议甚至是合作备忘录来约束各方的行为，并不能非常有效地保障合作的进程。现实中，"南南型"次区域经济合作水平往往在公共产品的设计和提供上资源不足，导致成员方内部经济纷争较多、整体抗风险能力较弱。合作往往在初期进展顺利，但后期在深度融合方面基本难以取得实质性成果。不过，由于组织形式上的松散灵活，包容性强，也使得各参与方能够依据需要适时做出调整，探索出更加适宜的合作模式。

三是次区域经济合作具有较低的政治和经济风险。次区域经济合

---

① 卢光盛：《地区主义与东盟经济合作》，上海辞书出版社 2008 年版，第 101 页。

作通常只是涉及区域的一部分，或者是成员国的局部地区，不涉及或极少涉及让渡主权。合作能够起到"试验田"的作用，如果经济合作取得成功，其正面影响比较容易扩散到成员国内部或是区域内部。反之，其负面效应也比较容易被限制在相关的地域范围之内。这一特性使得次区域经济合作被认为"特别适合于从中央计划经济向市场经济转型的国家"①。

四是次区域经济合作具有较为鲜明的开放性。由于经济发展水平的限制，次区域经济合作对外依附性强，并不强调次区域内部的市场供应和市场规模，其产品市场、资金、技术来源往往都主要依赖于次区域以外的国家和地区，这也就使得次区域经济合作非常适宜在市场规模远不及西欧、北美的亚洲国家间展开。② 合作对于非成员国是高度开放的，积极欢迎并依赖于域外国家在次区域内开展贸易和投资活动，使得这些国家也可参与并分享合作成果。因此，次区域经济合作在发展的进程中，并不会遭到次区域外国家的反对或报复。相反，非成员国往往持有理解或支持的态度。

三　次区域经济一体化

"次区域经济一体化"和"次区域经济合作"之间也有着比较密切的关系，但是这一概念也很少被提及，研究者们往往从更大范围的"区域经济一体化"来看待次区域经济合作。区域经济一体化是指一种自由化程度较高，且具有法律约束力的区域经济合作形式。③ 作为区域经济合作范畴内的次一级层次或范围的合作，次区域经济合作必然和区域经济一体化关系紧密。即，区域经济一体化的发展，必然有利于推进次区域经济合作；次区域经济合作的顺利推进，也将促进和加快区域经济一体化的发展。但是，从具体的合作实践来看，实现次区域经济一体化，往往不是次区域经济合作刻意追求的发展目标，很

---

① Min Tang and Myo Thant, "Growth Triangles: Conceptual and Operational Considerations", in Myo Thant, Min Tang and Hiroshi Kakazu eds., *Growth Triangles in Asia: A New Approach to Regional Economic Cooperation*, Hong Kong: Oxford University Press, 1994, pp. 8 – 9.

② 丁斗：《东亚地区的次区域经济合作》，北京大学出版社 2001 年版，第 22—23 页。

③ 张鸿：《区域经济一体化与东亚经济合作》，人民出版社 2006 年版，第 59 页。

大程度上是因为缺乏必要的主客观条件。

（一）次区域经济一体化的内涵

"经济一体化"是一个在世界经济领域广泛使用的术语，但是其含义存在颇多争议。经济学家贝拉·巴拉萨认为："经济一体化既是一个过程（a process），也是一种状态（a state of affairs）。即，经济一体化既是采取各项措施消除各经济体间的歧视的过程，也是各经济体间各种形式的差别消失的一种状态。"[①] 这一定义在西方经济学中具有经典性意义。此后，巴拉萨指出，"一体化"在日常用语中常常被定义为，把各个不同部分整合为一个整体。但是在经济文献中，"经济一体化"没有如此明确的定义。学者们更多地认为，如果两个独立的国民经济之间，存在贸易关系即可认为是"经济一体化"。"经济一体化"也可以指各国经济之间的完全联合。[②] 彼得·罗布森则更为详细地阐释了区域经济一体化的内涵，他提出，经济一体化就是以区域为基础，提高资源利用率，实现各经济体间相互联系和相互依赖，并融为一体的过程和状态。[③] 为了实现这一目标，在区域内应采取积极措施促进生产要素自由流动，消除成员间的国籍歧视。

关于"经济一体化"的分类，莫里斯·希夫和阿兰·温特斯提出可以分为"浅薄一体化"（shallow integration）和"深入一体化"（deep integration）两种形式。前者指停留在被动地消除阻碍以达到国民待遇，而后者指主动地协调，超越了国民待遇的层次。经济学家简·丁伯根认为，可以分为"消极的一体化"（negative integration）和"积极的一体化"（positive integration）两类。前者指消极应对和处理成员国间阻碍资本、人力、商品等各生产要素流动的一切障碍。后者指积极建立新的规章制度来强化自由市场的正确信号，从而增强经济一体化力量。实际上，这两种分法在逻辑上有一致之处，突出了经济一体化由低自由化走向高自由化的特点，也都强调了政府在经济

---

① Bela A. Balassa, *The Theory of Economic Integration*, London: George Allen & Unwin, LTD, 1962, p.101.

② ［英］约翰·伊特韦尔等：《新帕尔格雷夫经济学大辞典》（第二卷），经济科学出版社1996年版，第45页。

③ ［英］彼得·罗布森：《国际一体化经济学》，戴炳然译，上海译文出版社2001年版，第1—2页。

一体化过程中的作用，以及如何发挥作用。

综合来看，可以认为"次区域经济一体化"指在次区域范围内生产要素趋向自由流动的一个动态过程，在各个发展阶段，生产要素流动程度表现出相应的发展状态。

（二）次区域经济合作与次区域经济一体化的关系

两者存在一些共性，但也存在明显的差异。一方面，前者可以视为后者的特定发展阶段。依据经济学的观点来看，次区域经济合作有利于促进生产要素自由化流动，提高生产效率以及实现资源的有效配置，其主要表现为各成员国间贸易和投资的自由化。[①] 成员之间取消贸易壁垒、促进商品、服务、资本、技术和人员的自由流动等内容，都可以称为"次区域经济合作"。次区域经济合作也必然遵循由低自由化向高自由化的发展路径，从这一角度而言，其属于次区域经济一体化的范畴，各成员国间开展的经济合作将更有效地配置和利用资源，为促进次区域经济一体化奠定坚实基础。

另一方面，两者也存在着明显差异，主要表现在合作深度的不同。首先，前者的合作层次相对较低，在合作中一般不要求主权方面的协商与让渡，通常不涉及各参与方之间贸易、投资等合作领域的政策趋同；而后者必然会涉及经济政策的协同和主权让渡，这是两者最重要的区别。其次，次区域经济合作往往采取开放的合作模式，没有共同排外政策的制定和安排，不同于经济一体化封闭性、排外性。在次区域经济合作的实践中，经济一体化通常不是首选目标，而是适应次区域经济发展的实际需求，让发展水平不同的国家能够通过合作来实现共赢。尽管这样的目标看似模糊，但是无疑是一个更具包容性、可行性的目标，也更具有灵活性。

客观而言，次区域经济合作有利于推进和实现次区域经济一体化。不过，到目前为止，在东南亚、东亚地区广泛开展的次区域经济合作，并没有去追求实现制度性经济一体化，主要原因在于参与国家和地区经济的市场化程度低，在很大程度上，生产要素的流动性主要

---

① 赵永利、鲁晓东：《中国与周边国家的次区域经济合作》，《国际经济合作》2003年第3期。

依靠各成员国间的协调。如，图们江地区的朝鲜还是典型的计划经济的国家；湄公河地区的缅甸仍处于经济转轨阶段，正逐步从计划经济走向市场经济；我国参与的大图们江次区域经济合作的吉林、黑龙江、辽宁、内蒙古，以及参与 GMS 的主体省份云南和广西，都是地处边疆，远离我国经济中心，发展水平相对落后。如果是比照西欧地区，这一区域经济一体化的发源地而言，在发展基础和发展前景方面，东亚地区的次区域经济合作存在巨大差距。另外，欧洲经济一体化目前是发展水平最高的区域经济合作模式，也成为区域合作的发展典范。不过，欧洲国家的合作理念、模式、路径等内容并不具有很强的可复制性，不一定适用于其他国家和地区，尤其是经济发展相对落后的区域。东亚地区的次区域经济合作需要更加契合自身发展实际的理论指导。

总体来看，由于次区域经济合作往往基础差、起点低，成员国间的合作领域仍然局限于较低层次的商品贸易、服务贸易、工程承包和投资合作等。远远没有扩展到统一关税、统一贸易和财政政策、知识产权等较高层次合作。次区域经济合作呈现出低水平、局部化、软约束等特点。如在大湄公河次区域经济合作中，边境贸易比较具有发展优势和潜力，但是经过多年的发展，仍然存在着过境费用高、行政管制较严等一系列不合理的制度性障碍。所以，基于关税同盟条件下的生产要素，在仅仅一个关税变量信号下而发生流动方向变化，并进而引起相关国家福利变化的问题，在当前次区域经济合作的实践中仍然遥不可及。并且，由于次区域内部往往市场规模有限，经济技术合作的潜力不足，导致合作难以深化。另外，次区域在国际市场的地位低、作用小，次区域经济合作只能服从于国际市场的潮流与趋势，易受到外部经济环境的影响和冲击，而没有太多的选择余地。大部分情况下，次区域经济合作在初期往往进展顺利，但是后期则往往举步维艰，陷入经济合作难以深化的困境。由此，也就决定了次区域经济合作的下一步演进方向难以遵循传统经济一体化理论提出的发展路径。

四　次区域合作

（一）"次区域合作" 的内涵

"次区域合作" 与 "次区域经济合作"，二者存在概念重叠，甚至很多时候被当成同义词，研究者很少对"次区域合作"作出明确的定义和准确地使用。不过，随着经济合作领域的不断深入，以及次区域内的跨国犯罪、非法移民、毒品走私、环境保护、恐怖主义等问题日益凸显，合作内容不再仅仅局限于经济领域时，"次区域合作"逐渐区别于"次区域经济合作"，不过仍缺乏准确的定义。综合多位学者的观点，并结合前文对次区域经济合作定义的描述，本书认为，次区域合作就是指地理相邻的三个或三个以上国家，在精心界定的、地理毗邻的区域，开展的包括政治、经济、社会、文化等领域的合作。

事实上，"次区域经济合作"与"次区域合作"并没有绝对的界限，二者是相互交叉相互促成的。各个"次区域经济合作"的实践中，或多或少都涉及政治安全、社会文化等领域。从区域主义看来，无论是区域合作还是次区域合作向来如此，实践中并不存在纯粹的、单一领域的合作。即使各相关组织或机构各出于某些原因，声称合作仅仅是纯粹的经济合作，往往也与实际不符。如，东盟成立初期也宣称是纯粹的经济合作。但在冷战的特殊背景下，其主要目标之一就是为防止共产主义在区域内的扩张。又如，西欧经济一体化从起步之初，本身就有着化解法国和德国宿怨，维护地区和平的政治抱负。

另外，需要注意的是，"次区域合作"与"次区域一体化"虽然在理论上有着较为明显的差异，但在没有涉及深度一体化的背景下，微观领域内大众对两者的心理体会并没有太大区别。由于次区域合作具备机制灵活、推进效率快、项目前景可预期等众多优势，往往在项目合作的同时实现合作领域及模式的超越，能够推动合作方在经济、政治及文化等领域的融合，达到一体化协议的功效。比如，我国提出的"一带一路"倡议涉及较多的具体项目合作，可以归属于次区域合作模式，但实质上，"一带一路"倡议已经远远超越了传统理论意义上的合作模式和内容，已经涉及了"人类命运共同体"等新国际秩序建设的高度，在次区域合作研究中值得持续关注。

（二）"次区域合作"的分类

如前所述，"次区域经济合作"与"次区域合作"之间的区别并不明显，两者主要在合作的内容或者是目标上存在着差别。借鉴一体化的分类方式，依据合作深度的不同，本书尝试将次区域合作划分为"低阶次区域合作"和"高阶次区域合作"。在本书的语境中，将"次区域经济合作"视为"低阶"次区域合作，相对于"高阶"次区域合作而言，次区域经济合作主要在合作领域呈现出单一性，合作水平低层次性，合作机制低约束性。"高阶"次区域合作强调的是合作层次、合作水平及合作机制的提质升级。主要指原有的合作方式、合作领域、合作机制等不能很好地适用于新的发展形势，因此需要通过集体行动，来推进次区域经济合作的调整和升级，也就使得次区域经济合作呈现出一种"成长性"，逐步走向"优质化"。这也是一个合作需求逐渐升级、合作领域不断拓展，以及合作制度不断演化的过程。"高阶"次区域合作可以定义为：次区域经济合作水平实现提质升级，合作领域实现由经济向政治、安全、社会、文化等非经济领域拓展，合作内容由"单一"向"综合"发展，合作层次由低层次向更高层次提升的次区域合作。

在内涵上，"高阶"次区域合作类似于"次区域经济合作升级版"①。次区域经济合作升级版也是近年来才被提及的概念，出现在官方的一些文献中，主要还是针对"大湄公河次区域经济合作"，这一合作是目前东南亚地区影响最大、最有成效的次区域经济合作。其背景是随着次区域发展环境的变化，次区域内经济发展、政治安全、

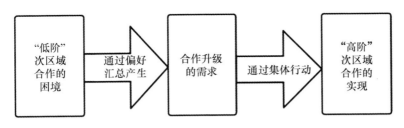

图 1 - 1　次区域合作的演进发展②

①　参见《李克强在大湄公河次区域经济合作第五次领导人会议开幕式上的讲话（全文）》，2014 年 12 月 20 日，中国政府网（http://www.gov.cn/guowuyuan/2014-12/20/content_ 2794565. htm）。

②　根据相关资料绘制。

社会文化、生态环境等各领域相互交织、日趋复杂，成员国间寻求通过更加综合、更高层次的合作来实现共同目标、增进共同利益。

　　由次区域经济合作向"高阶"次区域合作发展，是其演进和发展的方向。主要原因在于三个方面：其一，次区域经济合作存在局限性。因为次区域经济合作主要是发展中国家间的合作，各成员国的经济基础往往较为薄弱，彼此间大都具有相同或相似的生产要素，互补性不足，而对于外部市场、资金和技术往往具有较强竞争性，成员国间的经济合作只能有限地推进次区域内市场的扩展。次区域经济合作必然会遭遇深化合作的障碍，由此迫切需要寻求和拓展新的发展方向和领域。其二，次区域经济合作具有"溢出"的功能。在经济领域取得的积极成效可以起到良好的示范作用，有利于各参与方增进合作意向，提升政治互信，为合作领域的拓展奠定良好基础。其三，次区域经济合作往往基于一定的地缘优势考量而形成，次区域内的政治安全、社会文化等问题也会冲击和影响经济合作，只有开展多领域、多维度的合作，才可能确保经济合作的可持续性发展，更好地适应次区域自身的发展需求以及外在发展环境的变化。

　　总的来说，在上述的四个概念中，"次区域""次区域经济合作"和次区域合作这三个概念更为重要。次区域是合作范围，次区域经济合作强调合作以经济领域为重点内容，次区域合作指明次区域经济合作演进发展的方向。

第二节　次区域合作演进发展的理论解释

　　次区域合作从"低价"到"高阶"的演进发展，是合作不断深化融合的过程，也是合作深化融合的结果。但是，成员间深度融合的原因，以及通过何种路径能够在"低阶"次区域合作的基础上推动"高阶"次区域合作的实现。这其中的很多问题还有待进一步观察，同时也需要从理论层面上进行准确的阐释。从整体上看，区域合作的相关理论也能够解释次区域合作的相关问题，但必须要结合次区域的发展实际，因为次区域合作也具有自身特点。事实上，由于各参与方政治安全、社会文化融合的重要性逐步提升，次区域合作的演进与发展不仅是经济问题，也是政治问题。本书尝试结合国际经济学、国际政治学、国际政治经济学的相关理论和观点，重点探讨和分析次区域合作演进发展的动力与路径。

一　国际经济学的理论解释

国际经济学中区域经济一体化理论、区域主义的非传统收益理论等，可以为了解和把握次区域合作由"低阶"向"高阶"演进的动力、主要障碍、发展路径等问题，提供重要的理论参考。

长期以来，区域经济一体化的核心和基础是关税同盟理论。1950年在《关税同盟问题》中，雅各布·维纳（Jacob Viner）提出关税同盟理论，即同盟国间的关税完全取消，但是对来自非成员国的进口产品征收统一的关税。不过，关税同盟的建立并不一定意味着世界福利的净增加。维纳进一步提出两个重要概念，即"贸易创造"（trade creation）与"贸易转移"（trade diversion）。[1] 前者指通过依据相关协议与安排，成员国从具有更高效率的区域内国家进口商品，而以往这些商品是由本国生产，这就产生福利增加。后者则是指成员国从效率并不高的区域内国家进口商品，而这些商品以往是从效率更高的域外国家进口，这就导致了福利减少。显然，只有前者有效抵消后者的负面效应，且还存在富余时，自由贸易安排才是积极有益的。此后，经济学家们大多以这两个概念为出发点，对其假设和前提进行部分修正，得出一些新的结论，进一步推动了经济一体化理论的发展。[2] 不过，关税同盟理论也被研究者指出一些不足之处，主要在于其重点关注关税同盟建立后的静态效应，但是对于动态效应，比如竞争效应、投资刺激等方面缺乏应有的关注。

巴拉萨是经济一体化研究的另一位著名学者。他提出经济一体化的核心，在于为所有的经济活动建立起一个跨越边境的大市场，并认

---

① Jacob Viner, *The Customs Union Issue*, New York: Carnegie Endowment for International Peace, 1950.

② 李光辉：《东北亚区域经济一体化战略研究——基于东亚区域经济合作框架的思考》，中国商务出版社 2011 年版，第 31—37 页。

为经济一体化的进程，可以具体划分为"自由贸易区、关税同盟、共同市场、经济联盟、完全的经济一体化"五个阶段。各阶段在一体化的发展程度上存在差异，但是彼此之间不必然存在着递进关系。① 其他经济学家对于经济一体化形式的总结主要在名称上有所不同，但是在内涵上大体一致。② 经济一体化也就是各成员国间的关税、贸易、市场、货币和财政等经济政策逐步实现统一化的过程。③ 自由贸易区、关税同盟处于浅层次合作阶段，经济合作主要在贸易层面，从共同市场开始进入到生产要素自由流动的深层次一体化阶段，而完全经济一体化则实现了经济、政治、文化的完全融合，最终形成类似于主权国家的集合体。通过对经济一体化的各阶段进行对比分析，可以说这种由浅入深的划分方法具有学术试验的色彩，非常谨慎地对经济一体化发展路径、各阶段的政策目标、主要内容等做出具体安排。

表 1 - 1　　　　　　　　　　**经济一体化的各阶段**

一体化各阶段	一体化发展程度	成员间是不是自由贸易	是否统一对外关税	生产要素是否自由流动	经济政策是否统一	经济、政治与法律制度是否实现统一
自由贸易区	浅层次	√	×	×	×	×
关税同盟		√	√	×	×	×
共同市场	深层次	√	√	√	×	×
经济同盟		√	√	√	√	×
完全经济一体化		√	√	√	√	√

注：根据相关资料整理。

---

① Bela A. Balassa, *The Theory of Economic Integration*, London: George Allen & Unwin, LTD, 1962, p.101.

② 理查德·G. 利普西提出：特惠关税制度；自由贸易区；关税同盟；共同市场；全面的经济联盟；完全的政治一体化。罗布森提出：关税同盟；自由贸易区；共同市场；货币联盟；经济与货币联盟。

③ ［英］彼得·罗布森：《国际一体化经济学》，戴炳然译，上海译文出版社 2001 年版，第 2—3 页。

经济一体化理论关注了区域贸易协定对各成员国、第三国（区域外国家）的福利得失问题，也着重讨论了经济一体化对经济全球化而言，到底是"绊脚石"（stumbling blocks），还是"垫脚石"（stepping blocks）。经济学家们主要是基于欧洲的一体化实践，认为区域经济一体化是国家作为单一行为体在宏观层面消除贸易和市场壁垒的行为，无论何种形式或是阶段的实现，都依赖于各成员国的政策措施和制度行为。[①] 区域经济一体化理论形成之初，具有非常浓厚的欧洲色彩，并且强调由政策和制度共同驱动一体化的发展。

20 世纪 80 年代中期以后，区域经济合作不论在合作形式上还是在合作内容上，都出现复杂化和多样化，区域经济一体化的理论探索呈现新一波研究热潮。研究者们提出新的视角和理论，逐步形成更加丰富和全面的解释框架。[②] 有学者提出，当今的区域经济合作"不以显著的贸易自由化为特征"[③]。各国参与区域经济合作的动机往往超越了纯粹的经济利益，更多地寻求动态收益。这些动态收益主要包括：产业结构的调整、吸引外资的增长、区域竞争力的提升、区域政策协调的改善，以及发展中国家背景下的潜在产业的扩展等。[④]

非传统收益的区域经济一体化理论还关注了经济与政治、社会、文化等因素的互动，以及大国与小国[⑤]的目标差异等对区域经济合作产生的主要影响。提出在区域经济合作中，一方面，大国与小国的目标各有侧重。大国力图获得合作的主导权，不仅仅看重区域经济整合的内部收益（如传统贸易、投资收益），还追求最大限度地取得外部收益，尤其重视国际经济规则的制定权、解释权，以及在全球经济治理中的话语权。[⑥] 另一方面，各行为体参与区域经

---

① 周八骏：《迈向新世纪的国际经济一体化》，上海人民出版社 1999 年版，第 9 页。

② 杨权：《新地区主义范式及其对东亚经济一体化的解释》，《世界经济研究》2005年第 4 期。

③ Wilfred J. Ethier, "The New Regionlism", *The Economic Journal*, Vol. 108, No. 449, 1998, pp. 1149 – 1161.

④ 卢光盛：《地区主义与东盟经济合作》，上海辞书出版社 2008 年版，第 48 页。

⑤ 主要指区域合作中国家经济实力的大小，当然经济实力的大小本身也是相对而言的。

⑥ 李向阳：《新区域主义与大国战略》，《国际经济评论》2003 年第 7 期。

济合作的动机往往是多重的。尤其是大国，政治因素正在成为其参与合作的重要动机或是前提条件，在经济合作的相关协定中也出现了更多的政治条款，比如，生态保护、打击恐怖主义、非法移民等问题越来越成为合作中的重要组成部分。① 总体而言，区域主义的新观点和新视角，丰富和发展了区域经济一体化理论，对次区域合作也有较强的解释力。

二　国际政治学的理论解释

国际政治学主要是在区域主义研究的大框架之下，展开了对于区域经济合作的分析和探究。其中，功能主义与新功能主义最具代表性，为理解区域合作和区域一体化进程提供了重要基础。该理论主要从功能的视角探究区域合作领域变化的规律，强调了区域合作性质的调整，不断提升合作的层次，进而产生功能连锁。② 其核心概念及逻辑对于当下的次区域合作颇具理论意义和实践价值。

大卫·米特兰尼（David Mitrany）的著作对一体化理论的发展产生了重要影响，《有效的和平体制》是其最重要的理论贡献之一。③ 米特兰尼提出了"扩展"（ramification）这一概念，指出由于各参与方认识到合作的必要性和重要性，从而在某一功能领域开展合作，并进一步将合作意向扩展到其他领域，推动各参与方开展更大范围、更深层次的合作。由此，功能性合作为国际组织以及国际机制的形成奠定了重要基础。④ 功能主义的学者还提出，由于国家主权观念根深蒂固，并且国家间政治的争执十分激烈，所以"合作的习惯"要先通

---

① 李向阳：《全球化时代的区域经济合作》，《世界经济》2002 年第 5 期；李向阳：《东北亚区域经济合作的非传统收益》，《国际经济评论》2005 年第 5 期；李向阳：《区域经济合作中的小国战略》，《当代亚太》2008 年第 3 期。

② 樊勇明、钱亚平、饶云艳：《区域国际公共产品与东亚合作》，上海人民出版社 2014 年版，第 88 页。

③ David Mitrany, *A Working Peace System*, London：Royal Institute of International Affairs, 1943；其他的著作还有 David Mitrany, *The Progress of International Commitment*, New Haven, CT：Yale University Press, 1933。

④ Paul Taylor, "Functionalism：The Approach of David Mitrany", in A. J. R. Groom and Paul Taylor, eds., *Framework for International Cooperation*, London：Pinter Publishers, 1990, pp. 125 – 138.

过经济和社会领域的"非政治"事务的合作来养成。① 各国往往在非政治领域面临共同的挑战，有更加迫切的合作需求，可以通过加强国家合作来寻求更好的解决方案，并且可以更好地避免国家间的利益冲突。

功能主义对于区域合作有较强的解释力，不过其本身也存在局限性。对于功能主义的批评主要在于：经济合作、社会合作事实上很难与政治合作截然分开；某些经济、社会领域的合作并不是必然会扩展到政治领域；实现一体化不可能仅仅依靠经济或社会部门的功能一体化，还依赖于以意识形态或者情感承诺为基础的，充满魄力的政治行动。②

对此，新功能主义学者对相关理论做了进一步的细化和修正，他们主要以欧洲一体化的实践为依据，对新功能主义的发展做出了积极贡献。在米特兰尼的扩展原理基础上，哈斯提出了"外溢"（spillover）这一核心概念，指出外溢效益不会自动产生，而是依赖于一系列基本的变量及条件。他认为，为了特定的需要而进行合作的各国相关机构中的技术官僚，是一体化最有力的推动者。他提出，随着最初仅在某个领域进行一体化的决策外溢到其他功能领域，官僚机构间的接触和磋商也会随之增加，以更好地解决一体化进程中的新问题。③由此，各国进一步提高了合作目标，以实现共同利益。他还认为，长期的一体化进程，需要获得深层次的意识形态，或是共同信念的支撑。如果仅仅将合作建立在实用主义的基础之上，比如获得更多的经济利益，并以此为出发点的政治进程必然是脆弱的，很容易出现反复。

欧洲共同体成立之后的几十年里，西欧以及非西方国家一体化积累的经验，促使研究者不断思考和丰富新功能主义理论。约瑟夫·奈

---

① Paul Taylor, "The Funerionalist Approach to the Problem of International Order", *A Defence Political Studies*, Vol. 16, No. 3, 1968, pp. 393 – 410.

② James E. Dougherty, Robert L. Pfaltzgraff, Jr., *Contending Theories of International Relations: A Comprehensive Survey (fifth Edition)*, New York: Addison Wesley Longman, Inc., 2000, p. 544.

③ Ernst B. Haas, "International Integration: The European and the Universal Process", *International Organization*, Vol. 15, No. 3, 1961, p. 372.

建立了一个分析一体化条件的理论框架，并大大修正了"外溢"的概念。他认为，不能将合作增加的所有迹象都归功于合作机制的功效，合作不断拓展往往是因为合作中的问题是彼此关联的。功能性相互依存会产生成新的不平衡，这就成为各行为体重新确定共同目标和共同任务的重要力量。[1] 约瑟夫·奈还强调，认同感的建立是推动区域一体化的强大力量。[2] 同早期的新功能主义相比，奈更强调外部行为体对于一体化的作用，并将外部行为体的积极参与视为推进一体化进程的重要力量。认为区域外的国家、国际组织，以及非政府行为体可以在合作中起到"催化剂"的作用。总体上看，在分析和比较发达地区与欠发达地区一体化进程的差异方面，约瑟夫·奈的理论提供了重要的分析框架，同时，对于探究功能经济组织向联合体发展的动力、路径等方面的研究，也提供了积极的理论借鉴。

总体上讲，功能主义和新功能主义分析了区域合作发展的一般规律，但是没有清晰回答如何判断功能合作中共同利益的生成和扩大，以及在什么情况下，区域合作会向下一阶段过渡等现实问题。整体而言，尽管功能主义与新功能主义仍然存在一些局限性，但是，相对于其他区域主义理论，这两种理论在解释区域合作、区域一体化，以及分析一体化进程中的潜力或局限等方面，都具有很强的解释力和影响力，由此成为区域主义研究的主要理论源泉。这两种理论对于当前理解和把握次区域合作的新动态及其发展走向也有着重要的启示意义。

三　国际政治经济学的理论解释

在区域经济合作中，经济活动和政治活动不可能截然分开，如果仅仅从国际经济学，或是国际政治学的理论出发进行解读，仍然存在片面之处。当前，国际政治经济学的兴盛与发展，为全面、准确地研究区域合作提供了重要视角。国际政治经济学主要分为新现实主义、新自由制度主义和马克思主义三大流派。研究者们注重分析区域经济合作浪潮所出现的国际政治经济环境，较为关注权力结构、国际制

---

[1]　Joseph Nye, *Peace in Parts*: *Integration and Conflict in Regional Organization*, Boston: Little, Brown and Company, 1997, pp. 56 – 58.

[2]　Ibid., p. 73.

度、依附关系等因素，对于区域经济合作进程及发展路径的影响。一些学者还结合区域经济合作的新态势，对国际公共产品理论进行重构，使其能够对区域经济合作的发展动力和方向做出更为全面和准确的理论阐释。

新现实主义学派主要提出了颇有争议的"霸权稳定论"，即自由开放的世界经济体系需要由霸权国来维系，而霸权国往往具有压倒性的经济实力。支持霸权稳定论的学者认为，稳定的国际体系需要由某些霸权国供应的公共产品。根据保罗·缪尔森的定义，"对于某种物品的消费不会导致他人对该种物品消费的减少，则该物品为公共物品"①。公共物品具有消费的非竞争性，收益的非排他性，这就导致几乎没有一个行为者愿意支付公共产品的成本，所以公共产品通常供应不足。在国际体系中，如果有霸权国的存在且愿意耗费经济和政治资源，提供必要的国际公共物品，比如自由贸易体系、保障货币稳定、生态安全等，那么国际体系将维系一定的秩序与和平。霸权国由此取得的收益是其他国家对于其主导的国际体系的认同与支持，付出的代价则是为其他国家提供"免费搭车"。反之，如果没有霸权国家的存在，或者是霸权国处于衰弱中，国际体系很可能陷入混乱或是发生争夺霸权的战争。

新自由制度主义的代表人物罗伯特·基欧汉（Robert Keohane）等学者则认为，由于国际体系复合相互依赖日益加深，霸权国并不是国际合作得以展开的必要条件，通过建立和完善国际制度可以为国际合作提供有力保障。国际制度论从制度建设的角度提出了国际合作演进发展的现实性和可能性。基欧汉在《霸权之后：世界政治经济的合作与斗争》一书中提出，霸权后的合作是可能的，也是必要和可行的，其核心在于，多国通过合作形成的国际制度来维持国际秩序，并取代霸权。霸权之后合作之所以可能，其原因不仅在于共同利益可以导致机制的建立，而且在于维持现有机制所需要的成本低于创设之初。② 通

---

① Paul A. Samuelson, "The Pure Theory of Public Expenditure", *The Review of Economics and Statistics*, Vol. 36, No. 4, 1954, pp. 387 – 389.

② Robert Keohane, *After Hegemony*: *Cooperation and Discord in the World Political Economy*, Princeton NJ: Princeton University Press, 1984, p. 32.

过国际制度各国可以实现集体行动，即使其存在种种不足，但终归能在满足各国自身利益的同时，一定程度上实现共同利益。因此，建设和维持国际机制就成为保持霸权之后和平与合作的关键因素。

除此之外，一些学者也充分运用马克思主义政治经济学的方法，展开了针对区域经济合作的相关研究，特别是关注了发展中国家间的合作，提出了"中心—外围"理论、依附论等观点。研究者认为，由于世界政治经济发展的不平衡，世界体系可以分为"中心国家"和"外围国家"，"中心国家"往往就是那些经济发达的国家，在世界经济体系中居于中心且具有支配地位，"外围国家"则是那些经济发展水平比较滞后的国家，经济发展水平愈低则愈处于边缘化的位置。在世界经济体系中"外围国家"受"中心国家"的剥削和控制，且依附于中心国家。由于国际地位的不平等，导致世界经济的贫富分化越发严重。发展中国家需要通过彻底的结构调整，以及制度变革，才有可能摆脱对发达国家的依附。鲍里斯·塞泽尔基在"中心—外围"论和依附论的基础上，提出"综合发展战略理论"。他指出发展中国家开展区域经济合作所产生的效应，不仅仅是贸易的扩大、投资的深化，事实上，区域经济合作对发展中国家而言是重要发展战略，是集体自力更生的手段。[①] 他建议在制定区域经济一体化政策时，应综合考虑政治、经济等因素，广泛增加各国间的经济和社会活动。他还强调经济一体化的基本领域是生产及基础设施领域，必须进行有效的政府干预。这一理论为发展中国家深化区域经济合作路径选择提供了重要的理论借鉴。

可以说，国际政治经济学的相关理论能够较为全面、深刻地分析国际合作问题。不过无论是霸权稳定论，还是国际机制论，都存在难以直接运用到区域经济合作实践中的局限性。国际政治经济学中"区域公共产品理论"的兴起较好地弥补了这一缺陷，该理论从国际公共产品理论中衍生出来，并吸收了霸权理论、国际制度论等相关理论的内核，已逐步发展成为区域合作研究的重要理论工具。

---

① 李光辉：《东北亚区域经济一体化战略研究——基于东亚区域经济合作框架的思考》，中国商务出版社2011年版，第31—37页。

区域公共产品理论在某种程度上，可以视为国际公共产品理论在区域层面的拓展和延伸。区域公共产品是"在某一特定区域内供给和消费，而非遍及全球范围的国际公共产品"①。由于国际公共产品供应不足、难以满足区域发展的实际需求，区域内国家或国家集团会在共同需求和共同利益的驱使之下，实现区域公共产品的有效供给，并分摊相应的供给成本。

相较国际公共产品而言，区域公共产品具有自身特点和优势。第一，能够更为直接地反映域内不同类型国家的利益诉求，更有针对性地提供区域公共产品，契合区域的现实发展需求。第二，区域公共产品存在地域限制，各方往往通过协商来分摊供给成本，可以有效降低区域公共产品被"私物化"②的风险。国际公共产品主要由霸权国来提供，合作模式也往往由其主导。在区域合作中，即使一些大国处于主导地位，但是由于受到地缘政治经济的制约，大国通常不可能获得为所欲为的特权。第三，区域性国际公共产品可以有效缓解"免费搭车"的现象。国际社会中普遍存在"搭便车"，但是"如果是在小集团里展开合作，那么各行为体间可以进行有效监督，更易实现公共产品的供给"③。由于区域合作的地域范围相对较小，各行为体在其中付出的成本，以及获得的收益都是相对清晰的，因而各成员间可以更为有效地开展合作。

要实现区域合作进程中区域公共产品的有效供给，应权衡各行为体的战略考量、发展需求，更要做好各行为体间的利益协调。④ 除此之外，还需要尽力避免域外行为体的干扰。因区域公共产品具有的"外部性"，使其很容易受到域外因素的影响。具体而言，就是区域

---

① 樊勇明、钱亚平、饶芸燕：《区域国际公共产品与东亚合作》，上海人民出版社 2014 年版，第 2 页。

② 一般而言，"私物化"是指有人把公家的物品变为他个人私有或私用，服务于私人的目的。这里的国际公共产品的"私物化"是借用了这一现象，意指将原本该服务于整个国际社会的国际公共产品变为某个国家从国际社会牟取私利的工具。

③ ［美］奥尔森：《集体行动的逻辑》，陈郁、郭宇峰、李崇新译，上海人民出版社 2014 年版，第 25 页。

④ Robert Powell, "Stability and the Distribution of Power", *World Politics*, Vol. 48, No. 2, 1996, pp. 239 – 267.

内发生的某一事件，可能不仅会对当事国产生直接影响，而且会造成域外国家获益或受损。域外国家由此成为处理该事件的参与者，与域内国家共同为该事件的解决提供公共产品，从而分担成本也分享收益。所以，为了使区域公共产品能够实现可持续供给，必然需要重视区域内合作与域外国家的良性互动。

从实现条件看，可以通过多种模式或途径来实现区域公共产品的有效供给，具体到各个区域而言，区域内外的政治经济现实决定了区域公共产品的供给模式，国家异质性、利益相关性等因素都会对区域公共产品的供给产生影响。究其本质，区域公共产品的有效供给在于通过一定的机制重塑区域内外各行为体的成本—收益结构，主要途径为：提高区域公共产品的供给收益，增进各行为体参与合作的动力；降低区域公共产品的供给成本，减少合作的内部障碍；协调处理区域公共产品的外部性，进一步降低域外行为体带来的阻力。① 尽管当前区域公共产品的理论建构仍有待深化，但是该理论关注区域合作的技术层面和具体进程，为升级区域合作提供了一个新的理论视角。可以说，区域公共产品不仅是区域合作的重要成果，也是促进区域合作水平不断提升的重要方式。

第三节　次区域合作机制间的比较分析

结合前文的理论分析可以看到，"低阶"次区域合作是功能相对单一的合作，最终都会遭遇深度融合的困境，需要靠其他功能来解决，合作的领域也由此得到了扩展。随着参与方的深度融合，为获得更大利益的阻力和障碍也会增加，只有通过更高层次的合作加以解决，实现"低阶"向"高阶"的跨越。从实践层面来看，次区域经济合作的发展也印证了上述理论推想。在东南亚、东亚地区，各国间展开次区域合作往往从经济等"低政治"的领域着手，随着合作发

---

① 马学礼：《东亚经济合作中的区域公共产品供给研究——以贸易投资合作为例》，博士学位论文，吉林大学，2016 年。

展内外环境的变化，各参与方在合作中的偏好和诉求，以及次区域共同利益的改变，过去看似"高水平""高层次"的合作，在现阶段看来可能是"低水平""低层次"的。由此推动了合作内容演进发展，呈现出次区域合作的"成长性"。

当合作内容发生变化，必然需要相应的合作形式来给予体现和保障。次区域合作由"低阶"向"高阶"的演进，不仅仅需要与时俱进地在合作领域、合作方式等方面实现拓展和升级，还需要相应的合作机制以满足新形势下的发展需求，不断增进共同利益，切实保障合作的可持续性，推动合作向更高层次目标迈进，走向高水平、宽领域的合作。理论上来讲，可以通过改造、升级现有次区域经济合作机制，或者是在一定条件下"创设"新的次区域合作机制来实现。事实上，中国与湄公河五国展开的次区域合作就是通过创立"澜沧江—湄公河合作"，来推动次区域合作的深化发展。因此，对次区域合作机制进行比较研究具有重要的研究价值。通过比较研究的视角，一方面，可以更为准确地剖析次区域合作进阶发展的动因，探究次区域深度融合的演进路径。另一方面，对于各参与方妥善处理相关机制间的关系有着重要理论参考和借鉴作用。

合作机制的变化发展是合作内容演进的最直接体现。关于国际机制的概念，美国学者斯蒂芬·克拉斯纳（Stephen Kransner）的定义具有代表性，他提出："国际机制是一系列隐含或明确的原则、规范、规则、决策程序，行为体对某个既定国际关系问题领域的预期围绕着它们而汇聚在一起。"① 国际机制通过利用制度设计中的原则、规范、规则和程序对国际合作中的相互依存关系进行调节、控制和管理，对于国际合作有推动和促进作用。可以说，没有一定的合作机制，国家间将难以实现深化合作。国际机制可以降低不确定性从而有助于合作，"使人类行动符合可预测的模式，从而使行动能够在手段和目的之间获得一种理性，并且不断前进"②。

---

① Stephen Kransner, "Structural Causes and Regime Consequences: Regimes as Intervening Variables", *Interarntional Organization*, Vol. 36, 1982, p. 186.

② Michael Barkun, *Law without Sanctions: Order in Primitive Societies and the World Community*, New Haven: Yale University Press, 1968, p. 154.

次区域合作由浅入深的发展也必然需要相应的机制建设予以保障，对"低阶"次区域合作与"高阶"次区域合作的机制进行比较，可以更为准确地把握合作的演进进程以及核心要素。国际机制比较研究具有两种不同的比较基础，即纵向的历史比较，以及横向的机制间比较。通过对历史信息的归纳和分析，可以清晰透视合作内容的发展变化；通过机制间同类信息的差异比较，将有利于最终形成判断以及理论支撑。其中，纵向比较是横向比较的重要基础。

一　次区域合作机制间的纵向比较

次区域合作的深化，本质上是各行为体深度相互依赖的过程与状态。次区域合作是各行为体基于互惠互利、共同发展的原则，不断提升合作水平、拓展合作领域、完善合作机制的过程。这一进程所产生的结果，未必是建成具有权威性的一体化组织，更重要的是构建了成员国之间"一荣俱荣、一损俱损"的政治经济伙伴关系。

因此，纵向比较主要是把握次区域合作机制的历史进程，不同的次区域合作机制要具体比较分析。对于不同机制的历史进程进行比较，虽然不如横向比较能够更直接鉴别机制的优势或不足，但是通过这一视角去理解次区域合作的发展变化，以及地区秩序的形成和演变，具有重要的阐释价值。纵向比较主要把握四个方面：一是成立的时代背景。每项国际合作机制的建立必然有其鲜明的时代印记。通过时代背景的比较，分析次区域内外政治经济发展环境的变化，可以准确把握推进次区域合作由浅入深，逐步走向深化的原因。二是发展历程。梳理不同机制的发展历程，有助于比较分析次区域合作发展的阶段特征、合作重点、发展速度等。三是合作成果。合作成果是比较机制成效的重要指标，也是研判次区域合作机制影响力和生命力的重要因素。次区域合作需要在各阶段奠定良好的基础，才有可能推动各参与方的深度融合。四是存在的主要困难。对次区域合作机制发展困境进行比较，才能准确研判次区域合作机制的发展方向。

总体上讲，对于不同次区域合作机制间的纵向比较研究，要着眼于次区域合作深度融合困境的成因及其解决方案，否则会遗漏次区域合作机制发展的关键问题，导致分析结果缺乏现实基础，相关建议不具备现实操作性。

二 次区域合作机制间的横向比较

鉴于亚洲的次区域合作基本属于"南南"型合作，并不适宜从主权让渡的程度，或是从规则水平的高低来判定。因此，本书充分吸收已有的理论成果，集合功能主义、国际制度理论与区域公共产品理论等，主要从合作领域、机制建设、合作主导权三个维度，对"低阶"次区域合作的机制与"高阶"次区域合作的机制进行比较，探究次区域合作机制的建设重点和发展方向。

表 1 - 2 次区域合作机制的横向比较

	"低阶"次区域合作的机制	"高阶"次区域合作的机制
合作领域	低政治	高政治
机制建设	灵活性	规范性
合作主导权	外部/内部	内部

注：笔者自制。

（一）合作领域

"低阶"次区域合作往往从经济合作起步，其机制涵盖范围往往比较小，主要侧重于经济层面的贸易和投资安排，而"高阶"次区域合作的机制包含更深层的经济、政治、文化等多方面交往和融合。由此次区域合作机制成功实现由单一的合作领域向综合性的合作领域拓展，即各成员国在次区域层面的合作由经济领域向政治安全、社会文化等领域的拓展，成为次区域合作机制进行比较的重要指标。

从"低阶"次区域合作的实践来看，合作的重点在于推进贸易和投资自由化。但是，单一的经济合作很难将合作推向更深层次的经济领域，尤其是经济政策很难实现有效协调，各参与方在金融合作、知识产权保护、规则合作等方面，举步维艰。主要是存在内外两方面的原因：从内部的角度来看，各参与方的经济发展水平普遍较低，产业结构相似，比较优势雷同，造成各国之间"竞争有余、互补不足"局面，给深化地区经济合作带来困难；从外部的角度来看，次区域各国的经济发展几乎都是建立在以出口导向为特征的外向型经济基础之上，各国经济合作的最重要伙伴来自区外而不是区内国家，对于经济发展至关重要的也是外部出口市场的进入与维护，经济发展所必需的资金也绝大部分源于外部国家。因此，次区域国家与外部国家和市场的合作，相比于内部开展合作更为重要，这就导致了地区化进程只能是松散的或者"开放"的形式，其合作成效也不可能是最佳的。① 此外，随着次区域发展内外环境的变化，金融动荡、环境污染、气候变化、跨国犯罪等非传统安全问题日益突出，也影响了合作的发展进程。在这一大背景下，次区域国家间合作领域的单一性对次区域合作可持续性的威胁更加凸显。由此，次区域合作机制必然需要在经济合作的基础上，拓展新的合作领域，以增加发展动力，保障合作的可持续性。

（二）机制建设

相较"低阶"次区域合作的机制而言，"高阶"次区域合作的机制建设必然需要加强集中化、授权化。既有的国际合作理论已经证明，国际交往中的相互依赖和外部性效应产生了对国际合作的需求，但相互依赖本身并不自动导致国际合作的达成。没有一定的合作机制，国家间将难以实现相互合作，次区域合作的深化发展需要相应的制度建设予以保障。国际机制可以降低不确定性从而有助于合作，"如果创设和维持制度是为了满足社会需要或者获得社会目标的话，制度就具有功能作用"②。国际机制的首要功能就是促进国际合作的实现。为了实现这一功能，次区域合作制度在形式上首先需要符合次区域政治经济结构的现实，适应次区域合作中所面临的具体问题。也就是说，次区域合作必然需要针对次区域合作中的实际问题和特殊需求，因时且因地制宜地设计合作机制的形式。

随着合作的深化，提升合作机制的制度化水平是必然趋势。在次区域合作中，各参与方可以通过低政治化的功能性合作，建立和完善制度化建设，也可以通过政治化的制度建设，推动和深化功能性合

---

① 卢光盛：《地区主义与东盟经济合作》，上海辞书出版社 2008 年版，第 131—132 页。

② Simon Herber A. , "Rationality as Process and as Product of Thought", *American Economic Review*, Vol. 68, No. 4, 1978, pp. 1 – 16.

作。在实践层面，各参与方往往通过"双管齐下"来推进合作进程。功能性合作达到一定程度后，各参与方必然加强机制建设，对次区域合作予以制度保障，而不断深化的功能合作，也将给合作机制的建设带来更为强劲的发展动力。

（三）合作主导权

次区域合作机制在合作主导权方面的差异，不仅需要结合相关理论，更需要结合具体的实践情况来准确认识。在次区域合作进阶发展的过程中，合作主导权的确立在很大程度上是与次区域公共产品供给的主导方相伴相随的。"这是一种关于合作路径或合作模式的倡议权、选择权或决定权，也是一种建立在义务与权利互动基础上的话语权，不仅关系到合作成本的分摊，更是关乎合作收益的分配。"① 基于公共产品供给的次区域合作主导权，在获得上具有条件性、在使用上具有约束性，同时也具有可分割性。主导权的获得要通过承担某种义务，得到其他各方的认可。在这一方面，还有着进一步的前提条件，那就是任何试图承担义务的一方，一定要具备承担相应义务的禀赋或能力，只有最能满足区域合作需求的行为体才可能具备"资格"成为合作的主导方。所以，合作主导权的差异，也就成为观察次区域合作机制差别的重要视角。

另外，需要认识的是，合作主导权区别于霸权。在一些区域合作或次区域合作中，即使有大国占据主导地位，但是由于地缘政治和地缘经济等因素的影响，大国也难以获得为所欲为的特权。在没有主导者，或主导者的禀赋不再适于继续担任领导者时，域内其他国家将竞逐合作主导权，争取成为区域公共产品的主导供给方，以获得更大规模的相对收益。由于各参与方的实力往往存在差别，实力的增长速度也并不均衡。由此，实力对比格局和收益分配格局之间的匹配程度，就成为影响区域公共产品能否实现持续性供给的关键。②

从实践层面来看，东亚地区的次区域经济合作最重要的外部力量

① 王玉主：《区域公共产品供给与东亚合作主导权问题的超越》，《当代亚太》2011年第6期。

② 马学礼：《东亚经济合作中的区域公共产品供给研究——以贸易投资合作为例》，博士学位论文，吉林大学，2016年。

是亚洲开发银行及其背后的力量（主要是日本和美国）。亚行在资金提供、项目规划和论证、推动对话和交流、促进合作协调等方面做了大量工作。大湄公河次区域经济合作作为东南亚地区发展最为成熟且最有成效的合作机制，就是由亚行在 1992 年启动和推进的。然而 20 世纪 90 年代以来，日本经济一直处于缓慢增长，也直接影响了亚洲开发银行的影响力，难以实现区域公共产品的有效供给。在此背景下，次区域合作主导权逐渐由次区域外部转向内部。相比而言，能够更加契合次区域发展的实际需要，也更有利于保障合作的稳定性和可持续性。

小　结

本章认为，"次区域经济合作"与"次区域合作"之间并没有绝对的界限，二者是相互交叉相互促成的。依据合作的深度不同，本书尝试将次区域合作分为"低阶次区域合作"和"高阶次区域合作"。在本书的语境中，将"次区域经济合作"视为"低阶"次区域合作，相对于"高阶"次区域合作而言。"低阶"次区域合作主要在合作领域呈现出单一性，合作水平低层次性，合作机制低约束性。"高阶"次区域合作强调的是合作层次、合作水平及合作制度的提质升级。由于，"低阶"次区域合作是功能相对单一的合作，最终都会遭遇深度融合的困境，需要靠其他功能来解决，合作的领域也由此得到了扩展。随着参与方的深度融合，为获得更大利益而面临的阻力和障碍也会增加，只有通过更高层次的合作加以解决，实现"低阶"向"高阶"的跨越。从实践层面来看，次区域合作的发展也印证了上述理论推想。

次区域合作由浅入深的发展也必然需要相应的制度建设予以保障，对"低阶"次区域合作与"高阶"次区域合作的机制进行比较，可以更为准确地把握合作的演进进程以及核心要素，对于各参与方妥善处理相关机制间的关系有着重要理论参考和借鉴作用。次区域合作机制间的比较研究主要依据纵向的历史比较，以及横向的机制间比较。通过对历史信息的归纳和分析，可以清晰透视合作内容的发展变化；通过机制间同类信息的差异比较，将有利于最终形成判断以及理论支撑。其中，纵向比较是横向比较的重要基础。总体上，对于不同次区域合作机制间的比较研究，要着眼于次区域合作深度融合困境的成因及其解决方案，否则会遗漏次区域合作机制发展的关键问题，导致分析结果缺乏现实基础，相关建议不具备现实操作性。

第二章

大湄公河次区域经济合作：成效与困境

　　结合上一章的理论探讨，本章主要梳理大湄公河次区域经济合作的历史背景、发展历程和主要成果，重点分析 GMS 在经过二十多年的快速发展之后，面临的三个突出问题：一是合作深度问题。在次区域经济合作已经达到了一个较高层次（中国和越南、老挝、缅甸和柬埔寨的"零关税"在 2015 年 1 月 1 日实行）之后，如何进一步提升经济合作水平和层次。二是合作广度问题。如何将经济合作拓展到政治—安全领域，以及社会—文化领域的深化合作，以更加有效地应对次区域内日益突出的环境保护、毒品走私、恐怖主义、公共卫生等问题。三是合作主导权问题。大湄公河次区域经济合作由亚洲开发银行主导，但亚行深受日本、美国影响，各成员国的行动也因此受到制约。中国作为次区域内最大的经济发展体和提供发展机遇的重要国家，在合作中的主导权、规则的制定和话语权等方面，长期存在着明显的局限性。

第一节　大湄公河次区域经济合作的发展历程

　　澜沧江—湄公河全长 4880 公里，流域内自然资源丰富，地缘位置得天独厚。1992 年，在亚洲开发银行推动下，澜沧江—湄公河沿岸六国共同参与了大湄公河次区域经济合作机制的建设，旨在增进合作，促进次区域经济和社会的发展。大湄公河次区域总面积共

256.86 平方公里，约有 3.2 亿人口。① GMS 已经建立起比较完善的工作机制和组织机构，最高决策机构为领导人会议，每三年举行一次。日常事务由设在菲律宾马尼拉亚行总部的 GMS 秘书处负责处理。主要在贸易便利化和投资、交通、能源、电信等九大领域，以及公共卫生、禁毒等领域开展了卓有成效的合作。经过二十多年的发展，大湄公河次区域经济合作已经成为亚洲诸多次区域合作机制中的典范。

一　历史背景

20 世纪 90 年代初，东南亚地区进入了和平与发展的新时期。随着经济全球化、区域化逐渐盛行，以澜沧江—湄公河为依托的地区合作也日益兴起，大湄公河次区域经济合作在此背景下开始生根发芽。

（一）世界格局的转变为 GMS 的建立提供有利环境

冷战的终结，推动世界格局由两极开始转向多极，对世界各国产生了重要影响。美国和苏联结束对抗，相继撤出其在东南亚的力量，使得东南亚地区政治局势日趋缓和。1991 年 10 月，《柬埔寨和平协议》正式签署，次区域内长达 13 年的地缘政治冲突终于得以和平解决，这为中国与湄公河国家加强贸易、投资、援助等合作规模，提供了良好的地区环境。与此同时，世界各国迎来由军事竞争转向以经济竞争为核心的新时代，各国日益重视提高国家的发展水平。维护国家经济持续增长，增强国家经济实力，成为稳定国家政局、保障国家安全的重大问题。因此，通过扩大国际经贸往来促进国内发展，提高国家综合实力，减少军事对抗的可能性，加强各国经济联系和相互依赖，形成共同安全利益显得尤为重要。中国和湄公河国家作为发展中国家，无论在经济实力还是国际地位方面都缺乏竞争力，更需要彼此的经贸互助与资源互补，以加快本国和本地区的发展步伐。

（二）经济全球化和区域化的加快为 GMS 的建立提供重要动力

冷战结束后，世界经济进一步走向全球化和区域化。各国都迫

---

① 《中国参与大湄公河次区域经济合作国家报告（全文）》，2011 年 12 月 18 日，中国网（http：//www.china.com.cn/policy/txt/2011-12/18/content_ 24182317.htm）。

切希望抓住这个历史性机遇，努力促进本国经济的发展。经济上的联系和交往，越来越成为各国间最主要的联系和交往方式。中国与湄公河国家也日益紧密地参与到国际分工，及国家间的相互交往中来。东南亚地区经济合作进程的加快也为 GMS 的建立提供重要契机。1992 年 1 月，东盟第四次首脑会议在新加坡举行，相关国家签署了设立"东盟自由贸易区"（ASEAN Free Trade Area，AFTA）的协议，确定将加强经济合作作为继柬埔寨问题解决后团结东盟的主要纽带，提出欢迎老挝、柬埔寨、越南、缅甸加入东盟，迈出了区域经济合作的新步伐。[①] 对于中国和湄公河国家来说，由于在冷战结束前一直游离于世界经济发展的边缘，如果此后还只靠单打独斗，不通过地区内国家间相互交流来加强彼此间的经济融合，势必继续被边缘化，由此深化彼此经贸互动成为必然。

（三）中国与湄公河国家外交关系的恢复和发展为 GMS 的建立奠定基础

在冷战即将结束之际，中国与湄公河流域的一些国家已基本恢复邦交关系，为深化地区合作创造了良好条件。中国与湄公河国家有着深厚的传统友谊，新中国成立不久，就与湄公河国家逐步建立起外交关系。[②] 但是，20 世纪 70 年代中期，中国与越南、老挝、柬埔寨的关系曾出现曲折。80 年代后期，随着国际局势的缓和，中国开始推行积极的周边外交政策，与湄公河国家的关系也得到了改善，中国与老挝、越南的关系相继实现正常化。1993 年，柬埔寨举行大选后成立了新的联合政府，中柬关系也得到巩固和发展。在这一时期，中国与湄公河国家进一步增进了理解和信任，日益增长的共同利益为深入合作奠定了良好基础。各国开始在和平与发展的主题下，相互间寻求发展友好合作，增进彼此交流与往来。

（四）亚洲开发银行为 GMS 的建立发挥了积极作用

亚洲开发银行在澜沧江—湄公河流域各国间适时搭建起多边合作平台。亚洲开发银行成立于 1967 年，是亚洲和太平洋地区重要的国

---

① 广西社会科学院课题组：《东盟成立 40 周年大事记》，《东南亚纵横》2007 年第 7 期。
② 1950 年 1 月，中国和越南建交；1950 年 6 月，中国和缅甸建交；1958 年 7 月，中国与柬埔寨建交；1961 年 4 月，中国和老挝建交；1975 年 7 月，中国和泰国建交。

际金融机构。① 亚行主要通过提供政策对话、贷款、股本投资、赠款、技术援助等方式向其发展中成员提供帮助，促进亚太地区经济增长、环境可持续发展、推进区域一体化进程。20 世纪 90 年代初，地缘位置重要、资源丰富但发展滞后的澜湄次区域成为亚洲开发银行的重要项目。亚行依据成立时制定的宗旨——"通过发展援助帮助亚太地区发展中成员消除贫困，促进亚太地区的经济和社会发展"②，以及其章程中关于促进该银行发展中国家成员间合作的授权，与次区域六国进行广泛磋商，通过一系列考察论证，发起大湄公河次区域经济合作。主要目标是发挥域内丰富的资源优势，改善各国基础设施建设，扩大经贸合作，提高次区域经济和社会的发展水平。经过二十多年的努力，GMS 已经发展成为亚行迄今为止最成功的项目之一，为次区域的和平与发展做出了重要贡献。

二　发展历程

从 1992 年至今，大湄公河次区域经济合作已经走过了 27 个年头，依据 GMS 的发展进程，及合作中取得的积极成果，GMS 合作进程大致可以分为：合作初级阶段、全面开展阶段以及合作深入推进阶段。

（一）合作初级阶段（1992 年至 2001 年）

这一时期，各参与方主要就 GMS 的基本问题进行了磋商，召开了 10 次部长级会议，在合作框架、合作领域和优先项目等方面达成共识。在经历了 1997 年东南亚金融危机的冲击之后，进一步增强了合作意愿，GMS 逐步进入正轨，并取得了初步成效。

1992 年 10 月，在亚行总部马尼拉举行了首届 GMS 部长会议，会议的主题为"消除疑虑、增进共识"，次区域六国的经济合作就此起步。1993 年 8 月，GMS 第二次部长会议召开，确立经贸和投资、交通、能源、旅游、人力资源开发、环境与自然资源管理等为重点合作领域。1995 年 11 月，在第五次部长会议上，各方共同筛选出了 103

---

① 亚洲开发银行（https：//www. adb. org）。

② Agreement Establishing the Asian Development Bank，p. 2，https：//www. adb. org/sites/default/files/institutional-document/32120/charter. pdf.

项优先合作项目，还将合作领域扩充到了七个，即增加通信合作。

1997 年 4 月，第七次部长级会议回顾了次区域经济合作各领域项目的进展情况，指出资金有限是次区域发展的一个重大障碍。为此，GMS 对合作项目进行"优中选优"，并且注重协调"软件"项目与"硬件"项目的关系，促进两者共同发展。但是三个月之后，东南亚金融危机大规模爆发，各国投融资环境日益艰难，合作进程被迫放缓。但是这次危机也增强了各参与方加强合作、共同维护地区经济安全的决心。

1998 年 9 月，第八次部长级会议召开，各国与会代表一致表示共渡难关，将合作推进向前。在形成共识的基础上，会议提出了新的合作理念——"经济走廊"（Economic Corridors），即依托次区域内的公路、铁路等基础设施，以及地理位置、自然资源等，将沿线的生产、贸易、投资等经贸活动有机联系，畅通物流、人流和资金流，共同建设"三纵两横"交通走廊。将两条东西走向的经济走廊列为先导项目，进行优先资助。此外，还将"禁毒"列为合作的新领域。①

2000 年 1 月，第九次部长级会议召开。在次区域各国基本摆脱金融危机的困境，逐步走向经济复苏的背景下，各方进一步加强了经济合作。会上提议建立"商业论坛"，发表《开放边境携手合作》的联合声明。2001 年 11 月，第十次部长会议探讨了次区域经济合作未来十年的发展方向，将"农业"增设为合作新领域，将"完善基础设施联通、便利跨境贸易与投资、提升人力资源和提高技能水平、增强环境保护和自然资源可持续发展"等确立为合作的战略重点。②

（二）合作全面展开阶段（2002 年至 2011 年）

这一时期，大湄公河次区域经济合作进入了全面、快速发展的新阶段。首次领导人会议的成功举办是 GMS 发展进程中的一个重要里程碑。此阶段共召开了 4 次领导人会议，7 次部长会议，GMS 合作机制得到了提升。尽管在这十年里，合作中的一些困难和问题开始凸显，2008 年国际金融危机的发生也影响了合作进程，但是在各方的

---

① 罗梅、马金岸：《大湄公河次区域经济合作回眸》，《当代世界》2008 年第 9 期。
② 李平：《大湄公河次区域（GMS）合作 20 年综述》，《东南亚纵横》2012 年第 2 期。

共同努力之下，GMS 的许多项目得到了具体落实，各领域都取得了丰硕成果，有力推进了次区域经济和社会的发展，大湄公河次区域经济合作也日益受到国际社会更多的关注。

2002 年 9 月，GMS 第十一次部长会议审议通过《未来十年战略框架》，确定优先实施东西经济走廊、南部经济走廊、电力联网及贸易等 11 组旗舰项目（Flagship Program）。11 月，大湄公河次区域经济合作首次领导人会议在柬埔寨金边召开。会上总结了过去十年取得的成就与成功经验，批准了《未来十年战略框架》，确定每三年在成员国轮流举办领导人会议。各国领导人认可了有关次区域一体化发展的核心概念，即"连通性（Connectivity）、竞争力（Competitiveness）、共同体（Community）"①。各方还签署了推进次区域运输便利化、促进电力贸易等相关协定。

2005 年 7 月，GMS 第二次领导人会议在中国昆明举行。此次会议确立以"相互尊重、平等协商、注重实效、循序渐进"为合作的指导原则。各参与方批准了《贸易投资便利化行动框架》，签署了信息高速公路建设、便利客货运输、动物疫病防控等多项合作文件。

2008 年 3 月，GMS 第三次领导人会议在老挝万象举行。会议审议通过《2008—2012 年 GMS 发展万象行动计划》，提出将次区域建设成亚太经济一体化的枢纽。② 相关各方签署《实施次区域跨国电力贸易路线图谅解备忘录》等合作文件。

2011 年 12 月，GMS 第四次领导人会议在缅甸内比都顺利召开。会议通过《大湄公河次区域经济合作新十年战略框架（2012—2022）》，确立了未来十年 GMS 的三大战略目标：推进次区域一体化进程；完善基础设施互联互通；促进次区域可持续发展。③ 以经济走

---

① Building on Success: A Strategic Framework for the Next Ten Years of the Great Mekong Subregion Economic Cooperation Program, 2015, https://www.adb.org/sites/default/files/publication/181405/building-success.pdf.

② 《大湄公河次区域经济合作第三次领导人会议领导人宣言》，2008 年 4 月 1 日，人民网（http://politics.people.com.cn/GB/100431/7070228.html）。

③ The Greater Mekong Subregion Economic Cooperation Program Strategic Framework (2012 – 2022), https://www.adb.org/documents/greater-mekong-subregion-economic-cooperation-program-strategic-framework-2012-2022.

廊形式促进次区域经济发展的模式，将在大湄公河次区域经济合作的新十年中继续发挥中心作用。

（三）合作深入推进阶段（2012 年至今）

2012 年是大湄公河次区域经济合作 20 周年，也是第三个十年的开局之年。在世界和地区政治经济格局调整的背景下，次区域国家进一步提升内部需求，发挥经济增长的潜力。次区域合作机制更为成熟，区域内的整合力不断提升，迈向了一个新的台阶。与此同时，GMS 也面临着新问题和新挑战。特别是，2016 年 3 月，六国领导人共同启动了"澜沧江—湄公河合作"（LMC），这一由六国共商、共建、共享的新型次区域合作机制。经过两年的发展，澜湄合作机制不断发展完善，影响力稳步提升。GMS 与 LMC 同为次区域内六国共同参与的合作平台，两者在合作领域、合作目标、合作项目等方面存在交叉和重叠，新机制的发展是否会冲击甚至是取代老机制？GMS 处于发展的"十字路口"。在这一阶段，GMS 共召开了 2 次领导人会议，5 次部长会议。

2012 年 12 月，GMS 第十八次部长会议在广西南宁召开，各参与方表示将加快推进交通走廊发展成为经济走廊，签署了《关于成立区域电力协调中心的政府间谅解备忘录》《实施降低大湄公河次区域地区流动人口感染艾滋病风险备忘录的行动计划》等文件，审批了《大湄公河次区域人力资源战略框架及行动计划（2013—2017 年)》，明确加快建设次区域知识平台。[①]

2014 年 12 月，GMS 第五次领导人会议在泰国曼谷举办。会议通过了《2014—2018 年区域投资框架执行计划》，确立了贸易、交通、人力资源等各领域的优先项目清单，提出 92 个项目，总金额约为 300 亿美元。各参与方承诺进一步消除跨境运输的政策壁垒，推进次区域经贸合作便利化。[②]

2015 年 9 月，GMS 第二十次部长级会议在缅甸首都内比都召开，

---

① 《大湄公河次区域合作第十八次部长级会议部长联合声明》，2012 年 12 月 12 日，中华人民共和国财政部（http://gjs.mof.gov.cn/pindaoliebiao/gongzuodongtai/201212/t20121212_714249.html）。

② 《大湄公河次区域经济合作领导人会议通过区域投资框架执行计划》，2014 年 12 月 20 日，新华网（http://news.xinhuanet.com/2014-12/20/c_1113717504.htm）。

审议城镇化发展战略框架，通报区域投资框架合作项目规划执行计划落实情况，以及优先合作领域最新进展，并探讨了如何有效推动相关战略规划的实施，加强 GMS 与东盟经济共同体建设、"一带一路"等合作倡议的协调和对接。①

2016 年 12 月，GMS 第 21 次部长会议在泰国清莱举行。会上通报了各优先合作领域的最新进展，讨论了 GMS 战略框架中期审议总体设想，提出进一步完善合作机制，调整次区域经济走廊规划等建议。②

2017 年 9 月，GMS 第 22 次部长级会议在越南河内举行。会议审议了《河内行动计划》框架、区域投资框架以及旅游、交通等领域成果，并发表了联合声明。会上，我国参会代表结合"一带一路"倡议提出三点建议：发挥 GMS 经济合作优势，推进 GMS 与"一带一路"倡议、澜湄合作机制等其他多边机制的对接；构建区域金融网络，保障域内发展资金的有效供给；创新产业合作模式，深化次区域国家间产能合作。③

2018 年 3 月，GMS 第六次领导人会议在越南河内召开。会议主题为"发挥 25 年合作成效，建设可持续、一体化和繁荣的 GMS"。会上，六国领导人充分肯定了 GMS 在过去 25 年取得的重要成果，表示将在交通运输、环境、能源、农业、旅游、人力资源等重点领域继续展开务实合作。会议通过了《共同宣言》《2018—2022 河内行动计划》和《2022 区域投资框架》三项成果文件。其中，《2022 区域投资框架》确立了次区域未来五年间的优先项目清单，包含 227 个投资和技术援助项目，总金额约 660 亿美元。④ 此次领导人会议期间

①　《大湄公河次区域经济合作第二十次部长级会议在缅甸举行》，2015 年 9 月 10 日，新华网（http://news. xinhuanet. com/fortune/2015-09/10/c_ 128217190. htm）。

②　《大湄公河次区域经济合作第 21 次部长级会议在泰国清莱举行》，2016 年 12 月 1 日，中华人民共和国财政部（http://www. mof. gov. cn/zhengwuxinxi/caizhengxinwen/2016 12/t20161201_ 2471210. htm）。

③　《大湄公河次区域经济合作第 22 次部长级会议在越南河内举行》，2017 年 9 月 21 日，中华人民共和国财政部（http://gjs. mof. gov. cn/pindaoliebiao/gongzuodongtai/201709/t20170921_ 2706226. html）。

④　《大湄公河次区域经济合作第六次领导人会议举行》，2018 年 4 月 1 日，中国经济网（http://www. ce. cn/xwzx/gnsz/gdxw/201804/01/t20180401_ 28681374. shtml）。

首次举行了工商峰会，旨在鼓励企业界与发展伙伴参加次区域合作。GMS 第七次领导人会议计划于 2021 年在柬埔寨举行。①

第二节　大湄公河次区域经济合作的主要成果

大湄公河次区域经济合作是各参与方基于国家经济发展的需求，以及对国家和地区安全的关注而展开的合作，各方由此形成了一个强烈的利益汇聚点，从而积极推动了合作进程。经过 27 年的发展，GMS 取得了积极成果，主要体现在三个方面：次区域经济的增长，次区域和平红利的分享，以及合作机制的完善和成熟。

一　推动次区域经济发展水平的增长

在次区域的发展进程中，大湄公河次区域经济合作发挥了独特的作用，使得曾经饱受战争之苦的国家变为市场驱动的经济合作区，并发展成为亚洲诸多次区域经济合作中的成功典范。

（一）促进了次区域各国经济的增长

通过大湄公河次区经济合作的引导，为次区域国家间的合作创造了一个和平、合作、协调的宏观环境，推进了次区域国家经济和社会的发展。GMS 最初有几个世界最不发达经济体，现在已经发展成为亚洲地区最有活力的中等收入经济体之一。27 年来，次区域的年平均经济增长率为 6.3%，人均增长率为 5%，次区域内贸易增长了 90 倍。② 各国人民的生活质量有所提高，次区域正朝着高质量的方向发展。

第一，次区域国家获得了较充足的资金与技术支持。由于次区域国家经济发展水平普遍落后，发展资金供给不足，通过大湄公河次区域经济合作平台，次区域国家能够更快、更直接地获得资金与技术的

---

① Joint Summit Declaration：6th GMS Summit of Leaders，March 2018，p. 5，https：//www. greatermekong. org/sites/default/files/Final%20JSD_ 6th%20GMS. pdf.

② Joint Summit Declaration：6th GMS Summit of Leaders，March 2018，p. 1，https：//www. greatermekong. org/sites/default/files/Final%20JSD_ 6th%20GMS. pdf.

支持，大大加快了各国经济的发展。GMS 主要以项目为主导，来推进次区域国家间的合作。数据显示，截至 2013 年年底，GMS 共开展了 260 个合作项目。其中，投资项目 68 个，总投资额约 169.4 亿美元；技术援助项目 192 个，投入资金约 3.3 亿美元。① 合作项目推动了次区域资源的开发，缓解了经济发展中资金短缺等问题，使得次区域国家能在较短时间内获得经济水平的提升，实现了次区域的稳定增长。大湄公河次区域成为世界经济增长较快的地区，1992—2015 年，GMS 国家的 GDP 平均增长速度为 8.5%，增长速度引得世界瞩目。②

第二，各国经济总量差距呈现缩小趋势。随着大湄公河次区域经济合作的推进，各国经济增长速度加快，国家间经济规模的差距正在逐步缩小。2010 年以来，越南、缅甸、柬埔寨和老挝的 GDP 增长率基本保持在 5%—7% 之间（见表 2 - 1）。总体上，GMS 各国的国内生产总值、通货膨胀及失业率等宏观经济指标表现较好，存在较高的一致性，也为彼此间进一步加强合作打下了良好基础（见表 2 - 2）。此外，区域内后进国家经济实力出现明显提高。长期以来，老挝、柬埔寨、缅甸，都属于世界上最不发达国家之列，这些国家都通过不断深化合作，改善其内部结构，逐步实现脱贫的目的。据世界银行宣布，柬埔寨于 2016 年 7 月 1 日正式脱离最不发达国家行列，成为中等偏下收入国家。缅甸和老挝也正在加快国家经济发展，争取尽快摘掉贫困的帽子。2018 年，联合国经济和社会理事会下政策发展委员会③发布的调查分析报告中显示：缅甸在联合国制定的最不发达国家统计标准界定三大指数中，人均国民总收入项超过 1230 美元界限，另外两项指标人力资产指数、经济脆弱性指数也均超过了退出标准，

---

① 《GMS 机制简介》，2014 年 6 月 30 日，中华人民共和国财政部（http://gjs.mof.gov.cn/pindaoliebiao/dhjz/hzjz/hzjz/jzjj11/201011/t20101112_ 348740. html）。

② Greater Mekong Subregion Eighth Economic Corridors Forum: Greater Mekong Subregion Statistics on Growth, Infrastructure, and Trade, 3 - 4 August 2016, Phnom Penh, Cambodia, p. 3.

③ 联合国发展政策委员会隶属于联合国经社理事会，向该理事会提供政策建议，并负责考察最不发达国家的情况。该委员会每三年对最不发达国家进行一次考察，主要考察三个指标：人均国民总收入（GNI）、人力资产指数（HAI）以及经济脆弱性指数（EVI），被考察国连续两次达到三项指标中的两项才有望脱离最不发达国家名单。

有望2020年之后正式摆脱全球最不发达国家名单。[①] 老挝也首次达到脱离最不发达国家行列的标准，有望于2024年脱离最不发达国家行列。[②]

第三，次区域国家对外开放程度显著提高。GMS合作对各国内部经济发展模式产生了影响，也巩固了各国的对外发展战略。次区域国家通过推进经济体制改革，不断调整产业结构，扩大对外开放水平，逐步实现由计划经济向市场经济转型，并由单一农业向制造业、工业及多种产业过渡，进一步提高了市场的灵活度及效率，加快融入全球经济的发展（见表2-3）。同时，借助大湄公河次区域经济合作平台，各国间关税降低、贸易壁垒也逐步消除，各国产业结构差异逐步转变为国家间的贸易分工。区域内生产网络日渐成型，内部市场不断扩大。在基础设施互联互通方面取得了许多显著成就，包括新机场、80座桥梁、1万公里道路、500公里铁路、3000公里输电线路和配电线路，以及装机容量1570兆瓦。[③] 次区域各国对外开放程度的提高，既加强了各国间的经济联系，也为推进次区域合作创造了机会。

表2-1　　　　　　GMS各国GDP增长率（2005—2018）　　　（单位：%）

年份	中国	泰国	越南	缅甸	柬埔寨	老挝
2005	10.4	4.6	8.4	4.5	13.3	6.8
2006	11.6	5.1	8.2	7.0	10.8	8.7
2007	13.0	4.9	8.5	5.5	10.2	7.8
2008	9.6	2.5	6.2	3.6	6.7	7.2
2009	8.7	-2.3	5.3	4.4	-2.0	6.5
2010	10.4	7.8	6.4	5.3	6.0	7.5
2011	9.3	0.1	6.2	5.9	7.1	7.8

① 《缅甸外交部称缅甸有望在2020年摆脱最不发达国家名单》，2018年5月9日，缅甸在线（http://www.md-zw.com/）。

② 《2020年前老挝很难从最不发达国家行列中毕业》，2018年6月13日，中华人民共和国商务部（http://www.mofcom.gov.cn/article/i/jyjl/j/201806/20180602755313.shtml）。

③ Joint Summit Declaration: 6th GMS Summit of Leaders, March 2018, p.2, https://www.greatermekong.org/sites/default/files/Final%20JSD_6th%20GMS.pdf.

续表

年份	中国	泰国	越南	缅甸	柬埔寨	老挝
2012	7.7	6.5	5.2	7.1	7.7	7.9
2013	7.7	2.9	5.4	8.3	7.4	7.9
2014	7.4	0.7	6.0	7.7	7.0	7.4
2015	6.9	2.8	6.7	7.2	7.0	4.8
2016	6.7	3.2	6.2	5.9	7.0	6.8
2017	6.7	3.5	6.3	7.7	7.1	6.9
2018	6.4	3.6	6.5	8.0	7.1	7.0

注：2017 年和 2018 年数据为亚行预测数据。

资料来源：Asian Development Outlook 2010, statistical notes; Asian Development Outlook 2015, statistical notes; Asian Development Outlook 2016 Update, statistical notes; Asian Development Outlook 2017 Update, statistical notes.

表 2-2　　　　　GMS 各国通货膨胀率（2005—2018）　　　　（单位：%）

年份	中国	泰国	越南	缅甸	柬埔寨	老挝
2005	1.8	4.5	8.3	10.7	5.9	7.2
2006	1.5	4.7	7.5	26.3	6.1	6.8
2007	4.8	2.2	8.3	32.9	7.7	4.5
2008	5.9	5.4	23.0	22.5	25.0	7.6
2009	-0.7	-0.9	6.9	7.9	-0.7	0.0
2010	3.3	3.2	9.2	8.2	4.0	6.0
2011	5.4	3.8	18.7	2.8	5.5	7.6
2012	2.6	3.0	9.1	2.8	2.9	4.3
2013	2.6	2.2	6.6	5.7	2.9	6.4
2014	2.0	1.9	4.1	5.9	3.9	4.2
2015	1.4	-0.9	0.6	11.0	1.2	1.3
2016	2.0	0.2	2.7	6.8	3.0	1.6
2017	1.7	0.7	4.5	7.0	3.0	1.5
2018	2.4	1.5	5.5	7.5	3.2	1.5

注：2017 年和 2018 年数据为亚行预测数据。

资料来源：Asian Development Outlook 2010, statistical notes; Asian Development Outlook 2015, statistical notes; Asian Development Outlook 2016 Update, statistical notes; Asian Development Outlook 2017 Update, statistical notes.

表2－3　　　　　　　GMS 各国的贸易差额（2005—2018）　　（单位：百万美元）

年份	中国	泰国	越南	缅甸	柬埔寨	老挝
2005	134189	－ 8254	－ 2439	1547	－ 1008	－ 573
2006	221746	994	－ 2776	2266	－ 1078	－ 456
2007	315381	12782	－ 10438	924	－ 1343	－ 835
2008	360682	108	－ 12782	12782	－ 1802	－ 1177
2009	249300	19416	－ 8306	－ 8878	－ 1541	－ 975
2010	254180	29751	－ 5136	42455	－ 1851	－ 1109
2011	243549	16989	－ 450	49531	－ 2142	－ 1185
2012	311570	109	8714	－ 2167	－ 2506	－ 2567
2013	358981	55	8713	－ 3053	－ 3219	－ 3299
2014	435042	17263	12126	－ 4109	－ 3206	－ 3265
2015	566998	26841	7396	－ 5441	－ 3467	－ 3002
2016	485200	35752	14116	－ 7208	－ 3415	－ 3982
2017	499308	28618	18341	－ 9755	－ 3538	－ 4800
2018	471343	26053	25089	－ 12847	－ 3736	－ 5307

注：2017 年和 2018 年数据为亚行预测数据。

资料来源：Asian Development Outlook 2010, statistical notes；Asian Development Outlook 2015, statistical notes；Asian Development Outlook 2016, statistical notes；Asian Development Outlook 2017, statistical notes.

（二）提升了次区域的竞争力

GMS 主要基于次区域内丰富的资源，旨在通过增进各国间经济合作，实现优势互补。随着次区域的公路、铁路、航运以及航空脉络的疏通与建设，以及次区域跨境贸易与投资便利化、人力资源开发、环境与生态等合作的深化，加快了内部市场的形成，提高区域的经济整体实力，迅速提升了次区域在全球经济中的竞争力。

第一，次区域交通基础设施日益完善。交通基础设施是否完善是制约地区发展的关键因素，大湄公河次区域经济合作自合作初始就非常关注交通领域，不断推进交通走廊建设，将交通运输网络转变为跨境经济走廊，将生产、贸易和基础设施联系起来，逐步构建了次区域内南北、东西和南部三大经济走廊的基础。其中，"东西经济走廊为：越南岘港—老挝中部—泰国东北部—缅甸毛淡棉。南北经济走廊为：中国昆明—老挝南塔—泰国清迈—泰国曼谷；中国昆明—越南河内—越南海防；中国南宁—越南河内。南部经济走廊为：泰国曼谷—柬埔寨金边—越南胡志明市—越南头顿市；泰国曼谷—柬埔寨暹粒—越南波来古—越南归仁"①。经济走廊的建设直接关乎次区域经贸往来的便利性和畅通性，目前，南北、东西走廊的公路、铁路、水运等各项基础设施日益完善，逐步构成四通八达的交通网络，提高了区域内的资源利用率，为次区域各国的合作与往来提供便利，也为促进区域内的经济增长和一体化进程创造良好条件。除了加快硬件设施互联互通之外，GMS 也注重加强次区域各国间相关制度的联通。2013 年 12 月，在大湄公河次区域经济合作的框架下启动了政府间铁路合作机制。2014 年 8 月，正式成立了区域铁路联盟，致力于提升域内各国铁路基础设施互联互通的水平，为实现资源优化配置提供制度安排。

第二，跨境贸易与投资便利化不断提高。繁杂的出入境手续、贸易投资规则是阻碍区域人流、物流、资金流的弊病。在大湄公河次区域经济合作框架下，各国出台促进投资政策以及简化出入境手续，以吸引外资，推动区域内整体经济的发展。2003 年，次区域六国签订《大湄公河次区域便利货物及人员跨境运输协定》。2005 年，批准《大湄公河次区域贸易投资便利化战略行动框架》，形成了一个更加完整的贸易投资便利化方案。② 2015 年，六国完成了《大湄公河次区域便利货物及人员跨境运输协定》17 个附件和 3 个议定书的国内批准程序。2018 年 3 月，中、柬、老、泰、越 GMS 五国共同签署了《关于实施〈大湄公河次区域便利货物及人员跨境运输协定〉"早期收获"的谅解备忘录》（以下简称《"早期收获"备忘录》），决定于 2018 年 6 月 1 日起正式实施，缅甸计划在 2020 年 6 月实施。③ 在

---

① 卢光盛：《地缘政治视野下的西南周边安全与区域合作研究》，人民出版社 2012 年版，第 126 页。

② Asian Development Bank, *Strategic Framework for Action on Trade Facilitation and Investment in the Greater Mekong Sub-Region*, 2005.

③ 《将实施 GMS 便利货物及人员跨境运输协定"早期收获备忘录"》，2018 年 6 月 4 日，中华人民共和国交通运输部（http://www.mot.gov.cn/difangxinwen/xxlb_fabu/fbpd_guangxi/201806/t20180604_3028838.html）。

《"早期收获"备忘录》实施的基础上，次区域国家将探索增加更多的过境点和运输线路。各国通过积极推动次区域内的交通和贸易便利化，促进了货物、车辆和人员的有效跨境流动，已逐步形成了一个涵盖商品种类范围广、消费人群多的区域市场，满足了区域内国家日益增长的物质需求与经济发展的需要。

第三，人力资源和卫生健康的发展水平持续提升。大湄公河次区域经济合作通过成员间的人力资源培训、卫生健康合作等来保证区域内的发展，已经取得积极成效。例如，自第一次领导人峰会上启动的"金边发展管理计划"持续推进，为次区域培养了近 2500 名高素质的政府官员，提升了次区域内学术研究机构的水平，在提供次区域急需的技术能力方面发挥了积极作用。次区域技术和职业资格互认试点项目成功实施，有效地应对了技术人才短缺，增进了次区域教育合作。各国还通过传染病防控项目的开展，进一步保障了劳动力安全流动。在旅游业方面，将 GMS 作为单一目的地进行宣传和营销，使得游客人数增长了一倍多，已经从 2008 年的 2600 万人增长到 2016 年的 6000 万人。[①]

第四，促进了次区域经济的可持续发展。次区域有着富足的水能、林业、矿产、油气等资源，这些既是次区域发展的资本也是吸引外资的亮点。GMS 在促进市场开发的同时，也非常重视对资源的合理利用，避免对环境的破坏和资源的浪费。在环境保护方面，积极实施生物多样性保护走廊项目，保护及合作利用自然资源。加强应对气候变化的能力，积极推广低碳发展。大湄公河次区域重点支持的农业核心规划项目二期（2011—2020），也主要是计划通过发展环境友好型农业，使次区域成为全球公认的安全食品主要生产地，同时也有效保护好次区域内的资源和环境，更有利于小农、农村妇女的脱贫致富，更好地惠及边缘群体。

（三）拓展了次区域与外部市场的合作

次区域各国以经济合作为契机，在推动区域内市场发展的同时，

---

①　Joint Summit Declaration：6th GMS Summit of Leaders，March 2018，p. 3，https：// www. greatermekong. org/sites/default/files/Final%20JSD_ 6th%20GMS. pdf.

也不断加强与其他国家和地区的经贸往来。目前，次区域各国之间形成了比较紧密的相互依托，整体影响力有所上升，在国际市场中具备了较为充足的经济实力和防御能力，应对区域、国家经济发展的困境时更加游刃有余。

第一，拓展了东南亚和南亚市场。GMS 充分发挥区位优势，沟通东南亚、南亚市场。大湄公河次区域经济合作涉及东盟的半数国家，在经贸、交通、能源等领域展开合作，具有广泛而坚实的基础。大湄公河次区域经济合作不仅是中国参与国际区域合作的重要平台，也成为推进中国—东盟合作的"试验区"和"示范区"。比如中国—东盟自由贸易区建设进程中的"早期收获"方案、"中泰水果蔬菜零关税"都是首先在次区域内实施取得成效后再逐步推广。大湄公河次区域经济合作还通过加强沟通中国与东盟的联系，进一步整合与利用区位条件，推动中国—东盟自由贸易区、南亚自由贸易区的建设和发展。

第二，提高了次区域在国际市场上的影响力。在国际贸易与投资中，次区域国家通过 GMS 共同的声音增强了地区影响力，有利于获得对外经济利益。随着全球资源的逐渐稀缺化，域外大国和国际组织也越来越关注于大湄公河次区域，主要通过投资建设、贸易合作、经济援助等方式来加强与次区域国家的合作。但是，在国际市场中，许多看似公平的合作中却带有一些隐形的不平等附加条件，使得次区域国家在交易过程中较为被动。通过大湄公河次区域经济合作有利于减少和避免此类现象，通过整体力量降低域外体的负面影响，以更加公平合理的方式在对外经贸合作中获得收益。同时，GMS 作为一个整体在争取来自区域外的政策优惠、资金来源和技术支持等诸多方面，都发挥了较好的作用，有利于次区域国家与区外体在国际市场中进行博弈。

第三，有效降低了国际金融风暴对次区域和各成员国的冲击。对于老挝、柬埔寨、缅甸等域内经济实力较弱的个体来说，国际金融风暴所带来的危害巨大。从 1997 年的东南亚金融危机，以及 2008 年全球经济危机中可以看出，通过大湄公河次区域经济合作有利于建立起共同的经济防御网，起到缓冲危机的作用。成员国间还可以通过相互支援和帮助，减弱经济危机的冲击性，并提高经济恢复的治愈能力。此外，随着全球经济贸易日趋激烈的发展，次区域各国在发展对外经济时面临严峻的挑战。比如，在生产商品与技术研发时，各国由于受资源与科技发展水平制约，往往无法以自身之力独立完成，但是通过加强大湄公河次区域经济合作，可以使得资金、技术、人力实现相互补充。与自身单打独斗参与国际经济合作相比，大湄公河次区域经济合作使各国能够更为从容地应对全球经济的挑战。

二　增进次区域和平红利的分享

在过去的二十多年里，大湄公河次区域经济合作见证了区域内各国由纷争到和平，再到发展的转变。合作不仅改变了次区域国家在历史上曾相互敌视的状态，还使得成员国之间加强了信任，增进了相互理解。同时，合作也有利于保障各国政府的合法性，以及维护这一地区的战略地位。

（一）培养了地区合作精神

大湄公河次区域经济合作体现了各国自主、和平、平等的政治意愿，培养了合作精神。这也成为次区内各国和平共处、相互协作赖以存在的基础。首先，加强了次区域各国的政治互信，增进了互相间的感情。国家间的相互认知是在互动交往中不断加深的，其决定了国家间的信任度，继而也直接影响到国家间在政治、经济、军事等各领域的合作。尽管次区域国家的友好往来源远流长，但是各国的宗教文化、风俗习惯等方面仍然存在一定的差异，在经济合作与往来中也难免存在分歧和摩擦。通过 GMS 这一平台的活动，增进了区域内成员的互访、交流，有利于了解彼此间的动态，起到增信释疑的作用，为寻求国家利益与创造区域共同利益创造良好环境。各方的互信也为次区域开展更高层次的合作奠定良好基础。

其次，合作有助于缓解成员国间的军事安全冲突，以及历史遗留问题的解决。次区域内国家在边境、历史等问题上，存在着一些争议和不同看法。泰国和柬埔寨的边界与领土争端、柬越矛盾、南海岛礁争端，以及所谓的"中国威胁论"等，这些不利因素都会对次区域和平和稳定造成负面效应。通过 GMS 有助于将影响地区稳定的安全问题降至低点，为各国寻求经济利益和区域发展提供可靠保证。

（二）维护次区域的战略地位

GMS 的成就不仅体现在经济领域上，还扩展到政治和安全领域，对于提升次区域各国的国际形象、国际地位都起到了积极的促进作用。第一，有利于保障区域战略要地。大湄公河次区域地处亚洲和大洋洲之间，沟通太平洋和印度洋，地缘优势突出。由于大湄公河次区域战略地位的重要性，以及域内国家防御能力相对薄弱，该地区以及区域内国家的发展进程易遭受到域外大国干扰。在第二次世界大战中，湄公河地区就成为日本企图称霸全球的亚洲根据地，战火连天，民不聊生。冷战时期，苏联、美国、法国又频频插足此地，因意识形态分歧而建立的印支三国阵营，为获取地区主导权而爆发的越南战争，使得这一区域饱受战争的摧残。冷战结束，各国得到了独立发展的宝贵机会，由于各国对本国强盛的期望，以及对经济发展的渴求，使得次区域国家对自身的生存与发展有着十分强烈的警惕意识。各国通过加强次区域经济合作，有利于形成区域保护网，避免遭人摆布的不堪命运，维护地区战略地位。

第二，有利于建立起安全稳定的地区发展环境。地区安全局势直接影响区域内各国的发展，而国家的发展程度更是衡量各国综合实力，国际社会威信的重要因素。但是，次区域国家发展的水平参差不齐，缅甸、老挝、柬埔寨等国长期落后于东南亚地区的其他国家。通过大湄公河次区域经济合作的方式，能够在一定程度上避免域外体对本区域的插足，解决合作中的冲突和争端等，这就大大降低了解决危机的成本和风险，使得次区域各国能专注于经济的发展，有利于其持续稳定提升国家经济实力。另外，各国以区域合作、共同商榷的方式，能建立起更为深远的国际影响力，在面对国际竞争时能以一个声音为国家发展获得更多的机会，维护国家和区域利益。

（三）为各国政府增强合法性

次区域国家通过积极参与地区经济合作来促进本国经济的发展，也使得国家政权的合法性在相当程度上得到了保障。首先，经济发展是次区域各国政府维护与拓展政权合法性的重要工具。一方面，在次区域国家中，各国政府相对来说都是"强政府"，对于国家的政治、经济和社会发展有着明确的、强势的主导权。对于越南、老挝、柬埔寨和缅甸来说，国家获得独立的时间不长，政府官僚体制对整个社会的控制非常明显。泰国虽不是新独立国家，但是其君主立宪体制下的军人或民主政府同样牢牢把握着国家的主导权，政府作为政治、经济和社会生活中心的特点不言而喻。另一方面，次区域国家主要是发展中的中小国，都在推进国家现代化的建设，"民族构建"或"国家构建"的任务尚未完成，在部分国家内部还存在尖锐的民族和宗教矛盾，在政治上仍然处于转型期。因此，各国政府对于经济增长都是高度的重视，通过参与次区域经济合作来推动国内经济的发展，成为其合法性的重要基础。

其次，合作有利于域内国家提升其在地区内的影响力。次区域国家大多处于国际体系中的边缘位置，在全球事务中更是作用有限，影响力有限。但是通过参加地区合作，与其他国家平等地就本地区的问题交流看法，发挥自身作用，本身也是对一国政府的认可与接受，有助于其提升在地区的影响力。从这个角度来讲，参与次区域经济合作，是一个国家政府应当追求的国家利益，其本身就是重要的政治收益。此外，加入次区域合作之后形成政治上巨大的退出成本，也使得各国在决策时会慎重考虑，这反过来也有利于促进地区的和平与稳定。

三　促进地区合作机制的完善

在大湄公河次区域经济合作进程中，逐渐完善的合作制度本身就是合作的重要成果。GMS 合作也推动了中国—东盟合作机制的建立和健全，为各成员国搭建起常规的、经济的交往渠道。定期的会议交流、商贸洽谈有利于减少交易成本，多种协议和项目的达成，有助于规范各行为体的行动，保障各成员国的利益。

（一）大湄公河次区经济合作机制不断成熟

合作机制是大湄公河次区域经济合作中的核心，关系次区域整体实力提升，是参与国能否在其中获得应有经济效益的关键点。合作机制主要包含针对成员国间合作的内向型合作方向，以及与区域外组织、国家进行沟通交涉的外向型合作方向。在整个合作机制发展中，内向型合作方向是区域内部的发展起点和基础，外向型合作方向是加快 GMS 发展进程的催化剂，两者交错并行前进。①

第一，大湄公河次区域经济合作机制中的主体部分为领导人会议、部长会议、高官会议和工作组及专题论坛四级组织机构（见图 2 - 1）。② 自 2002 年起，领导人会议是每三年举行一次。领导人会议在确立合作目标、框架、措施等方面都发挥了至关重要的作用。部长级会议自 1992 年起，基本是每年召开一次，主要在政策层面确定合作方案，下设高官会以及 9 个工作组及专题论坛。即 GMS 在决策层面有领导人会议、部长级会议，实践层面有高官会议、工作组会议和专题论坛。GMS 组织采取协商一致的合作原则，所有决议均须在部长级会议上磋商，经各成员国一致认可才可执行。这种分工明确、涵盖种类广泛、直属清晰的管理结构设置，保证了各国能在 GMS 框架内合理优化资源配置，提高贸易、投资的利用率，促使经济回报最大化。

第二，经济走廊论坛和省长论坛在次区域经贸活动中起到了桥梁和纽带作用，促进了相互间的信息交换。为了加强经济走廊的制度安排，GMS 在 2008 年 6 月正式建立经济走廊论坛。③ 经济走廊论坛已经成为保证经济走廊建设通达性的关键。在组织机构中以横向联系为主，通过高级官员会议把意见传递到部长会议，同时还直接从事专题论坛和工作小组的工作，在各个领域搭建起桥梁，使经济走廊能得到更为全面的发展。在这其中，部长会议对经济走廊论坛的建议和活动具有最终的决定权。其次，省长论坛与经济走廊论坛紧密关联。省长论坛为经济走廊沿线各省领导人提供了重要的交流与合作的平台。在中国方面，云南省与广西壮族自治区的地方一级官员直接参与省长论坛，与湄公河国家进行直接交流。这有助于明确相互间的经贸需要，

---

① 卢光盛：《地缘政治视野下的西南周边安全与区域合作研究》，人民出版社 2012 年版，第 160 页。

② Asian Development Bank，*Great Mekong Subregion Economic Cooperation Program Overview*，2012.

③ 《首届大湄公河次区域经济走廊论坛发表部长联合声明（昆明共识）》，2008 年 6 月 6 日，中华人民共和国商务部（http://www.mofcom.gov.cn/aarticle/ae/ai/200806/20080605585530.html）。

更能就双边贸易中的具体经济问题进行探讨和解决，确定走廊沿线优先领域的项目合作，进一步保障次区域经济合作的可持续发展。

第三，大湄公河次区域工商论坛是促进次区域国家经济关系发展的重要助推器。工商界的参与是 GMS 的重要内容。大湄公河次区域工商论坛于 2000 年 10 月正式成立，旨在加强次区域政府和工商界之间的交流，并为工商界提供交流与合作的平台。论坛提供的服务主要包括以网络为基础的商业目录管理；以网络为基础的促进贸易交易的市场运作；为中小型企业提供咨询服务；促进贸易融资；组织召开会议，为次区域政府和工商界以及各国企业提供交流合作平台。[1] 大湄公河次区域工商论坛对中国与湄公河国家之间的经济往来细节更为注重，服务也更为周到，能帮助存在疑惑和困难的企业走出去，参与到双边和多边的经贸合作中，从而在一定程度上保障了次区域国家间经济活动数量和规模的提升。2018 年 3 月，在第六次 GMS 领导人会议期间，举行了首次工商峰会。这是一次创新安排，对广泛听取次区域工商界看法建议、调动工商界参与次区域合作具有重要意义。

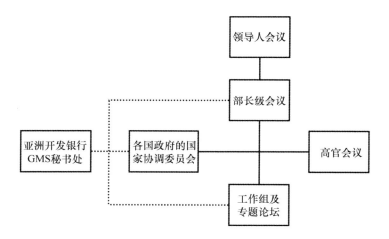

图 2 - 1　大湄公河次区域经济合作的制度安排

资料来源：Asian Development Bank，*Great Mekong Subregion Economic Cooperation Program Overview*，Mandaluyong City，Philippines：2012，p. 5.

---

[1]　Calla Wiemer，"Economic Corridors for the Greater Mekong Subregion"，*EAI Background Brief*，No. 479，2009，p. 10.

（二）中国—东盟合作机制不断深化

GMS 的建立和发展，为中国与东盟深化相互间的经贸互动创造了良好平台，进一步推动了中国—东盟的合作关系。20 世纪 90 年代，越南、老挝、缅甸、柬埔寨四国相继成为东盟的新成员。[①] 1991 年，中国与东盟开启对话进程，在 1996 年正式建立了全面对话伙伴关系。随着中国与湄公河国家间的关系逐步深化，次区域内的合作制度也日趋完善，对中国—东盟合作起到积极作用。

第一，GMS 合作为中国—东盟合作的深化发展提供了重要支撑。在 2002 年举办的第六次中国—东盟领导人会议上，双方签订《中国—东盟全面经济合作框架协议》。2004 年 1 月，中国—东盟自由贸易区框架下的"早期收获计划"正式启动，对 500 多种产品实行降税，到 2006 年将这些产品的关税降为零。在中国与湄公河国家的合作中，中国与泰国已经按照此计划进行实践，并取得良好的效果。此外，中国与东盟还分别签署了《货物贸易协议》（2004 年）、《争端解决机制协议》（2004 年）、《服务贸易协议》（2007 年）和《投资协议》（2009 年）。

2010 年 1 月，中国—东盟自由贸易区宣告正式成立，是世界第三大自由贸易区。中国—东盟自由贸易区涵盖 19 亿人口，有着 6 万亿美元国民生产总值，4.5 万亿美元贸易额。[②] 此后，中国与东盟在各领域都取得了累累硕果。中国已连续 8 年成为东盟最大的贸易伙伴，双向直接投资累计近 2000 亿美元。2017 年 11 月，在第 20 次中国—东盟领导人会议上，中方提议制订"中国—东盟战略伙伴关系 2030 年愿景"，构建"3 + X"合作新框架，即以政治安全、经贸、人文交流三大支柱为主线、多领域合作为支撑的合作新框架。[③] 随着

---

① 越南（1995 年）、老挝（1997 年）、缅甸（1997 年）和柬埔寨（1999 年）四国先后加入东盟，东盟发展成为涵盖整个东南亚地区，人口超过 5 亿、面积达 450 万平方公里的 10 国集团。

② 《中国与东盟 10 + 1 的经济效应》，2010 年 1 月 1 日，新华网（http://news. xinhuanet. com/world/2010-01/01/content_ 12739759. htm）。

③ 《李克强在第 20 次中国—东盟领导人会议上的讲话（全文）》，2017 年 11 月 14 日，中华人民共和国中央人民政府网（http://www. gov. cn/premier/2017-11/14/content_ 5239455. htm）。

双方关系从成长期步入成熟期，中国—东盟合作必将迎来更多的发展机遇和更广阔的成长空间。面对新机遇、新挑战，中国和东盟关系也进入提质升级的新时代。中国与东盟之间日益宽广的合作平台，不断完善的贸易投资等方面的政策和措施，也为中国与湄公河国家的合作带来了便利，进一步推动了次区域经济的发展。

第二，"10 + 1"合作机制有助于湄公河国家加深了解中国的情况与态度，同时方便各方更具针对性地解决影响相互间经济交往的问题，从而保证经济互动的正常进行。"10 + 1"是指东盟 10 个成员国为一方，与区外一个国家或另一方合作，具体表现为东盟分别与中国、韩国、日本举行的双边首脑会晤。① 因此，"10 + 1"方式比东盟其他合作机制更具有针对性和具体性。"在东盟诸多对话伙伴关系中，中国—东盟关系最富内涵且最具活力。"② 中国与东盟现在已经形成了包括领导人会议、多种部长级会议以及相关高官磋商会、经贸联委会、科技联委会、东盟北京委员会和商务理事会等一系列的中国—东盟"10 + 1"关系。这些双边互动模式促进中国与湄公河国家更为便利地交流，从而促进两者在贸易、投资方面能够获取更大的进步。

第三，"10 + 3"合作机制为避免中、日、韩在大湄公河次区域过度竞争，保证地区稳定和共同发展起到了保障作用。"10 + 3"是东盟与区外的三个国家同时进行会议并商讨推进相互合作进程的一种方式。中、日、韩是在亚洲处于领先优势的国家，三国对湄公河国家也日渐重视，不可避免地会产生博弈。通过东盟一年一度的中、日、韩三国"10 + 3"领导人会议，以及为之准备和善后的"10 + 3"部长级会议，能加强地区内部的政治稳定，从而避免出现不正当的经济竞争，为次区域的发展创造良好环境。

---

① 刘稚：《东南亚概论》，云南大学出版社 2007 年版，第 183 页。

② 《李克强在第 20 次中国—东盟领导人会议上的讲话（全文）》，2017 年 11 月 14 日，中华人民共和国中央人民政府网（http：//www. gov. cn/premier/2017-11/14/content_5239455. htm）。

第三节 大湄公河次区域经济合作的发展困境

在经历了二十多年的发展之后，大湄公河次区域经济合作成果显著，各成员国间的经济联系得到了普遍加强，社会发展水平得到了稳步提升。当前，GMS 在取得成功、走向成熟的同时，也面临着如何推进合作深度、拓展合作广度，以及如何完善主导权和机制建设等发展瓶颈。GMS 机制在自身需求和未来发展方向上必须进行调整，才能"在新形势下确保合作的可持续性和有效性"[①]。

一 经济合作难以深化和提升

大湄公河次区域经济合作自成立之初，各成员国以经济合作为主要内容，展开了卓有成效的合作。其具体表现在以发展经济为要务，扩大区域市场为目标，消除贸易投资障碍为手段。当前，在次区域经济合作达到了一个较高的层次之后，次区域国家面临如何稳定提升经济合作水平和层次的现实困境。

（一）在贸易合作方面缺乏增长动力

在大湄公河次区域经济合作开展的第一阶段，1992 年至 2001 年，GMS 内部贸易保持了较为缓慢的增长，贸易总额由 50 亿美元上升至 290 亿美元，占世界贸易总额的比例由 2% 上升至 4.2%。[②] 由于次区域国家的经济基础较为薄弱，比较依赖于亚洲开发银行等域外国际组织和国家的资金和技术支持，属于"外力驱动"的经济合作。在第二阶段，2002 年至 2011 年，GMS 内部贸易增长迅速，贸易总额由 340 亿美元上升至 2650 亿美元，占世界贸易总额的比例由 4.2% 上升至 6.1%。[③] 这一时期，次区域经济合作增长的动力主要来自

---

① Joint Summit Declaration：4th GMS Summit of Leaders，December 2011，p. 3，https://www. adb. org/sites/default/files/page/42450/4th-summit-joint-declaration-greater-mekong-subregion-gms. pdf.

② 亚洲开发银行亚洲区域一体化中心（ARIC）数据库。

③ 同上。

"早期收获计划"的实施、中国—东盟自由贸易区的建立等，区域内关税降低给次区域带来了发展红利，大湄公河次区域经济合作逐步转向"内力驱动"。在第三阶段，2012 年至 2015 年，次区域贸易仍然保持了良好的增长势头，内部贸易总额已经由 3020 亿美元增长至 4440 亿美元，达到了世界贸易总额的 9.3%。[①]

　　内部贸易的持续增长说明地区市场在不断成长。2015 年 1 月 1 日，中国与缅甸、柬埔寨、老挝、越南开始正式实行零关税。至此，次区域内的关税水平已经降至非常低的层次，一般商品的关税几乎无可降之地，关税降低对于货物贸易的促进并无较大的增长空间。与此同时，继续推行的通关便利化及其他贸易优惠措施也将难以产生明显的刺激效果，更难以带来利益的大幅度增长。经济合作上的边际效应递减，也将使次区域国家对于次区域经济合作带来的福利感知越来越弱化。在此种情况下，寻求内部市场新的经济增长点、拓展新的合作领域成为必然（见图 2 - 2）。

　　（二）在吸引外资方面各国竞争激烈

　　GMS 具有资源开发型经济合作的特点，合作中大多涉及一些资本和技术密集型产业，往往所需成本高且建设周期长，只有具备充足的资金才能保障项目的顺利开展。[②] 但是，在大湄公河次区域经济合作进程中，资金供应问题始终是困扰次区域的一个顽疾。首先，次区域内资金供应数量严重不足。大湄公河地区资源丰富，是世界经济增长较快的区域，但经济发展总体水平仍然偏低，缅甸、老挝、柬埔寨的经济发展滞后，需要增加资金投入才有发展前景。从 2010 年至 2015 年，各国从次区域内吸纳投资的情况来看，资金总量偏低并且起伏不定（见表 2 - 4）。2010 年资金达到 4.36 亿美元，2011 年下降至 2.85 亿美元，2012 年上升至 4.51 亿美元，2013 年为 8.18 亿美元，但 2014 年下降至 6.08 亿美元，2015 年再次上升，达到 12.8 亿美元。从国别情况来看，在湄公河国家中，缅甸以 13.10 亿美元的总

　　① 亚洲开发银行亚洲区域一体化中心（ARIC）数据库。
　　② Jeffrey Frankel, Ernesto Stein, Shang-jin Wei, "Trade Blocs and the Americans: the Natural, the Unnatural, and the Super-natural", *Journal of Development Economic*, Vol. 47, 1995, p. 61.

单位：亿美元

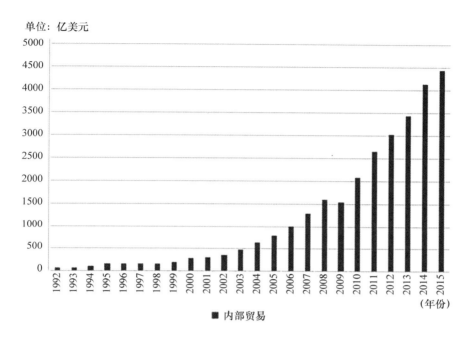

图 2-2 大湄公河次区域的内部贸易（1992—2015）

　　资料来源：亚洲开发银行亚洲区域一体化中心（ARIC）数据库（https：//aric.adb.org/fta）。

额居于首位，柬埔寨紧随其后，为 11.77 亿美元，越南为 6.77 亿美元，而中国云南和广西从次区域内获得的外资则非常有限。

表 2-4　GMS 各国从次区域内吸纳的外国直接投资（2010—2015）

（单位：百万美元）

年份	泰国	越南	柬埔寨	缅甸	老挝	中国云南	中国广西
2010	6	73	210	3	135	3	6
2011	2	99	112	4	73	—	—
2012	27	102	264	31	0	27	0
2013	7	167	116	511	0	9	8
2014	5	99	226	105	113	33	7
2015	6	137	249	656	209	12	11

年份	泰国	越南	柬埔寨	缅甸	老挝	中国云南	中国广西
总量	53	677	1177	1310	530	—	—

注："—"表示缺乏当年数据。

资料来源：GMS 秘书处；东盟秘书处数据；广西统计年鉴；云南统计年鉴。

其次，域外资金的投入难以保障持续性。大湄公河次区域的内源型资金不足必然需要动员广泛的国际力量参与，资本来源主要依赖于域外力量。在过去的二十多年里，亚洲开发银行带头招商引资，并给予前期的部分研究费用，加上中国、日本、美国、英国等国家的资金注入，以及其他非官方渠道的资金输出，使得大湄公河次区域经济合作的发展有所起色。但是，由于次区域原本就已落后于世界发展进程，区域外的资金仍然远远满足不了次区域发展的需求。此外，近些年来，由于泰国、缅甸等国政治态势不稳，以及 2008 年国际金融危机的创伤，一些投资企业未看到在次区域有较多盈利空间，投资欲望日益减少，资金也出现撤离。2008 年至 2016 年，次区域吸纳外资出现大幅波动（见图 2 - 3）。次区域面临资金短缺，供应匮乏的情况，

单位：百万美元

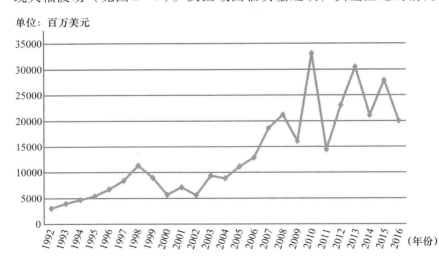

图 2 - 3　GMS 从次区域外吸纳的外国直接投资总额（1992—2016）

资料来源：联合国贸易和发展会议数据库（www.unctad.org）；GMS 秘书处；广西年鉴；云南年鉴。

严重影响了合作项目的顺利展开。

表2-5 GMS各国从次区域外吸纳的外国直接投资总额（1992—2016）

（单位：百万美元）

年份	泰国	越南	柬埔寨	缅甸	老挝	中国云南	中国广西
1992	2151	474	33	149	8	50	180
1993	1807	926	54	92	30	188	872
1994	1369	1945	69	135	59	314	815
1995	2070	1780	151	318	95	344	670
1996	2338	2395	294	581	160	338	666
1997	3882	2220	168	879	86	313	880
1998	7492	1671	243	684	45	298	886
1999	6106	1412	232	304	52	238	637
2000	3410	1289	149	91	34	221	525
2001	5073	1300	149	15	24	207	384
2002	3355	1400	145	18	5	284	417
2003	5222	1450	84	1855	19	295	456
2004	5859	1610	131	730	17	214	296
2005	7975	1954	381	110	28	292	379
2006	8182	2400	483	724	187	429	447
2007	9195	6981	867	2	324	552	684
2008	8054	9579	845	603	228	936	971
2009	5361	7600	928	27	190	910	1035
2010	14555	8000	1343	6669	279	1329	912
2011	1370	7519	1373	1118	301	1738	1014
2012	9135	8368	1835	497	294	2189	749
2013	15493	8900	1872	584	427	2515	700
2014	4809	9200	1720	946	721	2706	1001
2015	5700	11800	1701	2824	1119	2992	1722
2016	1554	12600	1916	2190	890	867	888

资料来源：联合国贸易和发展会议（UNCTAD）数据库；GMS秘书处；广西年鉴；云南年鉴。

最后，次区域各国在吸引外资方面存在激烈竞争。在大湄公河次区域经济合作进程中，各国的发展资金稀缺，对外资有着比较强烈的渴求，各国间存在利益分歧，从而导致对国家利益的过分关注而忽视区域利益。自大湄公河次区域经济合作启动至今，次区域国家从区域外吸纳外资的总额差别巨大，泰国、越南居于领先地位，柬埔寨、缅甸、中国云南，以及中国广西吸纳外资总量基本相当，而老挝则远远落后，吸纳的资金总额仅相当于泰国的 4%（见图 2－4）。从年度来看，自 2008 年以来，泰国、缅甸的外资流入都出现较大起伏，柬埔寨、老挝、中国云南和广西出现小幅波动。越南自 2006 年以来吸纳的外资总量较此前呈现出明显的增长态势，在次区域内表现突出（见图 2－5）。

从长远来看，次区域发展的大部分资金都需要自行解决，次区域国家必须正视资金的周期及作用。合作顺利实施的命脉在于资金，但是亚洲开发银行或者区外体，以及部分域内体的资金投放只是暂时的、阶段性的，并且往往具有选择性，并不可能保证所有成员国都能得到充足资金用于自身的发展。这些资金也不能保证次区域国家的各个领域，尤其是建设周期长、经济收益回报缓慢的基础设施等领域，能够获得足够的资金支持。正是因为外来资金流入的作用有限，次区域国家更应抓住发展机遇，有效利用资金，加快国家及次区域内部自身的"造血"功能，逐渐摆脱对外部资金的依赖，提高经济发展的独立性。此外，在次区域国家对外"吸金"过程中，应避免恶性的利益竞争，避免发生区域内的信任危机。同时，应遵循将资金投放到更有利于次区域整体发展的国家以及重点领域中去，使有限的资金得到充分的利用。

二　传统安全与非传统安全问题突出

大湄公河次区域经济合作的发展进程与次区域的安全环境有着紧密的关系。合作既是稳定地区政治局势、促进社会发展、繁荣区域文化的重要因素，同时也受到次区域内的政治、社会、文化等因素的制约。随着次区域内外政治经济局势的变化，GMS 在地区层面和国际层面日益面临传统安全与非传统安全相互交织，非传统安全威胁上升的新挑战。当前，合作的顺利开展不仅仅需要各方参与在经济领域充分磨合与沟通，更需要在政治安全、社会文化等领域展开充分的合作。

单位：亿美元

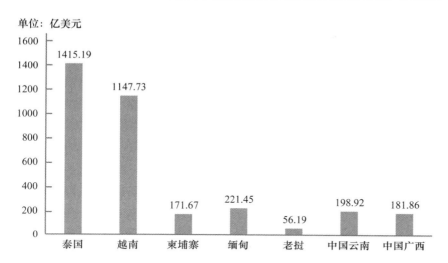

图 2 - 4　GMS 各国（地区）吸纳的外国直接投资总额（1992—2016）

注：中国云南吸纳外国直接投资总额为 1992—2015 年的数据。

资料来源：联合国贸易和发展会议（UNCTAD）数据库；GMS 秘书处；广西年鉴；云南年鉴。

单位：百万美元

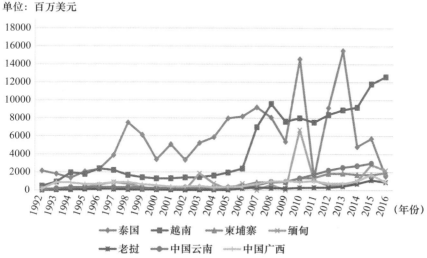

图 2 - 5　GMS 各国（地区）吸纳外国直接投资的趋势图（1992—2016）

注：中国云南吸纳外国直接投资总额为 1992—2015 年的总量。

资料来源：联合国贸易和发展会议（UNCTAD）数据库；GMS 秘书处；广西年鉴；云南年鉴。

（一）传统安全问题影响地区稳定

次区域合作中的传统安全有其特殊性，其一般是指在次区域共同合作的平台上，次区域和域内国家的领土不受到侵害，主权不受到外来势力的干扰，保证次区域和自身完整存在与发展，并能有效完成本身所担负的各项任务。随着国家间博弈的日趋激烈以及域外大国采取更具针对性的外交方式，使得次区域合作中所面临的传统安全问题有所增加，并趋于复杂化。

第一，在次区域内部，成员体因无法处理好本国内的冲突与矛盾，以致发生军事政变以及大规模的武装冲突，从而影响区域体内其他成员国的传统安全。在大湄公河次区域经济合作参与国家中，缅甸作为一个多民族的国家，国内民族关系比较复杂，民族冲突时有发生。近年来随着缅甸政治经济转型的推进，缅甸国内的民族冲突又有所加剧，对毗邻国家和地区的和平与发展构成了多方面且较为严重的威胁。

一是缅甸国内的武装冲突多次波及泰国，严重影响两国间的交流与合作。缅甸国内的民族冲突与其政治改革的进程有着紧密关联。2010 年 11 月 7 日，缅甸举行全国大选当天，缅甸"民主克伦佛教军"突然袭击克伦邦的警局和邮局，并与政府军发生激烈交火。此后冲突不断升级，导致有 3 万多难民越界逃往泰国避难。① 缅甸民选政府自 2011 年 3 月上台执政以来，积极与少数民族武装开展和谈，签订了一系列停火协议。但是，由于错综复杂的历史恩怨和现实问题，民族矛盾在短期内难以得到彻底解决。在 2014 年 9 月下旬，缅甸克伦族武装与政府军发生交火，交火地点距缅泰边境仅仅 5 公里。为了边界安全，泰国通往缅甸的边检站再次关闭，连接两地的泰缅友谊大桥也停止通行。②

二是缅甸国内武装冲突给中国西南边疆地区带来诸多消极影响。缅甸民族武装与政府军不时发生武装冲突，接连不断的战火影响了中国西南边疆地区的安全与稳定。③ 缅甸国内武装冲突还造成了大量难

---

① 《缅甸政府军与克伦族交火 3 万难民逃往泰国》，2010 年 11 月 10 日，国际在线（http://gb.cri.cn/27824/2010/11/10/5187s3049707.htm）。

② 胡向春：《缅甸克伦武装冲突解析》，《现代军事》2014 年第 11 期。

③ 宫玉涛：《近年来缅甸国内的民族冲突对我国西南边疆地区的影响》，《西南民族大学学报》2016 年第 2 期。

民逃入中国境内，如 2011 年 6 月的武装冲突，造成了超过 10 万的难民。中国出于人道主义精神，在边界附近设置难民营，允许部分难民入境。2012 年，克钦邦少数民族武装力量同政府军发生冲突，又有约 2 万难民涌入我国境内避难。这给中国带来较大的难民安置压力，并且严重影响了中缅边境的安全。缅甸的民族冲突问题长期未得到妥善解决，影响了缅甸改革和发展的进程，也对次区域国家与缅甸的经贸合作造成负面效应，对次区域的和平与稳定构成了严重威胁。

第二，次区域内个体在合作过程中为寻求自身利益的最大化，对历史遗留的边界问题和领土问题持强硬态度，不肯妥协，甚至采取武力行动，以致发生军事危机。在大湄公河次区域内，中越南海岛礁争端，对中越两国之间的政治互信产生了极大的负面影响。

（二）非传统安全问题日益严重

非传统安全威胁呈现出与传统安全不同的特点，主要表现为跨国性、多元性、相互关联性、隐蔽性和突发性。近年来，次区域面临的非传统安全问题日益突出。早在 2011 年 GMS 第四次领导人会议上通过的《内比都宣言》就提出"经济领域以外的严重问题，如环境的可持续性、气候变化、传染病、粮食安全等问题已成为次区域生存和可持续发展的现实威胁"①。复杂多样的非传统安全问题阻碍了次区域经济合作的进一步开展，比较突出的问题有以下几个方面：

第一，水资源开发和利用问题。随着次区域内各国对水资源开发和利用需求的增加，澜沧江—湄公河流域的水资源安全问题也在日益凸显。2010 年上半年，由于全球气候的变化，中国西南地区及湄公河各国都遭受了严重旱情。但是域内国家的一些媒体和组织，声称由于中国在上游修建水坝断流截水，造成下游河水干涸。西方一些媒体也在其中推波助澜。负面的舆论一度造成中国与湄公河国家的关系较为紧张。事实上，湄公河水量主要来自湄公河流域，澜沧江出境处年

---

① Joint Summit Declaration: 4th GMS Summit of Leaders, December 2011, p. 2, https://www. adb. org/sites/default/files/page/42450/4th-summit-joint-declaration-greater-mekong-subre-gion-gms. pdf.

均径流量大约占湄公河出海口年均径流量的 13.5%。① 当年 3 月，湄公河委员会的官员也公开表示，没有证据表明上游水坝导致了湄公河水量减少，并指出如果没有上游水坝发挥调节作用，湄公河很可能在 1 月份就已经出现缺水的情况。② 在中国政府及各方的努力之下，这一争端才得以缓和。

除了上下游国家间时有纠纷之外，湄公河国家间也经常因修建水坝等问题而引发争议和冲突，水资源争夺进一步影响了湄公河国家间的关系。尤其是近年来，围绕湄公河的环境保护问题引发多方面的关注和争议。大湄公河次区域经济合作中的水电开发、航运安全、环境保护、农业、旅游等诸多领域都涉及澜沧江—湄公河流域本身。尽管大湄公河次区域经济合作是中国与湄公河国家之间最具影响力的合作机制，但是长期以来，"水资源"管理并未纳入 GMS 合作机制框架内。次区域国家迫切需要加强沟通和合作，对水资源实现合理开发，进一步提升次区域国家间的政治互信和安全合作。

第二，毒品生产与贩卖问题。早在 20 世纪 60 年代，位于泰国、缅甸和老挝三国边境地区的"金三角"地区就形成了罂粟种植、提炼、贩运及走私的生产链。在 90 年代，"金三角"地区贩运的毒品总量甚至高达全球总量的 60%—70%。为此，次区域各国政府积极开展合作，禁毒工作取得积极成效。不过近年来，随着"冰毒""摇头丸"等新型毒品的兴起，"金三角"地区合成毒品贸易再次呈现上升趋势，大湄公河次区域面临的威胁不断增加。数据显示，从 2008 年到 2010 年，在老挝、缅甸、泰国和中国西南地区缉获的新型毒品从 3200 万粒激增至 1.33 亿粒。③ "金三角"地区合成毒品产量大幅上升，向中国走私和渗透正在进一步加

---

① 《全球或面临"水危机"　中国着力化解湄公河水争议》，2010 年 4 月 2 日，中国日报网（http://www.chinadaily.com.cn/hqcj/2010-04/02/content_ 9680566.htm）。

② 同上。

③ 樊勇明、钱亚平、饶芸燕：《区域国际公共产品与东亚合作》，上海人民出版社 2014 年版，第 129 页。

剧。① 总体上，次区域内呈现出毒品种类多元化，以及涉毒活动武装化等趋势，次区域贩毒形势依然非常严峻，对各国经济的发展、社会的安定构成严重威胁。

第三，湄公河航道安全。澜沧江—湄公河是次区域内的"黄金水道"。2001 年 6 月，中国、老挝、缅甸、泰国正式实现通航，推进澜沧江—湄公河航运进入新的发展时期。这一通航不仅开发了次区域内的航运资源，还进一步推动了四国间的经贸联系。但是当前这一"黄金水道"的发展仍面临着多重困境。

一是自然条件制约和影响航运的发展。目前澜沧江—湄公河仍有不少河段属于原始航段，不仅水域复杂，而且多暗礁和险滩，通航能力比较差。二是航运基础设施非常薄弱。经过整治的航道已经可以在大部分时间内通航 300 吨级船舶，不过部分航段仍然需要进行整治。三是治安风险严重危及航运安全。2011 年 10 月 5 日"湄公河惨案"发生，13 名中国船员在湄公河流域遇袭身亡，暴露出湄公河的航行危机。事实上，从 2007 年中国船员 1 人被枪击死亡至"湄公河惨案"的发生，这一期间湄公河劫案越来越频繁，仅在 2011 年就出现多起。湄公河水域尤其是"金三角"地区的匪患已成为影响次区域和平和发展之顽疾。但是老挝、缅甸等国财力缺乏，政府控制能力低下，根本无力打击和控制这些非法武装的力量，也使得这条国际水道难以安全通航。

湄公河的治安危机不仅影响了航行安全，更是对大湄公河次区域经济合作的进程造成了巨大的威胁。如果对于湄公河流域不能进行有效的管理，不彻底解决安全保障问题的话，这条具有重要战略意义和经济价值的"黄金水道"就有可能衰弱，各方为澜沧江—湄公河航运发展所作出的努力也将付诸东流，这也将极大地影响大湄公河次区域经济合作的发展。

此外，除了上述突出的非传统安全问题之外，次区域还面临着环境和资源保护、艾滋病泛滥、恐怖主义、跨国贩卖枪支弹药、非法移

---

① 《2011 中国禁毒报告》，2011 年 6 月 9 日，人民网（http://society.people.com.cn/GB/223276/14861121.html）。

民、拐卖妇女贩卖人口等问题。随着各国间的往来日益密切，也越来越容易导致国家内部的一些危机和灾难跨出国界，危及次区域内其他国家的安全，非传统安全问题已经对次区域经济合作的进程造成较大威胁。

三　缺乏合理和有效的合作主导权

在次区域经济合作中，合作主导权的合理存在及其有效发挥，有利于增强合作的效力，也有利于提高合作的稳定性。二十多年来，亚洲开发银行作为主导者和协调者，为次区域的发展作出重要贡献。GMS 面临的内外环境非常复杂，亚行成为合作各方都认同的中间人。但是，随着合作的不断推进，亚行作为次区域合作主导者的局限性也在日益凸显。[①] 一方面，源于亚行自身结构及其运行机制等因素，其领导能力与次区域国家深化合作的需求不相匹配。另一方面，中国在次区域合作中尚未发挥出与其国际地位、综合能力等方面相"匹配"的引领和支撑作用，也制约了大湄公河次区域经济合作的发展进程。

（一）亚洲开发银行的局限性影响合作的深化

亚行作为大湄公河次区域经济合作的秘书（secretariat）、协调者（coordinator）和出资者（financier）[②]，在区域发展中起到了引导和监督作用，贯穿于大湄公河次区域经济合作发展的整个过程中，但是其自身存在的缺陷及运行机制也制约了 GMS 的深入发展。

第一，亚行在决策授权方面受日本和美国控制，政策存在政治化倾向。亚行的决策以各成员国的股金总额决定投票权，即国家投票权。日本是亚行创始成员国之一，也是亚行第一大股东，截至 2015 年年底，其占股比例达到 15.62%。美国位居第二，占全部股权的15.51%。日本和美国所占的投票权分别为 12.80% 和 12.71%。[③] 大

---

① Alfred Oehlers, "A critique of ADB policies towards the Greater Mekong Sub-region", *Journal of Contemporary Asia*, Vol. 36, 2006, pp. 464 – 478.

② Joint Summit Declaration: 5th GMS Summit of Leaders, December 2014, p. 7, https://www. adb. org/sites/default/files/page/42450/5th-summit-joint-declaration-greater-mekong-subre-gion-gms. pdf.

③ ADB Annual Report 2015: Members, Capital Stock, and Voting Power, https://www. adb. org/sites/default/files/institutional-document/218696/oi-appendix1. pdf.

湄公河次区域六国均为亚行的成员，其中，中国占股比例为 6.45%，投票权为 5.46%。湄公河国家的投票权占比很低，总共为 3.34%。①大湄公河次区域六国在亚行的投票权加起来仅占 8.8%，缺少投票权和主动性。传统上，日本和美国对亚行贷款的对象、数额和方式有着超乎其他国的影响力。②亚行根据股权基础上的投票权来进行决策，从而导致在实际运营中更多反映的是日本、美国而不是次区域国家的政策偏好和利益诉求。其他成员为扩大区域影响力，也会以此为平台进行力量角逐，对合作的深化也造成了一定的阻力。

此外，亚行自成立至今，历任行长均由日本公民担任，并且日籍职员还在亚行内担任诸多高级职务。③日本对于亚行内重要职位的垄断也成为其在亚行内获得显著影响力的重要方式。正因如此，亚行被称为是一个"受日本人资助、被日本人控制、由日本人运营"的机构。④日本通过控制亚行来开展资金和技术援助，进一步推行其亚洲经济政策，维护日本的国家利益和政治利益。⑤大湄公河次区域各成员国的行动也因此受其制约，这也影响了次区域的合作进程以及整体利益和目标。

第二，亚行难以为次区域经济发展提供充足和稳定的资金。亚行在经济合作的进程中，不仅是出资者，更是发挥了融资的功能。不过，由于亚行自身资金有限，在许多项目中，不可能无限制地进行整个项目的资金全程投放。因此，亚行主要进行前期项目投资和研究性投资，起到"筑巢引凤"的作用，以吸引更多的外来资金流入，后期则主要靠拉动私人投资，以及共同融资的方式来为次区域提供资金来源，扩大内在市场。

---

① Ibid. .

② Christopher Kilby，"Donor Influence in Multilateral Development Banks：the Case of the Asian Development Bank"，*Review of International Organizations*，Vol. 1，No. 2，June 2006，p. 174.

③ 贺平：《日本主导下的亚洲开发银行：历史、现在与未来》，《复旦国际关系评论》2015 年第 1 期。

④ Walden Bello，*ADB 2000：Senior Officials and Internal Documents Paint Institution in Confusion*，Focus on Trade，No. 49，April 2000.

⑤ 黄志勇、邝中、颜洁：《亚洲开发银行的运行分析及其对筹建亚洲基础设施投资银行的启示》，《东南亚纵横》2013 年第 11 期。

尽管亚行注重私人资金在次区域内的作用，但由于私人资本规模有一定限制，此外由于私人资金以利益追逐点为根本，当私人资金在次区域的收益有限，或是当其他地区有更好的机遇时，就可能不会在GMS内持续投放资金，这就导致次区域内的私人资金投放也并不充足，并且难以持续。为此需要借助国家的力量来保障项目的实施和推进，需要寻求有能力、愿意担当责任的国家来支持和推动次区域的发展。

第三，亚行对次区域内私营部门及成员弱势产业扶持力度有限。对于任何一个区域的经济增长而言，培育和发展私营部门有着至关重要的意义，也有利于实现减贫脱困。亚行的政策取向是通过私人投资来促进合作，培育和壮大市场。但是，在大湄公河次区域经济合作进程中，亚行所推行的治理制度模式在一般情况下并不鼓励优先支持次区域内国家的企业。这就使得在贸易投资过程中获得投资收益最多的不是次区域内部国家（泰国和中国例外），反而是次区域外的国家和个体。[1] 这不但阻碍了次区域国家和企业的发展，还压抑了次区域自身发展的需求，降低了次区域的整体"造血"功能，陷入了对外依赖的无限循环之中。

此外，在次区域国家的产业发展方面，由于大湄公河次区域内国家多为经济落后的发展中国家，基础设施建设严重不足，次区域内公路和铁路、航道等基础设施的建设成为亚行实施项目的重中之重。但是基础设施项目建设周期长，投资风险高，客观上也使得基础设施建设进程缓慢。相较而言，在次区域国家的其他薄弱产业，如农业、电力、通信等方面，亚洲开发银行所发挥的作用则更为不足。

（二）中国未能在合作中充分发挥地区大国的作用

在区域合作发展过程中由一个或几个有能力的成员国使用主导权推动区域发展，是促进区域合作较快成熟、及时消除内部不安定因素的一个重要力量。反之，如果放之区域内有能力，有资源的国家不发挥带动作用，则可能导致区域合作始终徘徊在低水平和低层次。在次

---

[1]　Shalmali Guttal, *Marketing the Mekong: The Asian Development Bank and the Great Mekong Sub-region Economic Cooperation Program*, http://www.asienhaus.de/public/archiv/focus16–015.pdf.

区域内，中国是唯一的大国，但是从合作初始，中国就被排除在GMS 的主导权和倡议权之外。随着中国综合实力的增长，以及次区域合作内外环境的变化，中国没能在次区域合作中发挥应有作用，中国在 GMS 中的地位与自身实力的不匹配程度越来越明显，这已经成为影响 GMS 深入推进的重要因素。

第一，中国参加次区域合作的形式制约中国在合作中的影响力。在形式上，中国参与 GMS 是国家整体参与和地方省份直接参与相结合。云南、广西在参与大湄公河次区域经济合作的进程中，积极发挥自身地缘优势和资源优势，推动我国和湄公河国家的合作日益紧密。但是，云南、广西与他国地位不对称，在与周边国家展开互动时，非主导权性导致的身份差异可能会妨碍合作进程。尽管地方政府可以倡议区域合作，但不能签订国家层面的协定，也难以有效保障合作协议的贯彻执行。湄公河国家也担心与我国地方政府开展的合作谈判，得不到我国中央政府相应的支持，从而影响推进合作的积极性。

第二，云南、广西的经济实力以及直接参与次区域经济合作的能力仍有待提高。从全国范围来看，云南、广西的经济实力仍然相对落后。按两省确定的参与目标和承担的重任来衡量，其经济实力并不利于在合作中发挥更大的作用。如，在 21 世纪初，云南省就将拓展交通运输网络上升到建设连接东南亚、南亚国际大通道的高度，探索深化区域合作新的突破口。云南在加强与东南亚国家交通基础设施互联互通方面做出了积极努力，与老挝、泰国、越南等国的交通趋于便利。但是，要进一步实现云南参与合作确定的目标，以及承担的任务都非常艰巨。经过多年的发展，云南、广西的经济社会水平得到提升。2016 年云南省的 GDP 达到了 2240 亿美元，广西的 GDP 达到了 2750 亿美元，低于泰国的水平（4070 亿美元），略高于越南的水平（2030 亿美元）。[①] 云南、广西要在次区域合作中充分发挥主力军的作用，其经济实力及参与能力仍有待进一步增强。

总体而言，我国云南、广西两省积极参与大湄公河次区域经济

---

① 亚洲开发银行数据库，《云南省统计年鉴 2016》。

合作，服务于国家周边外交，推动了我国与湄公河国家的合作。由地方省份参与次区域合作的方式也起到了"试验田"的作用，为我国深化和拓展与湄公河国家的合作起到示范作用，奠定了合作的基础，也产生了进一步深化和拓展合作的需求。随着中国的快速发展，湄公河国家希望搭乘"中国快车"以推动本国经济的发展，推动地区繁荣和稳定。但中国作为次区域内最大的经济体，在合作的主导权、话语权等方面都存在明显不足，对中国自身经济影响力的提升和利益的争取造成了一定约束，也制约了中国在合作中发挥出地区大国的作用。

小　　结

在过去的 20 多年里，大湄公河次区域经济合作为地区和平与发展做出了重要贡献，发展成为澜湄次区域乃至亚洲诸多区域经济合作中的成功典范。大湄公河次区域经济合作为次区域建立了一项国际经济合作制度，在某些方面甚至是一种秩序。

不过，随着合作日益深化，经济合作产生的积极效应，不断向政治安全、社会文化等领域"溢出"，GMS 面临着如何推进合作深度、拓展合作广度，以及如何完善主导权和机制建设等发展瓶颈。日益突出的经济、政治及文化融合问题，使得大湄公河次区域经济合作陷入了深度融合困境。在全球经济危机阶段，虽然大湄公河次区域经济合作通过推进次区域跨境贸易与投资便利化、促进工商界参与次区域合作发展等，在一定程度上缓解了目前遭遇的合作困局，给次区域深度融合发展带来了一定转机，但是无论在合作内容、机制创新等方面，还是给成员国（地区）带来的政治、经济效益方面，均难以达到预期目标。大湄公河次区域经济合作的发展进程受阻，对危机的调节作用有限。特别是，在合作主导权方面，亚洲开发银行日益显现出推动能力与意愿的明显不足。另外，中国的综合实力不断提升，却一直未能在合作中有效发挥地区大国的应有作用，影响了合作的深入推进。

　　应该看到，在次区域合作的发展进程中，合作的形式需要与合作的内容相匹配，当合作的内容发生变化后，合作形式也必然要进行调整，以保障合作的可持续性。由此，推动次区域合作由"低阶"向"高阶"演进，将合作的层次、范围、规模和水平提升到新阶段，否则就会成为制约次区域合作发展的新瓶颈。大湄公河次区域经济合作发展的现实困境，迫切需要实现提质升级，以确保在新形势下合作的有效性和可持续性。

第三章

澜沧江—湄公河合作：突破与发展

　　为了保障次区域的可持续发展，突破次区域合作深度融合的困境，实现次区域的和平、稳定与繁荣，中国与湄公河国家进行了积极探索。2014 年 12 月 20 日，在大湄公河次区域经济合作第五次领导人会议上，中国国务院总理李克强提出："中国愿与各方携手努力，打造中国—东盟合作升级版，打造中国同次区域国家经济合作升级版。"① 该倡议得到了湄公河国家的积极响应，2016 年 3 月 23 日，澜沧江—湄公河合作首次领导人会议在中国海南成功举办，正式启动了"澜沧江—湄公河合作"，"确立共建面向和平与繁荣的澜湄国家命运共同体，树立为以合作共赢为特征的新型国际关系典范"②。澜沧江—湄公河合作这一由六国共商、共建、共享的新型次区域合作机制不断取得积极成果，影响力稳步提升。

　　澜沧江—湄公河合作顺应了次区域合作深度融合的发展趋势，可以说，以澜沧江—湄公河合作的建立为标志，中国与湄公河国家已经迈入"高阶"次区域合作。这对于当前及未来我国深入参与的次区域乃至区域层面的国际合作，都有着重要的示范和借鉴意义。本章主要分析澜湄合作建立的时代背景、梳理澜湄合作机制建立情况和发展成果，研判当前及未来一段时间内深化澜湄合作面临的主要障碍。从

---

　　① 《李克强在大湄公河次区域经济合作第五次领导人会议开幕式上的讲话（全文）》，2014 年 12 月 20 日，中国政府网（http：//www. gov. cn/guowuyuan/2014-12/20/content_2794565. htm）。

　　② 《澜沧江—湄公河合作首次领导人会议三亚宣言》，2016 年 3 月 23 日，澜沧江—湄公河合作中国秘书处（http：//www. lmcchina. org/zywj/t1511256. htm）。

纵向上分析和探讨澜沧江—湄公河合作对大湄公河次区域经济合作困境的突破与发展。

第一节 澜沧江—湄公河合作的建立

一 时代背景

2008 年国际金融危机爆发以来，澜湄次区域的发展也受到了巨大的冲击，但是，危机也往往带来新的合作机会和动力，成为次区域国家深化合作的新契机。面对深度合作的大趋势和大湄公河次区域经济合作的现实困境，次区域国家间的合作迫切需要"升级换代"。"澜沧江—湄公河合作"机制的建立，正是中国与湄公河国家依据国际和地区复杂和深刻的形势变化，立足于次区域发展的新需求和新目标，致力于构建高水平、高层次的合作关系，实现次区域国家深化合作、共克时艰、共谋发展，具有深刻的时代背景。

（一）全球经济进入深度调整期

2008 年国际金融危机的发生，给世界经济带来的深层次影响仍在持续显现，世界各国面临的发展问题依然严峻。"逆全球化"潮流不断涌现，各种形式的保护主义不断上升，全球贸易体系背后的产业网络和价值链都面临重大变化，国际贸易和投资格局，以及多边贸易和投资规则都在酝酿着新调整。[①] 总体来看，美国、欧盟等发达国家和地区的贸易状况虽然略有改善，但经济复苏总体上仍表现乏力，特别是因债务危机持续发酵的欧盟，前景堪忧；以中国为代表的新兴国家经济发展比较迅速，地位显著提升。这些情况进一步造成国家间贸易摩擦的加剧，非关税贸易壁垒和贸易争端频繁发生。

随着全球经济失衡的深度调整，美欧等发达国家通过重塑国际经济规则等方式，应对新兴经济体的崛起。美国联合欧盟推出"跨大西洋贸易与投资伙伴协定"（Transatlantic Trade and Investment Partner-

---

① 赵顺：《从宏观角度审视"一带一路"战略与我国经济发展和区域经济合作的关系》，《国际金融》2015 年第 9 期。

ship，TTIP），高调实施"亚太再平衡"战略，发起"跨太平洋伙伴关系协定"（Comprehensive Progressive Trans-Pacific Partnership，TPP）。无论是 TPP 还是 TTIP，谈判的核心都在于推行覆盖广、标准高、约束强的国际经济规则。对于澜湄次区域而言，发达国家的"强强联合"，及其倡导的高标准国际经济规则，必然给次区域造成巨大的外部压力。不仅将冲击澜湄次区域的对外贸易，还将影响次区域各国在国际经济竞争中的地位。并且，全面性的国际经济规则升级趋势，还极有可能破坏次区域正在发展壮大的生产网络，使得次区域在国际经济竞争中进一步边缘化。复杂的政治经济博弈环境迫使澜湄次区域各国只有抱团来应对挑战，以深度融合的方式增强与美欧国家讨价还价的能力。

（二）世界政治格局加快调整变化

由于全球经济复苏缓慢，世界各主要经济体的走势分化，地缘政治风险、恐怖主义威胁、难民问题等呈现出上升态势，国际政治格局处于大变革大调整时期。一方面，传统大国内部出现治理危机，西方发达国家在国际体系中的传统地位遭到了一定程度的削弱，而美国内政外交的变化更是引发全球关注。另一方面，新兴大国在世界政治经济格局中的影响力不断上升，正在逐步走向国际舞台的中心。在发达国家经济普遍陷入严重衰退的背景下，以巴西、俄罗斯、印度、中国和南非为代表的"金砖五国"保持了经济稳步增长的态势，对于世界经济的稳定以及化解金融危机做出了重要贡献。在欧美国家经济复苏缓慢、新兴国家加速发展的背景下，国际权力以及国际责任必然进行新一轮分配。

事实上，近年来国际政治经济已经在发生一系列的新变化。如，二十国集团已经取代八国集团，发展成为全球经济治理重要平台；世界银行、国际货币基金组织等国际机构通过改革，逐步增加新兴国家的投票权；金砖银行、亚洲基础设施投资银行的成立和顺利运行等；表明新兴大国将在国际社会中承担更多的国际责任，并拥有更大的话语权。对于湄公河国家而言，适时调整政治、经济和外交格局，深化与中国等新兴大国的合作成为必然。对中国而言，中国的崛起更加需要和平稳定的周边环境，与湄公河国家深化合作将有利于保障国家及地区的繁荣与发展。

（三）次区域国家面临新的发展需求

在新的发展阶段，澜湄次区域各国有着更高的市场、政治安全，以及社会认同等多方面的诉求与压力。在经济领域，次区域宏观经济基本面稳定向好，但同时也受到次区域内外因素的影响，也承受了较大下行压力。在政治安全方面仍是困难重重，如缅甸正在经历民主转型、民族冲突的困扰，和平进程缓慢；柬埔寨、老挝、越南的政权受到社会多元化和经济市场化的冲击，泰国近年来军事政变频繁发生。与此同时，次区域内非传统安全问题呈复杂化的态势，恐怖主义、跨国犯罪、网络安全、重大自然灾害、资源短缺、环境污染、减贫合作等挑战增多。尽管次区域国家间相互依存日益加深，但政治安全、社会文化等领域的合作长期滞后于经济合作，这些问题都需要次区域国家共同应对和破解。在现阶段，次区域国家有着更强劲的动力来推进合作的深化。

另外，从区域合作的层面来看，次区域国家也迫切需要提升合作水平。澜湄次区域是中国、东盟及湄公河国家的利益汇聚点，近年来，东盟加快一体化进程，中国与东盟的合作也进入深化发展的新阶段。2012 年 11 月，东盟正式启动区域全面经济伙伴协定（Regional Comprehensive Economic Partnership，RCEP）的谈判，参与方包括东盟、中国、日本、印度等 16 个国家。RCEP 计划通过削减关税及非关税壁垒，构建统一市场，以应对经济全球化和区域经济一体化的新挑战。此外，东盟在 2015 年年底宣布东盟共同体正式成立。但事实上，东盟与真正实现区域一体化的发展目标仍有较大差距，东盟共同体建设依然任重道远，而湄公河国家是东盟的重要成员但也是其中的一块"软肋"，这一区域的发展水平制约着东盟的整体发展。深化次区域合作是各国寻求新发展的举措，旨在推进次区域经济发展和民生改善，加快基础设施网络的建构，以及次区域市场的扩大。这将有利于缩小东盟国家间的发展差距，进一步助力东盟共同体建设。中国—东盟自由贸易区升级版建设的推进，也为深化澜湄次区域合作提供了重要保障。

（四）中国更加积极主动地承担地区和国际责任

中国是澜湄次区域中的最大的经济体，相较 20 世纪 90 年代参与次区域经济合作之初，中国的综合实力与国际影响力已经大幅提升。在过去的二十多年里，中国的经济取得了令世界瞩目的成绩，GDP 总量已经从 1992 年的 26923.5 亿元，增长到 2015 年的 677000 亿元，增长了约 25 倍。1990 年中国在全球经济中的比重为 1.6%，2015 年已经提升至 15.5%。[①] 在 2010 年，中国已经超越日本成为全球第二大经济体，在世界政治经济体系中的地位也显著提高。

随着综合实力的提升，中国更加强调自身对国际社会的义务和责任担当，中国在促进全球治理和国际体系建设中日益发挥重要作用。2008 年全球经济危机发生以来，国际政治经济格局更加错综复杂，中国的经济增长速度放缓，进入经济发展的新常态。在新的发展形势下，2013 年中国国家主席习近平在出访中亚和东南亚期间，先后提出共建"丝绸之路经济带"和"21 世纪海上丝绸之路"，即"一带一路"倡议，既顺应了时代发展要求也契合了各国加快发展的愿望。中国正在不断通过机制和体系创新，为全球治理和区域合作提供新的治理平台。

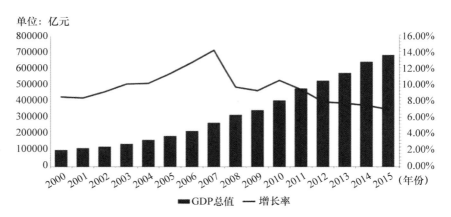

图 3-1 2000—2015 年中国 GDP 总值与增长率变化

资料来源：中国统计年鉴库。

与此同时，中国更加重视与周边国家实现利益融合。2013 年 10 月，习主席在周边外交工作座谈会上提出"亲诚惠容"周边外交新理

---

① 中国统计年鉴库（http://www.nianjianku.com/）。

念，实现我国与周边国家的共同发展。[①] 在 2014 年 10 月召开的中央外事工作会议上，习主席再次强调周边外交工作的重要性，提出要推动周边命运共同体建设。[②] "一带一路" 倡议更是为澜湄次区域的发展提供了重要契机和广阔的发展空间。湄公河国家在地理上与我国西南周边毗邻，是与我国关系最为紧密，以及影响最为直接的周边区域之一，在我国 "周边是首要" 的外交大格局中有着重要的地位。我国将周边置于外交全局的首位，积极构建合作共赢的新型国际关系，倡导 "人类命运共同体" 建设，都将从周边地区先行起步。[③] 深化我国与湄公河国家的合作，可以更为有效地发挥我国在地缘、资金、技术等方面优势，构建广泛的利益共同体，共享经济发展成果，切实使周边国家感受到中国的诚意和中国经济发展带来的实惠。

表 3 - 1　　　　　　　　　　 "一带一路" 合作重点

合作重点	主要内容
政策沟通	加强政府间合作，着力推进双边合作 沿线各国可以就经济发展战略和对策进行充分交流对接
设施联通	交通设施、能源设施、通信基础设施
贸易畅通	提高贸易自由化便利化水平；拓展相互投资领域、促进贸易转型升级、探索投资合作新模式；加快投资便利化进程；树立投资合作新典范
资金融通	深化金融合作，推进亚洲货币稳定体系、投融资体系和信用体系建设
民心相通	加强教育文化、医疗卫生、公共外交、旅游、科技合作

资料来源：国家发改委、外交部、商务部：《推动共建丝绸之路经济带和 21 世纪海上丝绸之路的愿景与行动》，人民出版社 2015 年版。

二　发展历程

总体而言，次区域发展的内外环境的变化，使各国充分意识到加强地区深度融合以对抵抗外部风险和提升地区竞争力的重要性，澜湄

---

① 《习近平在周边外交工作座谈会上发表重要讲话》，2013 年 10 月 25 日，人民网（ht-tp：//politics. people. com. cn/n/2013/1025/c1024-23332318. html）。

② 《中央外事工作会议在京举行》，《人民日报》2014 年 11 月 30 日第 1 版。

③ 习近平：《深化合作伙伴关系　共建亚洲美好家园：在新加坡国立大学的演讲》，人民出版社 2015 年版，第 6 页。

次区域国家开始向更大范围、更深层次、更高水平的次区域合作迈进。

（一）澜沧江—湄公河合作的提出

2008 年国际金融危机的发生，在一定程度上成为次区域深化合作的契机，各国进一步意识到推进次区域可持续发展的重要性和紧迫性。2012 年，泰国率先提出加强地区合作的设想，中国政府给予积极回应。2014 年 11 月，中国国务院总理李克强在第 17 次中国—东盟领导人会议上提出，"为促进东盟次区域发展，中方愿积极响应泰方倡议，在 10 + 1 框架下探讨建立澜沧江—湄公河对话合作机制，并于明年适时举行外长会和外交高官会"①。该倡议得到了湄公河国家的支持。此次会议发表《第 17 次中国—东盟领导人会议主席声明》，在第十九项明确指出："我们支持中国与湄公河流域国家开展更紧密的次区域合作。我们欢迎泰国提出的澜沧江—湄公河次区域可持续发展倡议，该倡议将有助于缩小东盟国家间的发展差距。我们欢迎中国和湄公河次区域国家探索建立相关对话与合作机制的可能性。"② 由此，"澜沧江—湄公河合作"进入了实质性构建阶段。

（二）澜沧江—湄公河合作的正式建立

2015 年 4 月，首次澜沧江—湄公河对话合作外交高官会在北京成功举行。此次会议的主题为"六个国家，一个命运共同体：建立澜沧江—湄公河对话合作机制，促进次区域可持续发展"，由此正式启动新机制的构建。③ 8 月，第二次澜沧江—湄公河合作高官会在泰国清莱召开，各方就澜湄合作概念文件达成一致。④ 11 月，澜湄合作首次外长会在云南景洪举行。各方就加强澜沧江—湄公河国家合作进行深入探讨，达成广泛的合作共识。⑤ 2016 年 2 月，澜沧江—湄公河合作第三次

① 《李克强在第 17 次中国—东盟（10 + 1）领导人会议上的讲话（全文）》，2014 年 11 月 14 日，新华网（http：//news. xinhuanet. com/ttgg/2014-11/14/c_ 1113240171. htm）。

② 《第 17 次中国—东盟领导人会议主席声明》，2014 年 12 月 1 日，中国新闻网（http://www. chinanews. com/gn/2014/12-01/6832255. shtml）。

③ 《中国举办首次澜沧江—湄公河对话合作外交高官会》，2015 年 4 月 7 日，人民网（http：//bj. people. com. cn/n/2015/0407/c14545-24408036. html）。

④ 《外交部副部长刘振民出席第二次澜沧江—湄公河合作高官会》，2015 年 8 月 21 日，中华人民共和国外交部（http：//www. fmprc. gov. cn/web/）。

⑤ 《澜沧江—湄公河合作首次外长会举行　澜湄合作机制正式建立》，2015 年 11 月 12 日，新华网（http：//news. xinhuanet. com/2015-11/12/c_ 1117127069. htm）。

高官会在海南三亚举行，会议重点为即将举行的首次领导人会议做好相关准备。①

2016 年 3 月 23 日，澜沧江—湄公河合作首次领导人会议在海南三亚举行。围绕"同饮一江水，命运紧相连"的主题，六国共商发展大计，规划合作蓝图，签署《澜沧江—湄公河合作首次领导人会议三亚宣言》和《澜沧江—湄公河国家产能合作联合声明》等重要文件。②各国将通过深化政治互信，密切经济合作，加强人文往来，共同打造次区域合作和"南南合作"的新典范，为落实联合国 2030 年可持续发展议程做出新贡献。

（三）澜沧江—湄公河合作的发展

2018 年 1 月 10 日，澜湄合作第二次领导人会议在柬埔寨首都金边召开，主题为"我们的和平与可持续发展之河"，会议发表了《五年行动计划》《金边宣言》等重要合作文件，并散发《澜湄合作第二批项目清单》和"澜湄合作六个优先领域联合工作组报告"。③ 会上，宣布了新的一批合作清单，总共有 210 多项合作项目。此次领导人会议有力地推动澜湄合作由"培育期"向"成长期"跨越。

第二节　澜沧江—湄公河合作的主要成果

澜湄合作是澜沧江—湄公河沿岸六国合力自主推进的新型次区域合作机制。自成立以来，澜湄合作备受关注。经过两年的共同努力，澜湄合作不断取得重要进展，从最初的"培育期"进入"成长期"。④ 澜沧江—湄公河合作主要在机制建设、务实合作、金融支撑、

---

① 《外交部就澜湄合作第三次高官会有关情况等答记者问》，2016 年 2 月 25 日，中国网（http：//news. china. com. cn/world/2016-02/25/content_ 37874015. htm）。

② 《澜沧江—湄公河合作首次领导人会议三亚宣言》，2016 年 2 月 23 日，中华人民共和国外交部（http：//www. fmprc. gov. cn/web/ziliao_ 674904/1179_ 674909/t1350037. shtml）。

③ 《澜湄合作第二次领导人会议开幕》，2018 年 1 月 10 日，中华人民共和国外交部（http：//www. fmprc. gov. cn/web/zyxw/t1524770. shtml）。

④ 《李克强在澜沧江—湄公河合作第二次领导人会议上的讲话》，2018 年 1 月 11 日，澜沧江—湄公河合作中国秘书处（http：//www. lmcchina. org/zywj/t1524913. htm）。

民心交流等方面取得积极成果，展现出勃勃生机和巨大发展潜力，对次区域的建设和发展影响深远。

一　澜湄合作机制建设稳步推进

澜沧江—湄公河合作的制度建设不断完善，次区域合作得以不断规范化和制度化。LMC 已经建立起宽领域、多层次的合作架构。确立了政治—安全、经济和可持续发展、社会—人文三大支柱，在互联互通、产能、跨境经济、水资源，以及农业和减贫这五个优先领域展开合作，并在此基础上拓展数字经济、环境保护等领域的合作，逐步形成"3 + 5 + X 合作框架"。①

第一，澜沧江—湄公河合作的机制化建设逐步完善，集中性增强。在短短两年的时间里，完成了机制建设的顶层设计，具体的项目实施也已初步建立了高效稳定的落实机制。领导人会议每两年举行一次，各国领导人共商合作大计，共同引领合作的发展方向。外长会议每年举行一次，负责政策规划以及开展协调工作。高官会和工作组会则是根据需要，不定期举行，商讨具体领域合作，负责落实和推进合作共识。如有特殊需要，也可在协商一致基础上召开领导人特别会议或特别外长会。② 澜沧江—湄公河合作还将进一步完善机制框架，探索适时成立澜湄合作国际秘书处、将各优先领域联合工作组逐步提升至高官级或部长级，还将通过设计澜湄合作徽标及其他澜湄标志等举措，进一步提升澜湄合作的制度化建设。③

到目前为止，澜沧江—湄公河合作已经召开两次领导人会议，三次外长会，六次高官会。互联互通合作、产能合作、水资源合作、减贫合作、跨境经济合作、农业合作等六个优先领域联合工作组全部成立并投入运作。2017 年 3 月 10 日，澜湄合作中国秘书处正式成立，主要负责规划机制建设和务实合作，协调联络中国相关部门、地方政

---

① 《李克强在澜沧江—湄公河合作第二次领导人会议上的讲话》，2018 年 1 月 11 日，澜沧江—湄公河合作中国秘书处（http：//www. lmcchina. org/zywj/t1524913. htm）。

② 《李克强在澜沧江—湄公河合作首次领导人会议上的讲话》，2016 年 3 月 23 日，澜沧江—湄公河合作中国秘书处（http：//www. lmcchina. org/zywj/t1511256. htm）。

③ 《澜沧江—湄公河合作五年行动计划（2018—2022）》，2018 年 1 月 11 日，澜沧江—湄公河合作中国秘书处（http：//www. lmcchina. org/zywj/t1524906. htm）。

府和湄公河国家推进合作。① 老挝、泰国、缅甸、越南等国的机构相
继建立。10 月 10 日，澜湄合作柬埔寨国家秘书处在金边正式成立，
至此六国已全部建立国家秘书处或协调机构。②

图 3 - 2　澜沧江—湄公河合作"3 + 5 + X"框架图

注：根据相关资料绘制。

第二，澜沧江—湄公河合作注重与次区域内外相关机制的相互促
进、协调发展。澜沧江—湄公河合作并不是封闭排他，而是开放包容
的。首先，澜沧江—湄公河合作是对中国—东盟合作的有益补充。澜
湄合作有利于缩小次区域国家间的发展差距，助力中国—东盟全方位
合作升级版建设。③ 2016 年 9 月，《第 19 次中国—东盟领导人会议联
合声明》第十三项指出："我们欢迎澜沧江—湄公河合作首次领导人
会议于 2016 年 3 月 23 日在中国三亚成功举行。我们也欢迎在现有湄

① 《王毅外长在澜湄合作中国秘书处成立仪式上的即席致辞》，2017 年 3 月 10 日，中
华人民共和国外交部（http://www.fmprc.gov.cn/web/wjbzhd/t1444875.shtml）。

② 《澜湄合作柬埔寨国家秘书处正式成立》，《云南日报》2017 年 10 月 11 日第 5 版。

③ 《李克强在澜沧江—湄公河合作首次领导人会议上的讲话》，2016 年 3 月 23 日，澜
沧江—湄公河合作中国秘书处（http://www.lmcchina.org/zywj/t1511256.htm）。

公河次区域合作机制，如澜湄合作、大湄公河次区域经济合作、东盟—湄公河流域开发合作及其他相关次区域合作框架下加强合作，以支持缩小地区发展差距。"① 2017 年 11 月，中国—东盟领导人会议提出了新的合作框架、顶层设计与愿景规划，将中国—东盟"2 + 7 合作框架"升级为"3 + X 合作框架"，旨在构建起以政治安全、经贸、人文交流三大支柱为主线、多领域合作为支撑的合作新框架。② 澜沧江—湄公河合作的三大支柱，不仅与东盟共同体建设三大支柱相一致，还高度契合了中国—东盟合作框架，有利于推进东盟一体化进程，也将与中国—东盟合作形成良性互动。LMC 将通过探讨与中国—东盟联合合作委员会建立交流沟通，加强与中国—东盟中心合作等方式，进一步协调与中国—东盟合作的关系。③

其次，澜沧江—湄公河合作注重与域内其他机制的互动与协调。澜湄次区域现存各种合作机制，除了大湄公河次区域经济合作之外，还有湄公河委员会、东盟—湄公河开发合作、美国启动的湄公河下游行动计划、日本—湄公河国家首脑峰会、印度发起的恒河—湄公河流域合作、韩国—湄公河国家外长会议等，这些机制分别由不同国家或国际组织主导，机制间存在着复杂的关系。澜沧江—湄公河合作强调与次区域内其他合作机制的相互补充，协调发展，共同推进区域一体化进程。④

表 3 - 2　　　　　　　　　　澜沧江—湄公河合作发展纪事

时间	地点	标志性事件
2015 年 4 月 6 日	中国北京	首次澜湄对话合作高官会正式启动澜湄对话合作筹备工作进程。各方同意删除机制名称中的"对话"，改称"澜湄合作"

---

① 《第 19 次中国—东盟领导人会议暨中国—东盟建立对话关系 25 周年纪念峰会联合声明（全文）》，2016 年 9 月 8 日，新华网（http：//www. xinhuanet. com/world/2016-09/08/c_ 1119528493. htm）。

② 《李克强在第二十次中国—东盟领导人会议上的讲话》，《人民日报》2017 年 11 月 14 日第 4 版。

③ 《澜沧江—湄公河合作五年行动计划（2018—2022）》，2018 年 1 月 11 日，澜沧江—湄公河合作中国秘书处（http：//www. lmcchina. org/zywj/t1524906. htm）。

④ 《澜沧江—湄公河合作首次外长会联合新闻公报》，2015 年 11 月 12 日，澜沧江—湄公河合作中国秘书处（http：//www. lmcchina. org/zywj/t1511257. htm）。

续表

时间	地点	标志性事件
2015 年 11 月 12 日	云南景洪	首次澜湄合作外长会召开，审议通过澜湄合作概念文件，发表联合新闻公报
2016 年 3 月 23 日	海南三亚	澜湄合作首次领导人会议召开，发表《三亚宣言》《产能合作联合声明》
2016 年 6 月 14 日	云南昆明	互联互通合作联合工作组首次会议召开，重点讨论澜湄国家互联互通联合工作组组建以及推动区域互联互通合作相关问题
2016 年 6 月 23 日	广西桂林	澜湄合作减贫合作联合工作组首次会议
2016 年 9 月 13 日	广西南宁	澜湄国家产能合作联合工作组首次会议
2016 年 12 月 23 日	柬埔寨暹粒	澜湄合作第二次外长会召开，审议通过《联合新闻公报》《首次领导人会议成果落实进展表》等
2017 年 2 月 27 日	中国北京	澜湄水资源合作联合工作组首次会议，审议通过《澜湄水资源合作联合工作组概念文件》
2017 年 7 月 26 日	柬埔寨暹粒	减贫联合工作组第二次会议召开，签署《澜湄合作减贫联合工作组一般原则》，讨论《澜湄合作减贫工作五年计划》
2017 年 7 月 26 日	云南昆明	跨境经济合作联合工作组首次会议召开，签署工作组《职责范围》和《会议纪要》
2017 年 9 月 11 日	广西南宁	农业联合工作组第一次会议召开，会议就工作组概念文件及下步合作规划等交流了意见，并通过了会议纪要
2017 年 10 月 28 日	云南昆明	澜湄合作第五次高官会议举行，主要就合作进展、发展规划及下阶段系列重要会议筹备工作等交换意见
2017 年 12 月 15 日	云南大理	澜湄合作第三次外长会议举行，发表《澜湄合作第三次外长会联合新闻公报》，讨论"第二批合作项目清单"、六个优先领域联合工作组报告等
2018 年 1 月 10 日	柬埔寨金边	澜湄合作第二次领导人会议召开，发表《五年行动计划》《金边宣言》

注：根据相关会议资料整理。

二　澜湄合作在多个领域取得显著成果

经过两年的发展，澜沧江—湄公河合作已形成了"务实高效、项目为本"的突出特色。LMC 第一次领导人会议上提出的 45 个早期收获项目，第二次外长会中方提出的 13 个倡议均取得实质性进展。澜湄水资源合作中心、澜湄环境合作中心以及全球湄公河研究中心三个中心已经运作，并在各自的领域发挥了引领作用。在各国的积极参与和推动下，LMC 已经建设成为次区域内最具活力和影响力的合作机制之一。澜湄合作在互联互通、金融、跨境经济等方面深化合作，在多个合作领域取得积极成果。

第一，互联互通的重大项目有序推进。中老铁路于 2016 年 12 月已经全线开工建设。中泰铁路合作项目一期于 2017 年 12 月开工，计划于 2021 年左右完成建设。这两项项目是泛亚铁路的重要组成部分，对区域合作和东亚融合有着重要意义；由中国企业承建的老挝南欧江流域梯级水电站项目一期将于 2019 年年底实现首台机组发电，2020 年全部完工，将保障老挝 12% 的电力供应；越南永新火电站也已进入设备安装阶段，该项目是中国企业首次在越南以建设—运营—移交（BOT）投资模式进行的产能合作项目，总投资额 17 亿美元。中国和湄公河国家还积极开展区域信息通信技术与应用培训等。次区域国家间通过合作进一步促进了交通便利化，改善了次区域的贸易与投资环境。

第二，在水资源、跨境经济、减贫等其他优先合作领域，澜湄合作也实施了众多互利互惠的合作项目。水资源合作方面，澜湄流域在 2015 年年末受到强厄尔尼诺现象的影响，普遍遭受旱灾。2016 年春季，中国克服自身困难，通过境内的景洪水电站向湄公河地区实施应急补水。① 这一举动获得湄公河国家及民众的好评和衷心感谢，这也成为澜湄合作的良好开始。在跨境经济合作方面，中国投资建设的老挝赛色塔工业开发区、柬埔寨西哈努克港经济特区、泰国罗勇工业园、越南龙江工业园等是重要的示范项目，各方正在不断推进跨境经济特区建设，提升特区管理和废物处理能力。中国与湄公河国家还展开了红十字会社区卫生发展合作、媒传热带病风险评估及检测预警等，还召开"澜沧江—湄公河生态系统管理能力建设研讨会"，进一

---

① 《外交部：中方将通过景洪水电站对湄公河下游实施应急补水》，2016 年 3 月 15 日，新华网（http://news.xinhuanet.com/world/2016-03/15/c_1118340758.htm）。

步加强在生态监管、森林养护等方面的协作。中国还在老挝、缅甸等国建设扶贫试点，帮助湄公河国家提升减贫能力。

第三，金融支撑为澜湄合作提供重要保障。在合作中，相关项目得以顺利实施的关键在于资金的筹措。中国通过设立和启动澜湄合作专项基金，为次区域内中小型合作项目提供 3 亿美元的资金支持。[①] 中国还通过提供 100 亿元人民币优惠贷款和 100 亿美元信贷额度，用于支持澜湄地区基础设施建设和产能合作项目，相关资金已经得到落实。此外，中国还通过亚洲基础设施投资银行、丝路基金等新平台和新渠道，进一步支持次区域互联互通、减贫等领域的合作开发，为次区域的繁荣与发展提供有力保障。

第四，安全合作不断深化。2018 年 11 月 24 日，中老缅泰四国执法部门顺利完成第 76 次湄公河联合巡逻执法。根据湄公河巡逻执法四国联合指挥部的统一部署，巡航编队在湄公河的金三角、班相果等重点水域，开展水陆联合公开查缉、联合走访、禁毒宣传等活动，震慑和打击了湄公河流域涉恐、走私等跨境违法犯罪行为。在老挝孟莫，四国成功举行了陆上警务实战技能、水上联合反恐等演练，全面检验执法队员联合处置各类突发事件的应急处置能力，以及协同合作能力。[②] 湄公河联合巡逻执法行动有效维护了澜沧江—湄公河流域安全稳定，为"黄金水道"航运繁荣和经济发展起到保驾护航的作用。

三　澜湄文化逐步形成

民心相通是澜沧江—湄公河合作的重要根基。在澜沧江—湄公河合作中，次区域国家广泛开展人文交流与往来，以"平等相待、真诚互助、亲如一家"为特点的澜湄文化正在逐步形成。[③] LMC 第二次

---

① 《在澜沧江—湄公河合作首次领导人会议上的讲话》，《人民日报》2016 年 3 月 24 日第 2 版。

② 《第 76 次中老缅泰湄公河联合巡逻执法圆满完成》，2018 年 11 月 24 日，中国新闻网（http：//www.chinanews.com/gn/2018/11－24/8684774.shtml）。

③ 《大力推进澜湄合作，构建澜湄国家命运共同体——纪念澜沧江—湄公河合作启动一周年》，2017 年 3 月 23 日，中华人民共和国外交部（http：//www.fmprc.gov.cn/web/wjbzhd/t1448115.shtml）。

领导人会议确立每年 3 月举办"澜湄周"纪念活动，六国通过举办合作成果展、青年交流、智库论坛、企业峰会等一系列活动，充分展示澜湄合作的独特魅力和丰富成果。

"国之交在于民相亲、民相亲在于心相通。"目前，澜湄合作机制下的人文交流活动覆盖了文化艺术、青年交流、教育、卫生等多个领域。文化艺术交流方面，主要举办了澜湄国际电影周、澜湄艺术节、澜湄文化行等活动；青年交流方面，成功举办澜湄大学生友好运动会、澜湄青年创新创业大赛训练营等活动，青年们彼此间增进了解，建立起深厚友谊；妇女交流方面，举办澜湄流域妇女论坛、开展澜湄国家妇女实用技术培训班等；旅游方面，举办 2016 澜湄国家旅游城市（三亚）合作论坛、澜湄旅游城市合作联盟等活动；教育方面，中国为湄公河国家提供 1.8 万人政府奖学金，以及 5000 名来华培训名额，合作建立澜湄国际职业学院、澜湄职业培训中心等；卫生方面，开展跨境联控传染病等活动。2016 年 9 月，中国在老挝、缅甸、柬埔寨等国开展"湄公河光明行"，为近千名白内障患者成功实施免费复明手术等；宗教方面，开展佛牙舍利赴缅甸泰国供奉、佛教领袖对话等活动。①

总体来看，澜湄合作启动两年就已全面进入实施阶段，成果丰硕。澜沧江—湄公河合作在如此短的时间内能取得这些重要进展，根本原因在于其契合了六国深化互利合作、追求共同发展的迫切愿望。同时，也与中国的主动引领和积极推进密切相关。中国为推进澜湄合作，实现次区域的繁荣与发展，积极贡献了"中国智慧"和"中国力量"。

第三节　澜沧江—湄公河合作面临的主要问题

相较而言，澜沧江—湄公河合作很大程度上突破了大湄公河次区

---

① 《人文交流是培育澜湄文化的关键》，2018 年 1 月 11 日，中国社会科学网（http://www.cssn.cn/gj/gj_hqxx/201801/t20180111_3810900.shtml）。

域经济合作的发展局限，建构起全方位的合作框架，契合了次区域合作深度发展的趋势。但是，随着次区域各国互动程度的增强和活动的增多，越来越多的问题也逐渐呈现出来。如何进一步发挥经济合作向政治安全、社会文化等领域的"溢出"效应？如何处理好机制建设与次区域国家实际情况之间的平衡？如何处理好域外国家在次区域政治经济格局中的博弈与制衡？等等，都将成为澜沧江—湄公河合作需要审慎面对且急需解决的问题。澜湄合作的深入推进还需要在合作领域、机制建设、合作主导权等方面，实现与次区域合作水平和层次的动态匹配。

一　合作领域有待深化

（一）推进次区域经济和可持续繁荣仍面临较大障碍

深化次区域国家间的经济关系仍然是澜湄合作中的重中之重，作为一个发展中国家占主体的地区，澜湄次区域对经济合作升级的需求更加突出其对经济可持续增长的作用。但是，次区域国家间存在贸易、投资等方面的竞争，经贸合作难以实现有效升级，尽管互联互通等领域有望成为次区域经济合作的新增长点，不过也需要各国进一步深化合作，协力应对新挑战。

1. 全面的次区域消费市场难以形成和扩大

在贸易领域，次区域合作升级的需求主要在于，更深度地消除影响商品、服务自由流动的政策壁垒，通过开展更广泛的合作，以促进与贸易相关领域的全面有序自由化，建立起更高水平的次区域贸易体系，消除次区域国家间商品和服务市场的分割状态，进一步建立起深度融合的次区域消费市场。事实上，经过多年的合作，次区域国家在中国—东盟合作、大湄公河次区域经济合作等平台的推动下，已初步构建起次区域消费市场。然而，次区域消费市场仅是局部形成，且向全面的区域消费市场升级艰难。

一是次区域内国家经济发展水平较低，并且发展不平衡。由于自然、历史、现实等多方面的原因，次区域国家间的经济发展水平存在明显的不平衡。总体来看，中国和泰国的经济发展程度比较高、发展的速度也比较稳定，而越南、柬埔寨等国家近年的发展速度有所提升，但是社会经济发展水平较低。由此，在次区域合作中，各国主要是推进货物贸易市场的开放，在服务贸易以及投资领域的开放程度仍然处于较低的水平。尽管中国—东盟自由贸易区升级版建设，以及区域全面经济伙伴关系协定的推进，有利于提升澜湄次区域市场的构建，但是次区域国家间的关税政策等方面存在的差异性，也使相关问题的谈判难度较大，进而产生政策推进的差异性。并且，在此前的经济合作中，各国所需要支付的主要是降低关税、削减配额等边界调整成本，不需要让渡国家经济主权，也不需要过多地调整国内经济管理体制。但是，要进一步深化合作，提升次区域贸易合作水平，就需要突破这种"低规则成本"的局面，针对涉及国内敏感产业的改革和国家之间的政策协调，各国更加慎重行事。此外，由于次区域内各国在通关便利化等方面也存在差异，进而也影响了次区域市场的扩大和升级。

二是次区域国家经济均属于外向型经济，经济发展对于对外贸易有着较强的依赖性。次区域国家以劳动力密集型、低附加值的低技术产品出口为主，出口市场相似度较高，美国、欧盟、日本等国家和地区是次区域国家共同的主要出口市场，彼此间的竞争较为激烈。中国与湄公河国家主要是参与外部跨国公司的产业链，处于价值链的低端，自身获得的附加价值比较低。次区域国家以最终消费品出口为纽带将自身紧紧地与发达经济体"捆绑"在一起，2008年金融危机发生，警示次区域各国依附域外市场的风险，次区域国家更加深刻地意识到，必须加快培育次区域经济的内生增长机制，推进次区域内部生产和消费的相对平衡，进一步构建次区域消费市场。

目前，各国在构建全面的次区域消费市场的道路上仍然是步履维艰。尽管中国与湄公河国家已经建立起非常紧密的贸易伙伴关系。但是，近年来中国与湄公河五国的进出口贸易总额呈小幅起落的态势，双方互为最终产品市场的情况没有出现明显增长。中国与湄公河国家迫切需要提升双方贸易合作的水平，推动产业内分工，提高参与次区域经贸合作的收益水平。

表 3 - 3　　　　　　　中国与湄公河国家的进出口总额　　　　　单位：百万美元

国家	2014 年			2015 年			2016 年		
	进出口	出口	进口	进出口	出口	进口	进出口	出口	进口
缅甸	24969	9368	15601	15100	9651	5449	12286	8189	4098
柬埔寨	3758	3275	483	4423	3763	667	4061	3930	831
老挝	3617	1840	1778	2773	1229	1547	2347	987	1360
泰国	72621	34289	38332	75460	38291	37169	75727	37195	38532
越南	83636	63730	19906	95849	66017	29832	98276	61104	37172

资料来源：《中国统计年鉴》（2015—2017）。

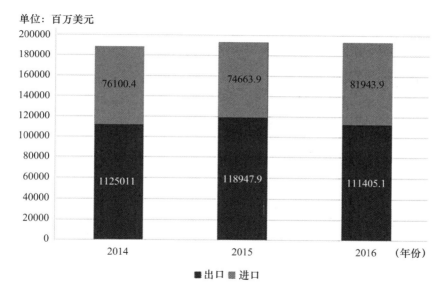

图 3 - 3　中国与湄公河五国进出口贸易总额（2014—2016）

资料来源：《中国统计年鉴》（2015—2017）。

2. 次区域国家间投资合作难以有效升级

在投资领域，合作升级的需求主要在于，更深度地消除影响资本自由流动的政策壁垒，建立起更高水平的区域投资体系，更深度地消除各国投资市场的分割状态，促进生产部门的一体化。未来次区域各国要提升经济合作水平就需要实现从贸易自由化到投资自由化的转变，不仅要为区域内要素流动创造良好的制度条件，还要为要素流动创造更好的外部环境。但是，澜湄次区域深化投资合作遇到的难度比贸易合作更大，问题也更为复杂。

一是低效的区域投资合作机制难以实现高效化。2015 年 11 月，"《中华人民共和国与东南亚国家联盟关于修订〈中国—东盟全面经济合作框架协议〉及项下部分协议的议定书》已经正式签订"①。该协议是中国—东盟自贸区升级谈判成果，主要是通过升级原产地规则、推进贸易便利化等举措，促进双边货物贸易、服务贸易的发展，然而对促进双边投资合作来说，能带来的积极效应仍然比较有限。

另外，从东盟正在积极推进的 RCEP 来看，直接投资是 RCEP 的核心议题之一，旨在促进各成员国放宽外资准入限制，在自贸区之内创造一个更自由、更便捷、更具竞争性的投资环境，以此吸引更多的外国直接投资。但是，鉴于东盟成员国经济发展水平的差异性和多样性，东盟与 RCEP 其他成员国已签订的 5 个 "10＋1" 自贸协议，其中虽然多包含投资协议或投资章节，不过内容仍以投资促进和投资保护为主，对于投资便利化涉及不多，更是较少涉及投资自由化的内容，较少给予外资实质性的开放待遇。相较而言，东盟国家对于服务业的自由化程度要低于制造业的自由化程度。这说明 RCEP 既是传统意义上的区域经济合作形式，也是传统意义上的区域经济一体化路径，其对于区域投资体系建设有积极影响，有助于部分地突破澜湄次区域高水平投资合作的困境，但整体来看，目前已有的投资合作机制难以实现高效化。

二是次区域国家的投资环境有待完善。澜湄次区域的市场充满机会，但是就投资经商环境而言，还需要更进一步的提升和改进。世界银行发布的《2018 年全球经商环境报告》通过调研世界上 190 个国家及地区，列出各国经商环境排名。其中，泰国位列第 28 名，越南位列第 68 名，中国位列第 78 名。而柬埔寨、老挝、缅甸则分别位于第 135 名、第 141 名和第 171 名。② 这已经是世界银行连续 15 年发布《全球经商环境报告》，其主要研究方向为政策效率，即开设公司难

---

① 《中国—东盟自贸区升级版正式签署》，2015 年 11 月 23 日，中国政府网（http://www.gov.cn/zhengce/2015-11/23/content_ 2970662. htm）。

② Doing Business 2018，The World Bank，http://www.doingbusiness.org/ ~ /media/WBG/DoingBusiness/Documents/Annual-Reports/English/DB2018-Full-Report.pdf.

易程度、财产转移、解决贸易争端、进出口商品检查时长、电力供应申请，以及其他投资者在国外投资所面临的系列问题等。按照世行的评分标准，泰国获得了77.44分，并且居于改善经营环境的前十位，泰国投资环境得到改善和提升，主要得益于政府非常重视公务电子化、智能化的普及力度，极大提升了政府办事效率，以及进出口贸易交易程序效益率。相较次区域的其他国家间的投资合作，中国和泰国的相互投资更为紧密，在2016年中国对泰国的投资出现了大幅的增长。

越南近年来也非常注重加快推动行政改革，改善投资经营环境等，取得了积极成效，中国与越南的投资合作也日趋紧密。过去，中国在越南外资来源国家或地区排名中很少进入前五，在越南的累计投资远远落后于日本、韩国等国家。但是，随着越南投资环境的改善，特别是越南加入TPP之后，双方的合作出现较快增长。2017年中国首次成为越南第四大投资来源国，协议金额达21.7亿美元，284个新增投资项目，83个追资项目，817个注资或购买股份项目。[①] 中国与缅甸、老挝和柬埔寨有着比较密切的投资合作，但是，这三国的投资环境、法律法规等制度体系等因素也制约和影响了双边投资合作的深化和拓展。根据《2018年全球经商环境报告》，柬埔寨和老挝的得分分别为54.47分和53.01分，而缅甸仅为44.21分。[②] 这三个国家在吸引外资方面处于明显的劣势，制约了其经济水平的增长。

三是中国企业需要提升和改进投资合作方式。随着近年中国企业进入湄公河国家的数量增长，泰国、越南、缅甸等国家政府和民间团体也日益关注中国企业对当地经济社会的影响。一些企业经营的方式和方法不当，造成了一定的负面影响，也不利于中资企业成长。2014年6月，泰国总理巴育接待中国企业代表时提出五点希望："一是要以所在国的利益为重；二是要增加当地民众的福祉；三是要提高所在国原材料的附加值；四是要保护所在国的环境；五是拓展所在国

---

① 《中国加快对越南投资步伐2017年新增投资项目284个》，2018年1月5日，中国一带一路网（https：//www.yidaiyilu.gov.cn/xwzx/hwxw/42720.htm）。

② *Doing Business* 2018, The World Bank，http：//www.doingbusiness.org/~/media/WBG/DoingBusiness/Documents/Annual-Reports/English/DB2018-Full-Report.pdf.

的发展潜力。最后他还强调了另外一点，要求中国企业家行事透明化，讲究规则。"① 事实上，这在很大程度上代表了东盟国家政府，以及民众对中资企业的认知和要求。今后澜湄合作的相关项目中应该

图 3 - 4　中国与泰国双边投资总额（2012—2016）

资料来源：《中国统计年鉴》（2013—2017 年）。

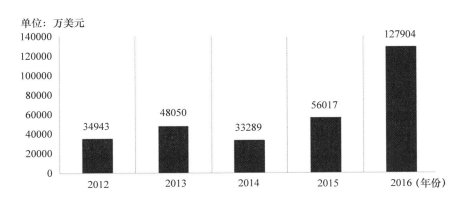

图 3 - 5　中国对越南直接投资净额（2012—2016）

资料来源：《中国统计年鉴》（2013—2017 年）。

---

① ［泰］汤之敏、谢捷魁：《升级版中国—东盟自由贸易区：中南半岛东盟国家的视角》，《东南亚纵横》2014 年第 10 期。

得到更好的体现，促进企业经济效益与当地经济社会共赢发展。

3. 次区域基础设施互联互通建设推进缓慢

在澜湄次区域，老挝、柬埔寨、缅甸等国对于改善基础设施、提升互联互通水平有着较为迫切的需求。并且，由于国际金融危机的影响，基础设施对于刺激经济复苏和提供就业机会的重要性和紧迫性大幅提升，次区域基础设施互联互通有望成为次区域经济发展的新增长点，有助于各国之间经济走廊的建设和推进，但是当前加强次区域设施互联互通建设也面临着诸多障碍。

一是次区域互联互通缺乏系统的融资安排。在互联互通建设的融资方面，尽管次区域国家及相关地区性组织做了很多努力，但是仍然面临融资方式过于单一、私营部门参与不足、资金缺口大等问题和挑战。首先，次区域互联互通融资方式过于单一。长期以来，次区域的互联互通建设依赖于中国、日本、亚行等国家和国际组织提供的优惠贷款和援助资金的支持。但是，基础设施互联互通等项目往往规模大、建设周期长，目前这种单一的融资渠道，以及有限的融资额度很难满足次区域的发展需求。

其次，次区域内私营部门对基础设施互联互通建设的参与度较低。次区域互联互通融资方式主要由公共部门主导，私营部门参与不足。原因在于互联互通基础设施建设属于公共产品，具有资金需求大、收益小、回收期长的特点，这导致难以引入民间资本。然而，次区域国家间的互联互通建设离不开广泛的区域协调、良好的投资环境、稳定的金融市场，以及次区域公私部门的紧密合作。欧盟的经验已经充分证明，仅仅依靠公共部门是不可能完全满足基础设施互联互通的资金需求，而能否获得私营部门的融资则依赖于区域金融市场的发达程度、稳定性，以及其调动本区域国内储蓄的有效性。但是，就次区域目前的发展情况来看，前景并不乐观。

最后，次区域互联互通存在较大的资金缺口。据亚洲开发银行（2009）估计，GMS 在交通领域有 73 个项目，估计总投资为 183 亿美元；在能源领域有 32 个项目（60 亿美元）。[①] 虽然有"中国—东

---

① 亚洲开发银行研究院编：《亚洲基础设施建设》，邹湘、智银凤等译，社会科学文献出版社 2012 年版，第 20 页。

盟投资合作基金""澜湄合作专项基金"等，可以对次区域基础设施互联互通建设给予一定的资金支持，但是相对次区域基础设施互联互通的发展需求来说仍然存在很大的不足。泛亚铁路等大型基础建设项目存在资金缺乏的困境，特别是在柬埔寨、缅甸等国家的基础设施建设更是受到"资金瓶颈"的制约。

二是次区域基础设施互联互通存在多重动态国际博弈，面临较大的地缘政治约束。首先，湄公河国家对中国的地位存有疑虑。近年来，中国不断推进基础设施互联互通建设，逐步发展成为亚洲地区的核心枢纽。但是，由于基础设施互联互通合作中隐含着地缘政治与安全的深层次制约因素，一方面湄公河国家希望借力中国推进基础设施建设，促进本国经济增长和社会发展。另一方面又担忧会因此产生对中国的依赖性或引发经济安全问题，由此与中国合作推进互联互通的政治意愿不足，影响和制约次区域互联互通合作项目的顺利开展。

其次，澜湄次区域基础设施互联互通建设面临复杂的大国博弈。澜湄次区域是国际政治经济体系较为复杂和微妙的地区，存在多重动态国际博弈，互联互通建设必然要考虑地缘政治的各种约束及其相关的影响。中泰铁路背后的"一波三折"就折射出大国博弈对次区域合作的影响。日本在促进湄公河流域互联互通方面，一直强调和力推"东—西经济走廊"和"南部经济走廊"建设。而美国连续多年成为对湄公河地区的投资大国，其重返亚太战略的实施，也使得澜湄次区域的国际博弈格局更为复杂，次区域互联互通建设面临更大阻力。

（二）拓展次区域政治安全合作仍有重重障碍

一般而言，国家间在经济和技术领域的合作相对更易实现，而在政治和安全领域的合作难度更大。澜湄合作涉及次区域多个国家，各国利益多元化，政治安全互信不足等因素影响合作的推进，即使是在次区域国家都非常关注的水资源安全等领域，仅有共同利益的存在，并不能够保证国家之间能够顺利展开合作。

1. 次区域国家间的政治互信关系有待加强

就国家综合实力而言，次区域内大国与小国之间权力不对称，弱国对强国存在忧惧情绪。面对中国的快速发展和实力的相对上升，湄公河流域的国家有着比较复杂与矛盾的心态。一些国家既希望搭上中国经济发展的便车，使本国的经济得到发展。同时，由于本国在国土面积、人口数量、综合实力等方面与中国有着巨大的差距，由此对中国提出的合作倡议、合作项目怀有畏惧和戒备心理，将"一带一路"、亚洲基础设施投资银行等，都视为中国牟取自身利益的工具。"再加上，湄公河国家的中小企业难以成功进入中国市场，也造成了部分国家对中国抱有疑虑。这种疑虑还伴随着一种担忧，就是即便能够互惠，也不一定能实现合作各方对经济收益的平等共享。"① 对于澜沧江—湄公河合作机制，湄公河国家也有着不同的声音，主要是担心自身利益受损。在以往的交往与合作中，湄公河国家通过积极参与多重机制来构建和维护自身利益，获得资金和技术的支持，并表现出既不希望全面倒向中国，也对西方国家在本区域的活动保持警惕，试图通过推行"大国平衡"策略来获取利益并提高自身地位。在今后的合作中，也必不会放弃这一策略而全力参与和支持澜沧江—湄公河合作的建设。

2. 水资源安全领域的困境难以破解

在气候变暖、水资源稀缺性危机不断加重的时代背景下，水资源安全日益成为中国与湄公河国家关系的重要内容。目前次区域各国面临的突出问题，就是如何协调水电开发与生态保护之间的关系，推进澜沧江—湄公河流域的综合治理，这也是世界上其他国际河流流域国在水资源开发过程中同样面临的难题。

应该看到，国际河流水资源综合治理，已超越了单纯的开发与利用问题，涉及更为广泛也更加复杂的安全、外交等议题。首先，跨境水资源开发和利用可能引发一系列的政治经济、社会文化、生态环境等严重后果。次区域国家间水资源开发和利用的重点存在结构性差异，上下游国家间及下游国家间，有着不同的利益诉求和政策主张，一些争议性问题已成为影响合作深化的主要障碍。其次，由于"域外的一些国家企图在水资源开发及生态保护等敏感问题上，制造国际舆论，挑拨中国与湄公河国家的关系，以达到制衡中国的目的"②。

---

① ［泰］Chayodom Sabhasri、Piti Srisangnam：《澜湄合作：从"信任危机"到"可持续的信任建构过程"》，王海峰、蓝襄云译，《中国—东盟研究》2017 年第 2 期。

② 郭延军：《湄公河水资源治理的新趋向与中国应对》，《东方早报》2014 年 1 月 17 日第 14 版。

这也在很大程度上增加了澜沧江—湄公河流域水资源治理的难度。

从国际范围来看，国际河流流域国间的水资源治理合作水平，可以由低到高大致分为四个层次："一是建立信息共享和交流机制；二是谈判达成双边或多边水条约；三是建立局部流域管理机构，主要进行水量测评，或者联合进行水利工程开发；四是在条件成熟时达成全流域条约，建立和运作全流域管理机构，最终实现一体化管理。"①在澜沧江—湄公河合作的平台下，次区域国家间开展的技术与数据交流仍属于层次较低的合作。从目前来看，澜湄次区域尚不具备成熟的条件来制定一项统一的，且具有广泛约束力的政策框架。当前，澜沧江—湄公河合作应该循序渐进，逐步由协调（如信息共享）到协作（探索制订适应性强的国家计划），再到联合行动（如共同拥有基础设施的所有权）。现阶段可开展以项目为主导的务实合作，在项目规划和运行中，要充分考虑利益相关方的诉求，构建合理的补偿和分享机制。②

3. 南海问题难以真正实现和解

在次区域合作中，领土争端易引发地区危机，进而破坏区域整体的和平与安宁。在澜湄次区域，中越南海争端是影响合作深化的不利因素。不过，自澜沧江—湄公河合作成立以来，南海形势总体向好，中国与越南的合作更加紧密。2017 年 11 月 10 日至 13 日，中国国家主席习近平对越南进行国事访问期间，双方发表了《中越联合声明》指出："双方一致同意继续全面、有效落实《南海各方行为宣言》，在协商一致基础上，早日达成'南海行为准则'；管控好海上分歧，不采取使局势复杂化、争议扩大化的行动，维护南海和平稳定。"③两国就和平解决南海主权纠纷达成共识，有着重要意义，也有助于中越全面战略合作伙伴关系的推进。

但是，现实层面的一些困难仍然阻碍中越在南海实现真正的

---

①　郭延军：《中国参与澜沧江—湄公河水资源治理：政策评估与未来走势》，《中国周边外交学刊》2015 年第一辑。

②　郭延军：《湄公河水资源治理的新趋向与中国应对》，《东方早报》2014 年 1 月 17 日第 14 版。

③　《中越联合声明》，2017 年 11 月 13 日，新华网（http://www.xinhuanet.com/2017-11/13/c_ 1121949420. htm）。

"和解"。首先，中国缺乏有效举措来保障越南履行承诺。事实上，如果越南在没有与中国协调的情况下，擅自采取措施致使南海局势升温，中国很难对越南采取实质性惩罚措施以遏制其违规行为。其次，尽管越南表示同意与中国开展海上合作，探讨共同开发南海油气资源的可行途径。但是一直以来越南对"共同开发"持抵触立场，还企图通过引入美国、日本、印度等域外势力，提升其在南海争议海域进行违法开发的合法性。由此，就需要中越就双方的老难题继续进行磋商，并切实拿出实际行动来支持合作进程。只有在合作承诺逐步实现，行动逐步实施的情况下，次区域才能有和平稳定发展的良好局面。

（三）社会文化领域的障碍

相比经济—可持续发展、政治—安全合作，澜沧江—湄公河合作在社会文化领域有着更良好的基础。但是，次区域各国在政治制度、意识形态、发展水平等方面也存在着多样性和差异性，域内国家间的一些历史恩怨和现实竞争，加之"中国威胁论"的沉渣泛起，也在很大程度上影响了区域认同的形成。

1. 次区域国家间文化传统和思维方式的差异

次区域国家在宗教、文化方面有较大的异质性，共同价值基础也相对薄弱，阻碍了相互信任程度的提升。相较而言，中国深受儒家文化的影响，比较注重现世作为，谋求主动发展。但是在泰国、老挝、缅甸、柬埔寨等国家，佛教文化深刻影响着人们的思维乃至国家的发展战略。在这些国家里，宗教活动是日常生活的重要组成部分，很多人愿意花很长的时间去念佛、冥想，对眼下的生活状况容易产生满足感。① 由此观之，次区域国家间在思维方式、文化性格方面存在着较大的差异，如果不能站在跨文化角度思考，不能从对方文化思维方式的角度考察，就很容易在交往与合作中造成误解、冲突。

在这一方面，应该更多地借鉴欧盟的经验。欧盟之所以能够成为地区深度合作的典范，成员间良好的政治文化融合就是其中的重要因

---

① 赵姝岚、王国平：《大湄公河次区域合作的制约因素分析——以昆曼通道为例》，《亚非纵横》2014 年第 5 期。

素。但也应该看到一些核心成员国的问题一直没有得到妥善解决，尤其是英国"离心化"问题等，最终影响了欧盟深度一体化进程，陷入了深化困境。2016 年 6 月英国通过全民投票决定退出欧盟，对欧洲一体化造成重挫。不可否认，其中有民粹主义对精英政治制度挑战的影响，但是英国根深蒂固的大陆均衡政治传统，以及民众普遍在政治文化方面对欧洲大陆地区的不认同也是重要原因。这也给澜沧江—湄公河合作的发展带来重要启示，即仅仅依靠顶层设计来完成深度融合发展已经被证明不可行，必须在制度化设计上辅以民间力量的协调。

2. "中国威胁论"在次区域依然存在

在澜湄次区域国家间关系的构建中，安全信任缺失是一个突出的问题。尤其是，中国与湄公河国家在综合实力、国土面积等方面存在巨大差异，"中国威胁论"一直有存在的土壤。加之西方国家的影响，次区域内一些国家在安全认识上认为中国是战略上的竞争对手和潜在的政治局势上的敌人。"中国威胁论"在湄公河国家中主要有三个方面的影响："一是部分国家担心随着中国的崛起，中国将同美国、日本争夺在本地区的影响力，导致地区局势紧张。二是中国在东亚合作中发挥日益重要的作用，部分国家担心中国将会冲击东盟在地区合作中的中心地位。三是部分国家担心随着中国军事实力的增强，会采取武力的形式解决南海问题。"[1] 为此，一些国家还积极引入其他大国进入本地区，以实现战略平衡。这些因素不利于澜沧江—湄公河合作的推进，影响了各方参与合作的诚意和力度。

目前看来，澜湄合作旨在构建"澜湄国家命运共同体"的主观心理基础还比较缺乏。这也就意味着，澜湄国家命运共同体的建设将是一个制度先行，而非心理因素先行的过程。在这一进程中，如何通过制度的方式，培育足以支撑共同体相关制度安排进一步发展的主观基础、心理基础，就成为一个非常现实和迫切的问题。[2]

---

① 唐文琳、唐明知：《中国—东盟命运共同体背景下互联互通的建设》，《广西大学学报》（哲学社会科学版）2016 年第 5 期。

② 周方银：《共同体与东亚合作》，《世界经济与政治》2009 年第 1 期。

二　机制建设尚未完善

次区域合作的深化与发展，需要相应的机制来予以保障。澜沧江—湄公河合作如何完善机制建设，使次区域各国从合作中切实获得实惠？如何协调与域内外相关合作机制的关系，降低各方参与合作的成本，提高合作效率？这些都是在机制建设上面临的突出问题。澜沧江—湄公河合作需要通过完善自身机制建设，提高机制的影响力和吸引力，真正赢得次区域国家的信任与支持。

（一）澜湄合作自身的机制建设有待完善

澜沧江—湄公河合作已经搭建起四个层级的会议机制，各领域及各层次的合作项目也已初步具备政策支持和制度保障。澜湄合作还计划将优先领域联合工作组级别逐步提升至高官级或部长级，并探讨建立澜湄合作国际秘书处，进一步从制度建设上保障澜湄合作的稳步推进。澜湄合作在机制建设方面发展势头良好，但是需要更加准确认识和把握次区域国家及地区发展的实际情况。

澜湄次区域各国在机制建设方面向来以循序渐进、"软约束"、"照顾各方舒适度"为原则，澜沧江—湄公河合作的建设也不可能骤然提高合作的制度化水平。毕竟，次区域内的民族国家建设任务还远未完成，国家主权依然很受重视。各国政府积极干预经济和社会发展，不接受社会行为体过多分享权力。正如迈尔斯·卡勒的分析指出："受东盟的影响，东亚区域制度的特点大多遵从了一种相同的样式。即使有永久秘书处的存在，政府往往也不情愿将权威过多地授予这些组织。"[1] 澜沧江—湄公河合作不具备强制性特征，对各成员没有形成有力的约束，也缺乏争端解决机制，这就使得其效果大打折扣。

（二）澜湄合作与次区域内外相关机制的关系处理

长期以来，澜湄次区域内存在着多种合作机制，并且各具优势和特点，在次区域的发展进程中发挥了不同功效，满足了多层次的需求

---

① Miles Kahler, "Weak Ties Don't Bind: Asia Needs Stronger Structures to Build Lasting Peace", *Global Asia*, Vol. 6, No. 2, 2011, p. 20.

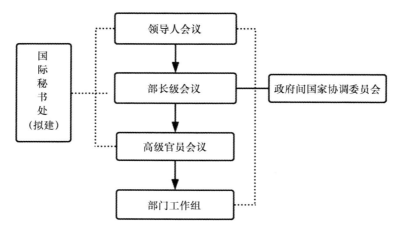

图 3 - 6　澜沧江—湄公河合作机制图
注：根据相关资料绘制。

与各方的利益。虽然相较其他合作机制，LMC 不乏自身优势，但是如何处理与 GMS 等机制的关系，如何与次区域内外的国家、国际组织有效地展开合作等问题，在澜湄合作的机制建设进程中无法避免。

第一，如何妥善处理澜湄合作与次区域国家组建的其他多个合作机制的关系。除了大湄公河次区域经济合作、湄公河委员会以外，次区域内还有东盟—湄公河流域开发合作、伊洛瓦底江—湄南河—湄公河经济合作战略组织等。这些机制大多以澜沧江—湄公河为依托，在多个领域推动了地区合作深化的进程。澜沧江—湄公河合作契合了次区域深度融合的需求，在次区域众多机制中脱颖而出。然而，澜沧江—湄公河合作作为"新机制"，是否会冲击甚至是取代"老机制"，成为相关各方关注的焦点问题。特别是，LMC 与 GMS 的组织成员一致、合作议题、合作议程交叉重叠，两者的关系备受关注。澜沧江—湄公河合作如何处理与本地区既有合作机制的关系，有效发挥自身优势，成为当前面临的突出问题。

第二，如何处理澜湄合作与中国—东盟合作的关系。从机制层面来看，LMC 与中国—东盟合作的关系也比较微妙。两者在成员国、合作领域等方面存在交叉重合，前者如果是在后者的合作框架之下，则意味着 LMC 各届领导人会议除了在中国举办之外，应当在东盟轮值主席国，或是在中国—东盟关系协调国举办。但是，当年的东盟轮值主席国并不是必然由湄公河国家担任，前一种选择并不具有很强的现实性，后一种选择固然有更大的灵活性，但也存在一个比较突出的问题。即，以往此类会议一般局限于高官会议，或联合工作组会议，较少达到部长级层面以上。澜沧江—湄公河合作逐步机制化，但是就其机制层级来看，其采取的是与大湄公河次区域合作类似的模式，单独举行各层级的会议。可以看到，澜沧江—湄公河合作相较中国—东盟合作，虽然是次区域层面的合作，但充分体现出中国与湄公河国家更为紧密的合作关系，以及中国对湄公河国家积极的外交政策新倾向。①

事实上也是如此，中国同湄公河流域各国都已建立全面战略合作伙伴关系，有着良好的合作基础。② 不过长期以来，东盟都非常关切其在东亚地区多边合作中的核心地位，担心在地区合作中的发言权和主动性遭到削弱。现在，澜沧江—湄公河合作在各成员国间轮流举行领导人定期会议，且没有包含所有的东盟成员国，也使得部分东盟国家担心会削弱东盟的影响力，甚至担忧澜沧江—湄公河合作会影响东盟国家的团结，冲击东盟一体化建设。对此，澜沧江—湄公河合作应予以重视并妥善处理。

第三，如何处理澜湄合作与域外大国同湄公河国家组建的合作机制的关系。在中国综合国力不断崛起的背景下，美国、日本、韩国等国家相继增加在湄公河流域的投入。域外大国一方面希望进一步密切与湄公河国家的关系，增加本国在该地区的获益；另一方面希望能够牵制中国在该地区日益增长的影响力。2009 年 7 月，美国同柬埔寨、老挝、泰国和越南共同召开"美国—湄公河下游国家部长会议"，启动了"湄公河下游倡议"（Lower Mekong Initiative，LMI）。③ 在 2012

---

① 周士新：《澜沧江—湄公河合作机制：动力、特点和前景分析》，《东南亚纵横》2018 年第 1 期。

② 《李克强在澜沧江—湄公河合作首次领导人会议上的讲话》，2016 年 3 月 23 日，澜沧江—湄公河合作中国秘书处（http：//www. lmcchina. org/zywj/t1511256. htm）。

③ Lower Mekong Initiative FAQ's，State. gov，http：//www. state. gov/p/eap/mekong/faq/index. htm.

年，缅甸也正式加入了该项合作。美国主要与湄公河国家在农业和食品安全、教育、能源安全、环境和水资源、健康等领域展开合作。在2018年8月举行的第11次"湄公河下游倡议"部长级会议上，各参与方为了进一步深化合作关系，通过了LMI结构的改进计划，并将性别平等、妇女赋权和公私伙伴等纳入合作内容，还审议通过LMI行动计划。

　　2009年11月，首次"日本—湄公河国家首脑峰会"召开，创建了日本与湄公河国家间的新机制。经过十年的发展，日本对湄公河地区的新经济外交模式逐步成型。在《新东京战略2015》中，日本就提出为湄公河国家提供约7500亿日元的援助，主要支持基础设施建设、应对气候和环境变化等。近年来，日本的政府开发援助主要投入在越南和缅甸。越南是日本企业投资增长最快的国家之一，缅甸实施政治经济转型后，日本也重启对缅甸的政府开发援助，双方合作日益紧密。[①] 在2018年10月举行的第10次"日本—湄公河国家首脑峰会"上，会议通过《东京战略2018》，日本与湄公河国家将围绕构建高质量互联互通、以人为本的社会、实现绿色发展等三大支柱，不断深化合作。

　　2011年10月，韩国推动建立了"韩国—湄公河外长会议"机制，主要通过资金和技术支持，帮助湄公河国家加强基础设施建设、缩小地区发展差距，提升可持续发展能力等。[②] 韩国在该机制下设立了专项合作基金，2013年至2017年，韩国已经为湄公河地区的发展提供了430万美元的资金援助。2018年8月第八届韩国—湄公河外长会召开，韩国强调了将加强与湄公河国家的合作，各国外长就2019年举行首届韩国—湄公河领导人会议的可能性达成一致，计划对合作机制进行升级，进一步密切合作。

　　总体来看，由于湄公河国家的经济和社会发展水平较低，美国和日本等国都将基础设施、民生发展、环境保护等领域作为合作的重

---

　　① 白如纯：《"一带一路"背景下日本对大湄公河次区域的经济外交》，《东北亚学刊》2016年第3期。

　　② 《首届韩国—湄公河国家外长会议在首尔举行》，2011年11月8日，中华人民共和国商务部（http://www.mofcom.gov.cn/aarticle/i/jyjl/j/201111/20111107819095.html）。

点，相继在这一区域增加资金和技术投入，这一地区也已经成为大国竞相博弈的热点地区。澜沧江—湄公河合作如何协调好与这些机制的关系，如何在机制林立的澜湄次区域提升自身的影响力和吸引力，成为澜湄合作面临的突出问题。

三　合作主导权有待提升

相对而言，区域合作主导权和区域公共产品供给之间存在着较为积极的关联，寻求合作主导权的国家必然积极提供区域性公共产品，进一步保障合作的深化与发展。一方面，增加区域公共产品供给是获得合作主导权的重要途径；另一方面，紧密的区域合作是有效发挥区域主导权的基础。从澜湄次区域的发展现实来看，任何国家都不具备单独承担区域公共产品供给成本的能力，只有通过分担成本才能有效突破"搭便车"的困境。次区域国家的现实选择就是致力于打造"共商、共建、共享"的新型次区域合作机制。不过，由于次区域各国综合实力有别，对公共产品供给成本的敏感性也各有差异，这使得澜沧江—湄公河合作各参与方有必要设计更为合理的分担机制，才能保障合作主导权的有效发挥。

（一）中国对澜湄合作的重视和投入

应该看到，对于小国或者经济薄弱的国家而言，其参与次区域合作是为了获得更多的经济利益，而在非经济方面，如打击恐怖主义、毒品走私、跨国犯罪、保护生态环境等问题上，往往因实力不允许而相对较少关注；对于大国或者经济实力较强的国家而言，则不仅仅是为了经济利益的实现，还为了维护国家和地区安全。澜沧江—湄公河合作各参与方之间有着较大的发展差距，湄公河流域的一些国家由于内部资源有限，对国内的公共产品供给尚且有心无力，在区域公共产品供给方面更是力不从心，这就决定了与实力相匹配的责任和道义支持对实现次区域深度融合的积极作用。

作为区域性大国，中国正在为深化次区域合作提供更多的公共产品。事实上，在澜沧江—湄公河合作建设和发展进程中，中国也已经是提供公共产品最多的一方。中国通过发挥地缘、资金、技术、人才等优势，适时提供符合次区域深度融合的高质量公共产品，深化互联互通、环境保护、医疗卫生等领域的合作，推进澜沧江—湄公河合作建设，促进次区域经济和社会的发展。在公共产品受惠面上，契合了地区发展的需求，不仅使各国政府受惠，还注重惠及次区域国家的普通民众，促进了次区域共同利益的形成和分享。

但是，区域公共产品的生产和供给本身就是一项长期而艰巨的任务。在次区域深化合作的进程中，"搭便车"必然带来外部性问题，影响制度效率并导致整体福利下降，澜湄次区域的深度融合发展也概莫能外。中国虽然已经发展成为世界上第二大经济实体，但也不可能承担其他国家免费"搭车"的全部成本，在合作中只能量力而行。特别是基础设施建设等大型工程，往往投入大，回收期长，一旦合作项目全面铺开，中国也很难单方面承受，只能适度提供公共产品。因此，中国将在多大程度上为 LMC 提供资金、市场、人才技术等支持，也是 LMC 发展进程中面临的重要问题。

（二）湄公河国家对澜湄合作的参与和支持力度

澜沧江—湄公河合作的提出和形成，反映了各参与方推动次区域合作的共同愿望。同时，LMC 也成为中国在"一带一路"倡议下创新合作模式和机制建设上所取得的积极成果。但是，单纯地依赖中国获得合作的持续性动力是不现实的，对于澜沧江—湄公河合作来说，也不是最佳的发展路径。空间经济学理论指出，这种围绕核心大国的深度融合，在合作进程中极易形成"核心—边缘"模式，由于核心国家开放了大市场，能够有效提升边缘国家的短期福利；而长期一旦依附性结构形成，核心国家的福利增长则更为明显。从实践层面来看，北美自由贸易区的现实发展也基本证实了福利分配的变化。由此，LMC 需要探索更加理想的合作方式。

未来，澜沧江—湄公河合作在区域公共产品供给方面，应由各国在合作框架内，确定成本分摊比例，共同承担的"联合供给模式"更为可取，也是更为现实和更具可持续性的选择。从次区域内国家的角度来看，次区域合作的发展目标应该是，可以独立自主地供给次区域发展所需的公共产品，补充供给不足的全球公共产品。当前，次区域国家应该以互补互利为动力，共同促进澜湄地区的和平与繁荣，才能真正建成"命运相连、政治互信、经济共进、社会文化共生"的澜湄国家命运共同体。

小　结

"澜沧江—湄公河合作"机制的建立，正是中国与湄公河国家依据国际和地区复杂而深刻的形势变化，立足于次区域发展的新需求和新目标，致力于建立高水平、高层次的合作关系，促进次区域国家深化合作、共克时艰、共谋发展而做出的积极努力。

澜沧江—湄公河合作确立以政治—安全、经济和可持续发展、社会—人文为合作支柱，建立起全面的合作框架，契合了次区域合作深度发展的趋势。在各方的积极参与下，澜沧江—湄公河合作在机制建设、互联互通、金融支撑、民心交流等方面取得积极成果，从最初的"培育期"迅速进入"成长期"。澜沧江—湄公河合作展现出勃勃生机和巨大发展潜力，对次区域的建设和发展影响深远。

不过随着合作的深化，澜湄合作面临的主要挑战也逐步凸显：一是合作领域方面。澜湄次区域各国都是发展中国家，对经济合作升级的需求更加突出其对经济可持续增长的作用。但是，次区域国家间存在贸易、投资等方面的竞争，经贸合作难以实现有效升级。在政治安全、社会文化领域的合作也同样面临重重挑战。二是机制建设方面。澜沧江—湄公河合作面临如何完善自身机制建设，协调处理与域内外相关合作机制的关系等问题。三是主导权方面。次区域各国综合实力有别，如何在澜湄合作机制下合理分担次区域公共产品的供给成本，以实现次区域公共产品的有效供给，保障合作主导权的有效发挥。总体而言，要实现更高的目标，往往意味着更高的成本和代价，澜沧江—湄公河合作机制需要发挥出自身的优势和特点，不断提升机制的影响力，切实推进次区域的繁荣与稳定。

第四章

大湄公河次区域经济合作
与澜沧江—湄公河合作的比较

本章主要在前两章的基础上，对大湄公河次区域经济合作与澜沧江—湄公河合作进行系统比较。纵向上，主要从时代背景、发展历程、主要成果、主要困难进行比较，分析两项机制的特点，全面把握我国与湄公河国家间的次区域合作发展的新趋势。横向上，主要从合作领域、机制建设、合作主导权三个维度，探究两项合作机制各自的优势和不足。在比较分析的基础上，进一步探讨两项机制之间的关系，提出我国的策略选择。

第一节　GMS 与 LMC 的比较

如前所述，随着中国与湄公河国家经贸往来不断增长，次区域国家间的合作内容更丰富，相关问题也日益凸显，以经贸合作为支柱的关系结构，显然不符合次区域繁荣稳定与可持续发展的强烈需求。然而，GMS 经过二十多年的发展已基本成型，在提升合作层次、拓展合作领域、完善机制建设等方面举步维艰。可以说，多重因素造成了次区域合作的发展瓶颈，仅凭次区域内任何一国之力都难以解决和根治，合作提质升级需要各国的合力。2016 年 3 月，澜沧江—湄公河合作的正式建立，是次区域既有合作模式的创新，其特点在于合作领域具有全面性，合作机制具有集中性，合作主导权具有内生性，且有重点地破解大湄公河次区域经济合作的困境。

一　GMS 与 LMC 的纵向比较

大湄公河次区域经济合作与澜沧江—湄公河合作的纵向比较，主要是针对两项机制成立的时代背景、发展进程、合作成果，以及面临的主要困难进行，虽然在这些方面难以进行定量分析，但是对于系统、全面地认识二者间的关系有着重要的意义。

（一）时代背景

"每一段国际关系的形成，每一个国际体系的建立，都带有鲜明的时代印记，也必须随着时代发展不断创新完善，否则就会跟不上时代脚步，甚至会失去它的先进性和合理性。"① 无论是大湄公河次区域经济合作，还是澜沧江—湄公河合作，二者都是时代发展的产物，并随着时代的变化而发展进步。

大湄公河次区域经济合作契合了冷战结束后，澜沧江—湄公河流域六国迫切希望抓住新的历史性机遇，促进本国和本地区发展的需求。这一时期，经济全球化和区域化的加快，也为合作机制的建立提供了积极动力。次区域国家间外交关系的恢复为建立和深化地区合作奠定良好基础。亚洲开发银行适时"牵线搭桥"，为六国成功搭建起多边合作平台，旨在通过发挥次区域内丰富的资源优势，深化经贸合作，改善各国基础设施建设，提升次区域经济和社会的发展水平。

澜沧江—湄公河合作则是契合了国际金融危机之后，次区域六国面临次区域合作可持续性发展的现实困境，迫切需要推动合作升级的新需求。2008 年国际金融危机的爆发及蔓延，"逆全球化"风潮愈演愈烈，全球政治经济格局进入深度调整期，给澜湄次区域的发展带来了巨大冲击。在新的发展阶段，次区域各国有着更高的市场、政治安全，以及社会认同等多方面的利益诉求。并且在次区域内，随着中国综合实力的提高，国际地位的不断上升，中国更加强调自身对国际社会的责任和担当，在促进全球和地区治理，以及国际体系建设中日益主动发挥作用，也更加重视与周边国家和地区实现利益深度融合。由

---

① 王毅：《构建以合作共赢为核心的新型国际关系》，《国际问题研究》2015 年第 3 期。

此，次区域六国共同推进澜沧江—湄公河合作的建立和发展，使其成为次区域内首个由六国共同创建的合作机制。

从1992年大湄公河次区域经济合作的创建，到2016年"澜沧江—湄公河合作"机制的正式建立，这样的发展变化，正是次区域国家依据国际和地区发展的新形势，立足于次区域发展的需求和目标，致力于建立高水平、高层次的合作关系，为促进次区域国家深化合作、共克时艰、共谋发展而付出的努力。六国通过合作，正在努力构建一个和平稳定、持续繁荣和富有活力的澜湄次区域。

（二）发展历程

大湄公河次区域经济合作自1992年首次部长级会议的召开，正式开启了澜沧江—湄公河流域六国携手合作的步伐。此后历时十年的时间，推动GMS首次领导人会议在2002年举行，成功将合作上升至六国领导人层面。首次领导人会议审议通过的《未来十年战略框架》，指导次区域各国深化和推进了次区域合作经济和社会的发展。2011年，第四次领导人会议通过《新十年战略框架（2012—2022）》，引领次区域各国把握发展新机遇，应对新挑战，有力地推进次区域的繁荣与发展。

澜沧江—湄公河合作则在机制建设方面更为迅速。2014年11月六国达成创建次区域合作新机制的共识，2015年11月首次外长会议顺利召开，2016年3月首次领导人会议顺利举行，六国领导人共商发展大计，共绘合作蓝图。2018年1月，第二次领导人会议在柬埔寨金边召开，会议发表《澜湄合作五年行动计划（2018—2022）》，澜沧江—湄公河合作迅速实现由"培育期"向"成长期"跨越。

不可否认，澜沧江—湄公河合作发展的速度更快，效率更高。但是澜沧江—湄公河合作本身不是无源之水，无本之木，澜沧江—湄公河合作能够得以建立，乃至此后顺利进入发展的"快车道"，可以说，与大湄公河次区域经济合作的成功实践有着密不可分的关联。大湄公河次区域经济合作二十多年的发展历程，为六国提供的不仅仅是合作与协商的平台，更是增进了六国加强合作的共识和信心，既提供了合作模式与经验，也增进了次区域的共同利益。大湄公河次区域经济合作的发展历史相对悠久，已经成为澜湄次区域合作机制的一种标杆，新机制即使有望后来居上，除了需要不断提升新机制的活力和影响力，还必然需要历经时间的检验。

（三）主要成果

在成果方面，如前所述，大湄公河次区域合作成果是非常丰硕的。一是在经济领域，通过大湄公河次区域经济合作的引导，为次区域创造了一个和平、合作、协调的宏观环境，提升了次区域国家经济和社会的发展水平。随着域内公路、铁路、航运以及航空等基础设施的建设和发展，以及次区域跨境贸易与投资便利化、人力资源开发、环境与生态等合作的深化，加快了内部市场的形成，提高了区域的经济整体实力，发挥了次区域的经济潜力，迅速提升了次区域在全球经济中的竞争力。二是在政治领域，大湄公河次区域经济合作改变了次区域国家在历史上曾相互敌视的状态，使得成员国之间加强了信任，增进了相互理解。同时，合作也增进了各国政府的合法性，也有利于维护这一地区的战略地位。三是在机制建设方面，不断完善的合作制度本身就是合作的重要成果。GMS 也推动了中国—东盟合作机制的建立和健全，为各成员国搭建起常规的、经济的交往渠道，降低了交易成本，促成多种协议和项目的达成，有效保障和增进各成员国的利益。

澜沧江—湄公河合作也取得了不少积极成果。一是机制建设成果显著。LMC 已经建立起多层次、宽领域合作架构，确立了"3＋5＋X"的合作框架，契合次区域深度融合的发展需求。二是早期收获项目的实施为合作的深化奠定良好基础。项目涉及互联互通、金融、跨境经济、医疗卫生等多个领域，起到良好示范效应。在各国的积极参与和推进下，澜沧江—湄公河合作已成为本地区最具活力、最富成果的合作机制之一。三是澜湄文化正在逐渐形成。在澜湄合作中，通过广泛深入的人文交流，有力地推进了次区域国家"民心相通"，增进了民众的认同感，对次区域的建设和发展影响深远。

总体来看，大湄公河次区域经济合作在推动次区域的发展，尤其是在经济领域做出的突出贡献，澜沧江—湄公河合作在短时期内是很难实现全面超越的。事实上，澜沧江—湄公河合作本身也得益于大湄公河次区域经济合作的发展，无论是在具体的合作领域，还是在机制建设等方面。大湄公河次区域经济合作继续保持其发展活力，提升其影响力，澜沧江—湄公河合作也必然从中获益。

（四）主要困难

在主要困难方面，大湄公河次区域经济合作面临的困难主要在于如何推进合作深度、拓展合作广度，以及如何完善主导权和机制建设等。具体而言，一是在次区域经济合作达到了一个较高的层次之后，如何稳定提升经济合作水平和层次。二是如何应对次区域内传统安全与非传统安全相互交织，非传统安全威胁日益上升的新挑战。三是在亚洲开发银行引领和推动次区域合作的意愿和能力下降的情况下，如何有效推进次区域合作的可持续性发展。

可以说，澜沧江—湄公河合作的建立，有利于破解大湄公河次区域合作面临的现实难题，可以为次区域国家和地区的发展提供更大的发展平台，以及更广阔的合作空间。但是，随着合作的推进，LMC 面临的困难也会更多地呈现。主要表现在：一是推进次区域经济和可持续繁荣仍面临较大障碍。澜湄次区域各国都是发展中国家，对经济合作升级的需求更加突出其对经济可持续增长的作用。但是，次区域国家间存在贸易、投资等方面的竞争，经贸合作难以实现有效升级。在政治安全、社会文化领域的合作也面临重重挑战。二是澜沧江—湄公河合作面临如何完善机制建设，如何协调与域内外相关合作机制的关系，降低各方参与合作的成本，提高合作效率等问题。三是次区域各国综合实力有别，如何合理分担次区域公共产品的供给成本，实现次区域公共产品的有效供给，保障合作主导权的有效发挥。

相比较而言，澜沧江—湄公河合作面临更为突出的挑战和困难。毕竟，要实现更高的目标，必然意味着更高的成本和代价。从国际政治成本看，深度融合意味着次区域各国将以更紧密的合作关系结合在一起，而各国为了克服不利于合作的地区政治、经济、社会、文化等关系而需要付出代价较之前要大得多。此外，由潜在矛盾导致的突发事件还会使合作成本骤然上升。澜沧江—湄公河合作的发展，依赖于次区域六国长期合作中取得的成果，不断增进的信任与信心，同时也需要吸取以往合作中的经验教训，克服合作中的挑战以及不确定因素的考验，通过六国的共同努力将次区域合作成功带向新的高度。

二　GMS 与 LMC 的横向比较

大湄公河次区域经济合作与澜沧江—湄公河合作的横向比较，主要是从合作领域、机制建设、合作主导权等方面展开分析。相比纵向比较而言，对两项机制进行横向比较，可以更加直接地把握二者的优势与不足。

（一）合作领域

在合作领域方面，澜沧江—湄公河合作更具发展潜力。原因在于，大湄公河次区域经济合作涉及的议题相对单一，主要是促进货物和投资自由化、加强经济技术合作等内容。而澜沧江—湄公河合作更具综合性，从起步之初就确立了"三大支柱"，合作目标和议题涉及经济、政治安全、社会文化的发展，更加契合次区域国家深度融合的趋势，也具有更好的发展前景。

第一，三大支柱全面涵盖次区域合作的各领域。次区域六国的合作从经济领域起步，随着经济合作领域的深化，需要进一步加强政治、安全、社会、文化等领域的支撑，从而与时俱进地对合作目标、内容、方式、方向等做出调整。反过来，政治—安全、社会—人文等领域合作的顺利展开也将为经济领域合作的转型和升级提供有力保障。当前在宏观层面，澜湄次区域经济基本面稳定向好，但同时也受到次区域内外因素影响，承受了较大下行压力。在政治安全方面，次区域面临环境问题、传染病、恐怖主义等非传统安全威胁带来的挑战。对投资者来说，澜湄区域国家的政治安全、政局稳定才是大量资本进入的前提与保障。次区域合作领域全面拓展的背后，是各参与方面临着来自市场竞争、政治安全、社会认同等多方面的诉求或是压力。澜沧江—湄公河合作有利于加强各参与方间相互信任与理解，也有利于充分发挥六国各自的优势，合力应对地区发展的新挑战，进一步释放次区域的潜力。澜沧江—湄公河合作的三大支柱也高度契合东盟共同体建设，合作的深化将为地区发展和民生改善注入新活力，助力中国—东盟合作的发展和升级。①

第二，五个优先领域契合次区域当前发展需求。澜湄次区域国家对于加强基础设施建设、国际产能合作、提升农业发展水平实现脱贫致富等，有着非常强烈的需求。澜沧江—湄公河合作的建立充分契合了次区域国家和地区的发展诉求，这也是其得以迅速建立和发展的重要基础。

一是互联互通是促进次区域经济增长的新动力。欧盟、北美等地区基础设施一体化的实践已经充分证明，要素的自由流动能够带来区域间经济和社会发展水平的提升。同样，澜湄次区域基础设施的互联互通，将对次区域生产网络的完善、地区统一市场的构建、贸易和生产要素的优化配置等方面起到积极作用，有利于缩小次区域国家间的经济差距、促进地区内部的平衡发展、提高国民福利，也将为提升次区域国际地位提供新机遇。

二是产能合作是促进地区经济发展的重要方式。产能合作主要是通过直接投资、技术合作、工程承包，以及装备进口等多种合作方式，进一步提升次区域各国的可持续发展能力，扩大次区域市场规模，优化地区产能分布，提升次区域在全球价值链的地位和竞争力。②

三是跨境经济合作可以发挥"先行先试"的示范作用。在次区域层面的经济合作不能取得实质性突破的情况下，通过澜沧江—湄公河合作框架，推进跨境经济合作有着积极意义。将有利于吸引生产要素的聚集，提升本地区工业化产业化发展水平，并促进和拉动周边地区经济社会的发展。

四是农业和扶贫契合次区域发展的实际需求。澜沧江—湄公河流域有着非常良好的农业发展条件，农业在各国占有重要地位，关乎各国粮食安全及经济发展。然而，老挝、缅甸、柬埔寨等国落后的农业发展水平制约和影响了经济发展，也使得这些国家难以有效解决贫困

---

① 《李克强在澜沧江—湄公河合作第二次领导人会议上的讲话》，2018 年 1 月 11 日，澜沧江—湄公河合作中国秘书处（http：//www.lmcchina.org/zywj/t1524913.htm）。

② 《澜沧江—湄公河国家产能合作联合声明》，2016 年 3 月 23 日，澜沧江—湄公河合作中国秘书处（http：//www.lmcchina.org/zywj/t1511264.htm）。

问题。中国与湄公河国家互为重要农业合作伙伴，加强次区域农业和减贫合作有利于各国更有效地提高农民收入，解决贫困人口就业等民生问题，能够更好更广泛地惠及普通民众，提高次区域人民的生活水平，缩小地区发展差距。

五是水资源合作是澜沧江—湄公河合作中的亮点。澜沧江—湄公河水资源治理问题已经成为次区域国家关系的一个核心问题和"试金石"。①澜沧江—湄公河合作为流域内的国家提供了重要的合作平台，为开展全流域治理，提高制度的有效性迈出了重要一步。澜沧江—湄公河合作着眼于地区的长远发展，在对水资源进行有效管理和合理开发的同时，增进各国间的互信。澜湄合作计划制订"水资源合作五年行动计划"，通过完善和发挥澜湄水资源合作中心的作用，增进次区域国家间的政策对话、信息交流与技术合作等，逐步探索推进次区域水资源合作的发展路径。

第三，扩展的"X"领域有广阔发展前景。随着澜湄合作的深化，必然在合作中遇到新机遇和新挑战。"3＋5＋X"合作框架的提出，就是在巩固"3＋5"合作框架的基础上，不断拓展其他合作领域。当前，全球政治经济格局加快调整，东南亚地区的政治、经济与安全形势出现新的变化，这是当下次区域国家面临的最主要外部环境，使得次区域各国以更紧密的协商与合作，应对地区及双边关系中出现的问题和挑战。在合作的发展进程中，"数字经济、环境保护、人力资源开发、公共卫生、旅游等领域都有可能成为合作中的新增长点，为澜沧江—湄公河合作提供新动能"②。

（二）机制建设

在机制建设方面澜湄合作稍显不足。从合作机制来看，澜沧江—湄公河合作是针对次区域发展的现实需求，通过创设新合作机制的方式来保障合作进程。在六方共同商讨和共同努力下，澜沧江—湄公河合作已经非常迅速地建立了多层次的合作机制体系。六国外交部均已

---

① 郭延军：《湄公河水资源治理的新趋向与中国应对》，《东方早报》2014年1月17日第14版。

② 《李克强在澜沧江—湄公河合作首次领导人会议上的讲话》，2016年3月23日，澜沧江—湄公河合作中国秘书处（http://www.lmcchina.org/zywj/t1511256.htm）。

设立国家秘书处或协调机构，形成"领导人引领、全方位覆盖、各部门参与"的合作格局。①

　　事实上，就现阶段的发展情况而言，无论是 LMC 还是 GMS 的制度化水平都比较低，都不是正式的国际组织，在制度化水平上接近非正式协议，但又有各自的特点。LMC 与 GMS 的决议都不对成员产生约束，因而算不上正式的国际协议。但 GMS 已经具有常设性的组织机构，并对成员的承诺进行评审和监督，因而其决议又比一般的非正式协议具有更高的制度化水平。除此之外，在具体的合作领域，大湄公河次区域已经搭建起比较良好的沟通和合作平台，也已经取得了积极成效。并且，因为"问题领域敏感性程度越低，缔约国越有可能选择制度化水平较高的国际制度形式"②。所以，相较 GMS 而言，LMC 在机制建设上面临的难度更大。至少现阶段 LMC 尚未实现对 GMS 的实质性超越，LMC 还有很多方面需要向 GMS 学习、借鉴，并探寻机制对接的方式和渠道。

　　第一，澜湄合作的制度化建设仍处于较低水平。根据制度化水平，国际制度安排的基本形式大致可以分为"非正式协议、自我实施的正式协议、一般的正式国际组织和超国家组织"③。然而，与 GMS 相似，LMC 较低的制度化水平主要体现在组织和运行方式上。一是澜沧江—湄公河合作具有四层次组织结构，从上往下依次为：领导人正式会议、部长级会议、高管会议及一些功能性机构。澜沧江—湄公河合作组织机构的重点是领导人会议和部长级会议，高官会和功能性组织的主要工作是为最高两个层次的会议做准备，而在执行领导人会议和部长级会议决议上并不具备实际的权力。从以上四层次组织结构可以看出，澜湄合作并不具备正式的国际组织的特征。

　　领导人会议作为澜沧江—湄公河合作的最高决策机构，虽然每两年定期举行，根据需要举行领导人特别会议或非正式会议，但并不签

---

　　①　《李克强在澜沧江—湄公河合作首次领导人会议上的讲话》，2016 年 3 月 23 日，澜沧江—湄公河合作中国秘书处（http：//www. lmcchina. org/zywj/t1511256. htm）。

　　②　田野：《中国参与国际合作的制度设计：一种比较制度分析》，社会科学文献出版社 2017 年版。

　　③　田野：《国际制度的形式选择——一个基于国家间交易成本的模型》，《经济研究》2005 年第 7 期。

署任何协议。澜沧江—湄公河合作领导人会议结束时，依据高官会议准备的草案，以及领导人会议上提出的新倡议来发布领导人宣言。但是，宣言所表达的合作愿望及政治承诺仅对成员具有"信誉"约束；澜沧江—湄公河合作部长会议每年召开一次，由各成员国的外交部长参加，部长会议向下听取和审议高官会的报告，向上对领导人会议的最高决策提供根据和建议；高官会则主要负责合作中所有重要问题的讨论，向下监督和协调第四层次上的各功能性机构的工作，并执行第一层次和第二层次的决议，向上则负责提交经磋商后达成共识的报告供部长会议审议，并为领导人和部长级会议做好准备；第四层次上的工作组作为功能性机构，是澜湄合作的执行层次。六个优先领域专业小组是这一层次的主体，主要负责就具体领域的合作提出措施、建议和制订计划。

二是澜沧江—湄公河合作的运行机制主要包括两个部分，即决策的制定和执行。LMC 的决策制定过程正如前所述，主要是由第四层次上的功能性组织就具体议题领域提出措施、建议和计划，然后在第三层次上进行磋商和讨论从而达成共识并向第二层次提交报告，第二层次对报告进行审议并为第一层次准备草案，最后在第一层次发表领导人宣言，并在第二层次上通过发表部长联合声明对领导人宣言的具体内容进行详细的阐释。在决议制定的过程中，澜湄合作没有投票，没有任何一方有权力迫使其他成员采取任何违背其意愿的选择，事实上也没有谈判，即使存在"讨价还价"，也仅存在于第三层次上；且面对成员立场差距过大的议题，在这一层次上就予以搁置或排除。更重要的是，澜湄合作的决议本身并不具有法律效力，对其成员也不具有约束力，因而澜湄合作制度化并未达到正式协议的水平。不过，宣言或者声明的执行性虽然弱，但作为多方领导人和部长会谈后发布的正式文件，其地位显然高于一般的非正式协议。

澜沧江—湄公河合作对于一切重大问题的决策，当前都是建立在自愿基础上，各方主要是通过磋商来寻求政治共识和承诺，而非签订正式的合作协定。LMC 的会议成果都是以宣言、声明以及行动计划等形式呈现，尚未达成具有实质性的、有约束力的协议或条约。由于LMC 的合作方式、运行机制的非约束性，各参与方可以依据自身利益和需求，来执行相关文件和各项合作议程。

可以说，澜沧江—湄公河合作的方式是由次区域内各国的利益博弈及其复杂性决定的。澜沧江—湄公河合作主体的特殊性要求制度的灵活性，强调协商对话和自愿行动的方式节约了谈判的成本和监督成本，有利于合作制度的达成。本质上，可以说澜沧江—湄公河合作的方式是东盟方式的延伸。目前，澜沧江—湄公河合作仅是一项协商机制，缺乏组织机构对运作进行统领，仅仅是协商制度定期化，因而制度化水平较低。鉴于次区域合作机制化建设的内生困境，澜沧江—湄公河合作在完善合作机制的建设进程中，必然面临较大的阻力。在争端解决方面，强有力的争端解决机制必然要求参与国让渡部分国家主权，但在主权意识浓厚的澜湄次区域，这一机制的效率和约束水平仍有待于观察。

图 4－1　GMS 和 LMC 的制度化水平比较
注：根据相关资料绘制。

第二，大湄公河次区域经济合作的机制建设更为成熟。GMS 经过二十多年的发展，在组织和机构上更为完备和细化，在运行方式上也更为有效。一是在重点合作领域已经建立起良好的合作平台和相关机构。比如在交通领域，大湄公河次区域经济合作设立了讨论交通战略和交流信息的论坛，以便通过《跨境交通协定》等统一途径解决跨境问题。在各成员国组建了国际交通便利化委员会，由交通部长或副部长任主席，由涉及跨境交通和贸易便利化工作的部门和机构的高级官员任委员。国家交通便利化委员会负责协调《跨境交通协定》及其附录和议定书的批准和实施。各国委员会主席通过《跨境交通协定》部长联合委员会进行会谈。大湄公河次区域经济合作成员国的国家交通便利委员会还组建了《跨境交通协定》的各附属委员会，包括交通、海关、移民和检疫与健康等委员会。①

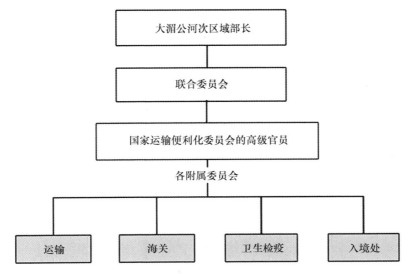

图 4-2　大湄公河次区域跨境运输协定的机构框架
资料来源：亚洲开发银行。

在能源领域，为了更好地协调区域能源贸易，在 GMS 首次领导
人会议上，各方签署了《政府间 GMS 区域电力联网与交易协定》。
此协议为公平透明的电力贸易管理规定和原则奠定了基础，也为其他
次区域提供了可以借鉴的模式。2004 年区域电力交易协调委员会正
式成立，委员会独立运作，由各成员国代表组成，并向大湄公河次区
域部长会议和各自政府汇报工作。2012 年，《关于在大湄公河次区域
建立区域电力协调中心的政府间谅解备忘录》正式签订。各国对建
立区域电力协调中心给予了积极支持，该中心将主要承担次区域电力
规划、电网标准等研究，具有电力市场运行协调及交易监管等职能。
目前区域电力协调中心的设立地点尚未确立，各国仍在积极争取
中。② 区域电力协调中心若得以顺利建成，无疑将会极大提高次区域

---

① 亚洲开发银行研究院编：《亚洲基础设施建设》，邹湘、智银凤等译，社会科学文献出版社 2012 年版，第 96 页。
② 《东盟和大湄公河次区域电力互联面临的机遇与挑战》，2017 年 9 月 18 日，北极星输配电网（http://shupeidian.bjx.com.cn/news/20170918/850645.shtml）。

各国促进联网的主动性，加强次区域电力互联互通，进一步提高次区域能源的安全水平。

在信息通信领域，2005 年成立了信息高速公路网络实施小组。该小组由大湄公河次区域成员国的电信运营商组成，主要是通过光纤联网开发大湄公河次区域信息高速公路网络，加强信息互联互通。同年，次区域还成立了信息高速公路网络指导委员会，主要由次区域各国电信部门的高级官员组成，负责协调和监督信息高速公路网络的开发等，有力地推进了次区域各国在通信领域的合作。

除了以上领域，大湄公河次区域经济合作还在旅游、环境、农业、人力资源开发、经济走廊建设等领域，也已经搭建起良好的合作平台和沟通渠道，为深化次区域国家间的合作奠定了良好基础。

二是在机制运行上，GMS 的组织机构与 LMC 同样依赖于成员对已达成协议的实施。但是，GMS 推动各国达成的《GMS 便利货物及人员跨境运输协定》等，在国际法意义上都是具有较强约束力的条约，因而 GMS 具有正式协议的性质。LMC 所缔结的是仅有道德约束意义的"共识"和"声明"，成员在单边行动计划的制订和实行上具有基本完全的自主性。相比较而言，大湄公河次区域经济合作比澜沧江—湄公河合作具有更高的制度化水平。

尽管大湄公河次区域经济合作的政策和机构也需进一步完善，但是作为次区域内发展最为成熟的机制，其在许多方面都是域内相关机制的榜样。澜沧江—湄公河合作是域内的新机制，而新机制往往在建立之初有着强劲动力，若要保持长期的活力，就需要各参与方的进一步赋权。次区域内的大湄公河次区域经济合作、湄公河委员会等机制的经验，已经充分表明，各参与方的授权程度决定了相关机制的持久性及影响力，也决定了合作的深度和广度。随着 LMC 的纵深推进，各参与方需要积极寻求利益的契合点，给予其更为明确的政治身份。未来，LMC 还需要向 GMS 学习和借鉴，不断实现自我完善，进一步建立争端解决机制，在合作进程中不断提高机制化建设，有效提升合作的影响力。

（三）合作主导权

在合作主导权方面，澜湄合作更具优势。澜沧江—湄公河合作明显呈现出由"外力驱动"转向"内力驱动"的特点，更加契合次区域国家和地区的发展需求，具有更良好的发展潜力和优势。LMC 进展如此迅速，与其强劲的内生动力紧密相关，这是次区域内合作内生需求的必然结果。澜沧江—湄公河合作是"共商、共建、共享"的新型次区域合作机制，六国同心协力推进澜湄合作的成长。在这其中，中国作为次区域内的大国，一直在积极发挥引领作用，为澜湄次区域的发展主动提供区域公共产品。LMC 也成为中国—东盟关系中最为活跃的部分，也是中国与湄公河国家关系跃上新台阶的重要标志。

第一，澜湄合作由区域内各国联合供给区域公共产品。澜沧江—湄公河合作从最初的倡议、构想，到澜沧江—湄公河流域六国强化合作共识，共绘合作蓝图，澜沧江—湄公河合作建立和发展由六国紧密协作，共同推进，致力于实现澜湄次区域的和平、稳定与繁荣。

作为一个发展中国家占主体的地区，澜沧江—湄公河合作以项目为先导，扎实推进合作进程。LMC 首次领导人会议上确定了 45 个早期收获项目，涉及互联互通、水资源管理、生态保护等多个领域。所有项目均为开放的多边合作项目，由域内国家分别提出和推进。其中，"由中国负责落实的项目有 20 项，老挝 10 项，泰国和柬埔寨各负责 5 项，越南 3 项，缅甸 2 项"①。在两年的时间里，各项早期收获项目均已完成或取得实质性进展，给域内国家和民众带来实实在在的利益。

在澜沧江—湄公河合作第二次外长会议上，中方提出设立澜湄合作专项基金、建立澜湄旅游城市合作联盟等 13 项新倡议，得到各方积极响应和迅速落实。澜沧江—湄公河合作在各领域合作取得积极成果，发挥出良好的示范效应，第一批合作项目取得显著成效，也极大地增强了各方的积极性。LMC 第二次领导人会议确定的《第二批项目清单》，保障了合作的稳步推进。随着合作的巩固和发展，各参与方将发挥各自比较优势，重点深化优先领域的合作，在落实好中小项目的基础上，不断创新合作模式，落实与"一带一路"国际合作、

① 刘卿：《澜湄合作进展与未来发展方向》，《国际问题研究》2018 年第 2 期。

《东盟互联互通总体规划 2025》等相对接的大型合作项目。

第二，中国是居于中心地位的区域公共产品供给者。在中国经济实力不断增长，积极推进"一带一路"倡议、"人类命运共同体"、"亲、诚、惠、容"周边外交新理念的背景下，澜沧江—湄公河合作更加强调发展机遇和成果的共享，中国通过深化与湄公河国家在政治、安全、经济、社会、文化等各领域的合作，促成更多的共同利益，增强各国的区域意识和认同感，共同致力于"澜湄国家命运共同体"建设。相较大湄公河次区域经济合作而言，澜沧江—湄公河合作在地域范围内明显扩大。主要是就中国而言，不仅云南、广西等地方政府可以在澜湄合作框架下积极参与次区域合作。更重要的是，中国在中央政府层面积极引导和推进澜湄合作的建设，在澜湄合作的发展进程中，中国也必然是提供公共产品最多的一方。事实上，从澜湄合作的建立到发展的进程中，中国一直在积极主动发挥地区大国作用，适时提供次区域发展所需的区域公共产品。

中国设立的澜湄合作专项基金，已经为次区域内的 132 个合作项目提供支持。中国设立的第一批国际产能合作专项贷款，有力地支持了"老挝万象电力环网、柬埔寨暹粒新机场、越南永新火电站、泰国开泰银行转贷等项目，支持了次区域交通、能源等领域的发展"[1]。此外，中国还将继续落实首次领导人会议上提出的优惠贷款额度，提供援外优惠贷款，争取设立第二批国际产能和装备制造合作专项贷款，以支持澜湄次区域的发展进程。[2]

除了在经济等领域大力给予资金支持之外，中国还在教育、医疗、卫生等民生领域予以政策、智力等支持，切实推动澜湄地区的发展与繁荣。中国在 3 年内将向湄公河国家提供 1.8 万人年奖学金，以及 5000 个来华培训名额。还将邀请农业水利、医疗卫生等领域的中高级官员来华参加研修活动，开展相关人力资源培训。中国将继续通过开展"微笑行""光明行""爱心行"等医疗活动，为湄公河国家的患者提供口腔手术、白内障、心脏病等义诊。中国还将与湄公河国

　　① 刘卿：《澜湄合作进展与未来发展方向》，《国际问题研究》2018 年第 2 期。
　　② 《李克强在澜沧江—湄公河合作第二次领导人会议上的讲话》，2018 年 1 月 11 日，澜沧江—湄公河合作中国秘书处（http：//www.lmcchina.org/zywj/t1524913.htm）。

家加强跨境传染病联防联控，共同培养更多公共卫生领域的专业人才。继续推进"澜湄国家专项减贫惠民计划"，3 年内在湄公河国家开展 100 个医疗卫生等领域援助项目，协助湄公河国家建立和完善医疗卫生服务体系等。[①]

　　澜沧江—湄公河合作不断深化，反映出中国对建立地区经济新秩序的不断探索和积极尝试。这是继亚洲基础设施投资银行建立之后，中国再次由国际机制的参与者升级到创设新机制的主导者，是中国维护现行国际秩序并促进其发展、变革的新举措，更是构建"人类命运共同体"的生动实践。中国为了促进次区域的发展与繁荣，充分贡献了"中国智慧"和"中国力量"。

表 4 - 1　大湄公河次区域经济合作与澜沧江—湄公河合作的比较分析

		大湄公河次区域经济合作	澜沧江—湄公河合作
纵向比较	时代背景	冷战结束，全球化和区域化发展	国际金融危机，逆全球化涌现
	发展历程	老机制，发展相对缓慢	新机制，发展迅速
	主要成果	成果丰硕，影响力大	相对薄弱，有良好潜力
	主要困难	难度相对较小	难度较大
横向比较	合作领域	低政治	高政治
	机制建设	成熟，约束性低	有待完善，约束性低
	合作主导权	亚洲开发银行主导	次区域国家主导

　　注：笔者自制。

第二节　正确认识和协调处理 GMS 与 LMC 的关系

　　如前所述，GMS 与 LMC 各具优势也各有不足，后者对前者若要实现全面超越，目前来看仍是为时尚早。两项合作机制的成员国一致，地域范围重合，合作议题交叉，如何妥善处理和协调二者的关系，成为次区域各国面临的现实问题。美国学者奥兰·扬（Oran

---

　　① 《李克强在澜沧江—湄公河合作第二次领导人会议上的讲话》，2018 年 1 月 11 日，澜沧江—湄公河合作中国秘书处（http：//www.lmcchina.org/zywj/t1524913.htm）。

Young）对国际机制间的关系作出过具有开创性的研究，他指出："一旦不同的制度安排建立起来，它们就具有自己的生命力……而成功的集束往往需要在合作的起始阶段就采取决定性的行动。"① 关于不同机制之间的联系，他提出可以分为嵌入式（embedded）、嵌套式（nested）、集束式（clustered）、交叠式（overlapping）这四种类型。就澜沧江—湄公河合作与大湄公河次区域经济合作的情况来看，二者之间具有典型的"嵌套式"特点。即，"制度的嵌套是一个连接问题，在其中，那些规模功能、地理范畴或其他相关标准有限的具体安排，被调入更加宽泛的制度框架"②。而克伦·艾尔塔（Karen Alter）与苏菲·茉涅（Sophie Meunier）更是将"嵌套式"机制形象地形容为彼此拥抱的俄罗斯套娃（Matryoshka Dolls）。③ LMC 与 GMS 在很大程度上就呈现出这样的紧密关系。

可以说，在澜湄次区域未来的发展进程中，LMC 与 GMS 必然长期共存。这两项新老机制，对于各成员国而言，并不是"非此即彼"的选择题，次区域国家"喜新"但并没有"厌旧"。应该看到，LMC 不是对 GMS 的"另起炉灶"，各参与国在现阶段无论是采取"厚此薄彼"，还是"参与但是并不积极"的合作策略，都不可能实现国家利益和地区利益的最大化。事实上，澜沧江—湄公河合作的发展本身就需要全面把握与大湄公河次区域经济合作的内在联系，只有正确处理两者的关系，争取实现协同发展，才能切实降低各方参与成本，减少合作中的不确定性，提高资源利用率，进一步提升机制的生命力和影响力。

一　GMS 为 LMC 奠定坚实基础

大湄公河次区域经济合作与澜沧江—湄公河合作，二者同为澜沧江—湄公河沿岸六国共同参与的次区域合作机制。前者为后者的建立

---

① ［美］奥兰·扬：《世界事务中的治理》，陈玉刚、薄燕译，上海世纪出版集团2007 年版，第 156 页。

② 同上书，第 157—161 页。

③ Karen J. Alter and Sophie Meunier, "The Politics of International Regime Complexity", *Perspectives on Politics*, Vol. 7, No. 1, March 2009, pp. 13 – 24.

和发展提供了经验支撑。后者起点高，发展快，其建立和发展本身就和前者有着密切联系。相较而言，后者为澜湄次区域的发展提供了良好的政治经济环境和更广阔的发展空间，更加契合了次区域深度融合的发展趋势。

（一）GMS 为 LMC 的建立奠定良好基础

澜湄次区域各国正是通过大湄公河次区域经济合作的平台，积累了合作经验，培养了合作默契，了解了彼此的行为和思维方式，逐渐建立起相互交往的习惯和培养出共同价值观的基础。随着一些跨国问题的涌现，如金融危机、跨国犯罪、环境污染、疾病传播等，当一国难以单独解决此类问题时，势必寻求深化合作，共同应对。相关国家间的合作也就自然地从经济领域"外溢"到政治安全等诸多领域。澜湄次区域六国正是在经济领域合作成功的基础上，形成新的合作议题、新的共同利益，从而推动了合作的可持续性发展。

澜沧江—湄公河合作的成立是为了保障地区和平、稳定与繁荣，经济合作是实现这些目标的关键领域。次区域各国间的合作，正是遵循了先经济后政治安全、社会文化，这样先易后难的推进方式，逐步由浅层次的合作过渡到深层次融合发展，有效地提高了各参与方的趋同性，降低了合作中的系统风险。相比 GMS 以经济合作为主要内容，LMC 为地区经济和社会发展提供了新平台，更加宏大，范围也更为宽广。LMC 自成立之初，六国共同创建了"3 + 5"合作框架，第二次领导人会议将其升级为"3 + 5 + X"合作框架，为实现次区域可持续性发展提供了更具综合性的发展平台。

（二）LMC 与 GMS 的发展目标具有一致性

尽管澜沧江—湄公河合作与大湄公河次区域经济合作发展的侧重点各有不同，但二者之间一个共同点就是致力于次区域经济可持续性增长，寻求次区域发展的新动力，进一步缩小地区发展差距，实现次区域的和平、繁荣与发展。次区域国家面临着新机遇和新挑战，有着共同的发展目标，次区域经济合作的存在和发展，将继续为次区域合作提供动力和基础，这也就成为 LMC 与 GMS 在次区域发展进程中实现相互补充、相互协调的基础。

GMS 通过《新十年战略框架（2012—2022）》为第三个十年合作

发展计划提供明确的方向，确立了三大战略目标：推动次区域一体化进程；完善基础设施互联互通，创造有利的政策环境；促进次区域可持续发展。GMS 将基础设施互联互通，贸易和投资、人力资源开发、信息通信技术等列为八大优先合作领域。① 在世界经济形势不景气、地区发展面临诸多挑战的背景下，《新战略框架》充分展示出次区域国家愿意通过"更紧密的合作，更具针对性和创新性的方式来应对挑战"②。2018 年 3 月，在 GMS 第六次领导人会议上通过的共同宣言提出，将加强与联合国 2030 年可持续发展议程、东盟共同体、"一带一路倡议"、"澜沧江—湄公河合作"等相关发展举措的协调合作。GMS 的核心理念"3Cs"，即连通性（Connectivity）、竞争力（Competitiveness）、共同体（Community），再次得到各国的高度认可，各国将采取更为高效的合作去实现高质量和可持续发展，通过加强政策协调，深化经济一体化，加强区域互联互通，加强贸易联系和金融合作，巩固人与人之间的纽带，加强与世界其他地区的联系，实现次区域的美好愿景。③

LMC 通过《五年行动计划（2018—2022）》，以及《金边宣言》为次区域的发展规划了合作蓝图。《五年行动计划（2018—2022）》明确提出将"致力于打造成为独具特色、具有内生动力、受南南合作激励的新型次区域合作机制，助力东盟共同体建设和地区一体化进程，促进落实联合国 2030 年可持续发展议程"④。在这五年中，2018—2019 年为奠定基础阶段，LMC 将重点加强各领域的合作规划，推动中小型合作项目的落实。2020—2022 年为巩固和深化推广阶段，LMC 将重点加强优先领域的合作，拓展新的合作领域，完善合作模

①　The Greater Mekong Subregion Economic Cooperation Program Strategic Framework （2012 – 2022）, https：//www. adb. org/documents/greater-mekong-subregion-economic-cooperation-program-strategic-framework-2012-2022.

②　Joint Summit Declaration：4th GMS Summit of Leaders, December 2011, p. 5, https：//www. adb. org/sites/default/files/page/42450/4th-summit-joint-declaration-greater-mekong-subregion-gms. pdf.

③　Joint Summit Declaration：6th GMS Summit of Leaders, March 2018, https：//www. greatermekong. org/sites/default/files/Final% 20JSD_ 6th%20GMS. pdf.

④　《澜沧江—湄公河合作五年行动计划（2018—2022）》，2018 年 1 月 11 日，澜沧江—湄公河合作中国秘书处（http：//www. lmcchina. org/zywj/t1524906. htm）。

式，探讨和推进大型合作项目。

综合来看，澜沧江—湄公河合作与大湄公河次区域经济合作的发展蓝图在时间规划、合作重点、合作理念等多个方面存在共同点和契合点，澜沧江—湄公河合作也明确提出"与其他湄公河次区域机制相互补充，协调发展"①。未来，两项合作机制的愿景规划也应该更好地实现对接，增加各参与方的预期，共同实现次区域的繁荣与稳定。

二　LMC 是 GMS 深化发展的必然

一方面，大湄公河经济合作的顺利展开起到了良好的示范作用，增进了次区域国家间的互信。经济合作具有的"溢出"功能，也为六国开展政治—安全、社会—文化等领域的合作奠定了坚实基础。另一方面，在次区域内外发展环境发生剧烈变化的背景下，次区域国家迫切需要深入开展多维度、多领域的合作，才能切实维护经济合作的可持续性发展，更好地适应次区域自身发展需求与外在发展形势的变化。正是 GMS 的成功，才孕育和培养了 LMC；LMC 的建立和完善，也正是对 GMS 困境的突破与发展。

（一）LMC 是对 GMS 的突破与发展

澜沧江—湄公河合作的建立正是源于次区域及各个国家面临的公共问题，为了保障共同利益而采取的集体行动。次区域六国已经在大湄公河次区域经济合作的推动下，在经济领域建立起紧密依存的合作关系，共同利益产生并不断拓展。而这种共同利益需要各参与方进一步提升合作水平、拓展合作领域才可能得以实现。可以说，LMC 在合作框架和制度设计上是 GMS 的"升级版"，只是从 LMC 目前的发展情况来看，还需要更多的努力才能实现真正的超越。

首先，澜沧江—湄公河合作在多个方面仍有很大的突破空间。新机制的建立仅仅只是一个开端，其后还有投入运作后的有效性问题，以及机制随着时间的推移而变化调整等问题。目前，LMC 在机制建

---

① 《澜沧江—湄公河合作五年行动计划（2018—2022）》，2018 年 1 月 11 日，澜沧江—湄公河合作中国秘书处（http://www.lmcchina.org/zywj/t1524906.htm）。

设方面亟待完善。在国际合作机制初创阶段，各国内部机制需加强协作，参与合作的各部门之间关注点有差异，对合作必然存在一个适应的过程；各国设立的澜湄秘书处或协调机构也才开始起步运作，统筹能力有待提升。在更高层面协调各方利益和需求的澜湄合作秘书处尚未正式建立，也在很大程度上影响合作进程。在合作项目方面，目前推进的主要为具有试点、试验性质的早期收获项目，涉及次区域层面的、更大规模以及更多资金投入的项目还没有推进和实施，惠及面还比较窄，各国的获得感仍有不足。作为次区域内合作机制的后起之秀，澜沧江—湄公河合作的建设仍然是任重而道远。

其次，澜沧江—湄公河合作需要进一步提高合作效率。澜沧江—湄公河合作起步之初，基础良好，动力强劲，但是如何保持并提升良好的发展势头，是澜沧江—湄公河合作实现可持续发展必须面对的问题。尽管次区域的合作可以由经济、社会事务向政治、安全事务"外溢"，但是如何快速或广泛地推进"外溢"进程，这仍然是一个有待解答的问题。在次区域合作演进发展的进程中，澜沧江—湄公河合作向大湄公河次区域经济合作学习借鉴是必需的，否则澜沧江—湄公河合作摸索成长的成本太高，可能会长时间裹足于全面铺开、低效运作上，不利于其发展壮大。

（二）LMC 的建立和发展并不意味着 GMS 的必然消亡

需要看到的是，尽管澜沧江—湄公河合作的建立标志着次区域六国的合作进入了宽领域、深层次、高水平的新阶段。但是，澜沧江—湄公河合作毕竟才刚刚起步，其作用的发挥以及影响力的提升仍然有待时日。从现实层面来看，次区域合作机制的出现，并不意味着对次区域经济合作机制的替代，更不意味着次区域经济合作机制的消亡。不可否认，次区域合作机制会在一定程度上对既有次区域经济合作机制造成冲击和影响，但是次区域经济合作机制仍然有其生命力和活力。就 GMS 而言，其作为一项国际机制，自建立以来本身就具有自我运行和自我维持的特点，具有持久的功能价值，对国家的国际行为甚至国内行为具有一定的独立作用能力。如前所述，LMC 与 GMS 相比，两者各有优势和不足，在很长一段时期内，必然是并行不悖、相互补充。正如中国国务院总理李克强在澜湄合作第二次领导人会议上的讲话中指出："澜湄合作不会取代其他次区域合作机制，完全可以与大湄公河次区域经济合作等机制相互促进、协调发展。"①

应该看到，大湄公河次区域经济合作是域内成立最早、最为成熟、最具影响力的合作机制，各参与方已经建立起良好协作关系，尽管存在局限性，但 GMS 仍然是次区域国家间深化合作的重要渠道和平台，具有自身优势和发展潜力。首先 GMS 由亚洲开发银行作为倡导者和协调者，易为各方接纳和支持。从世界范围来看，由一个国际金融机构作为发起人并取得成功的区域经济合作机制并不多见，这本身也是由次区域复杂的内部和外部环境所决定的。次区域国家间的合作虽然具有良好前景，但因历史、政治、经济、文化等诸多因素的影响，如何深化政治信任仍然是突出难题。亚行作为协调次区域经济发展的各方都认可的中间人，为大湄公河次区域经济合作的深入推进打下了基础。亚行在亚太地区乃至国际上都具有较大影响力，享有较高声誉，得到湄公河国家的赞赏和支持。对中国而言，在当前的周边环境下，中国继续支持亚行在 GMS 发挥主导作用仍然有着积极作用，有利于降低湄公河国家对于中国的疑虑。

其次从操作上看，通过大湄公河次区域经济合作，中国可以在交通设施互联互通、水利水电建设、矿产开发等项目上，继续争取亚行的贷款和支持。这不仅有利于减轻项目的资金压力和降低风险，还有助于在一定程度上减轻企业的公关压力、国际非政府组织的单方面指责等。实际上，中国自 1986 年加入亚行以来，已经与亚行广泛开展了许多富有成效的合作。中国共计 200 多个项目获得亚行贷款，获得援助约为 340 亿美元。② 在 2017 年 5 月举办的"一带一路"国际合作高峰论坛期间，中国财政部与亚洲开发银行、亚洲基础设施投资银行等多边银行签署《关于加强在"一带一路"倡议下相关领域合作的谅解备忘录》。③ 中国与亚行将在基础设施建设、互联互通融资、

---

① 《李克强在澜沧江—湄公河合作第二次领导人会议上的讲话》，2018 年 1 月 11 日，澜沧江—湄公河合作中国秘书处（http：//www. lmcchina. org/zywj/t1524913. htm）。

② 亚洲开发银行（https：//www. adb. org）。

③ 《财政部与 6 家多边开发银行共同签署"一带一路"合作谅解备忘录》，2017 年 5 月 14 日，中华人民共和国财政部（http：//www. mof. gov. cn/zhengwuxinxi/caizhengxinwen/201705/t20170514_ 2600067. htm）。

对接区域合作与"一带一路"倡议等方面积极展开合作，这有利于双方在澜湄次区域继续加强协作。

三　GMS 与 LMC 可以实现协调发展

"愚者求异，智者求同，仁者求通。"[①] 随着澜沧江—湄公河合作的创建和发展，其必然面临如何与大湄公河次区域经济合作等既有合作机制"和平共处"的问题。不可否认，澜沧江—湄公河合作与大湄公河次区域经济合作存在竞争的一面，也有广阔合作空间，澜沧江—湄公河合作不应也不必取代后者的地位。二者都为澜湄次区域的经济社会发展发挥了积极作用，可以在次区域的发展进程中展开深度合作。竞争和合作两种状态本身也不是截然分开的，更多的情况下是一种并存的、此消彼长的状态。澜沧江—湄公河合作与大湄公河次区域经济合作这两项机制各有长短，而且二者间的竞争并不存在"零和"的特点。因此，GMS 与 LMC 应在有效发挥各自功能性作用的基础上，争取实现有效的整合。具体而言，GMS 与 LMC 不仅需要也应该在机制建设、合作领域、合作议程等方面切实推进相互协调、共同发展。

表4-2　大湄公河次区域经济合作与澜沧江—湄公河合作的比较分析

	大湄公河次区域经济合作	澜沧江—湄公河合作
成立时间	1992 年	2016 年
成立地点	菲律宾马尼拉	中国三亚
成员	中国（云南和广西）、泰国、柬埔寨、老挝、缅甸、越南	中国、泰国、柬埔寨、老挝、缅甸、越南
合作目标	次区域经济一体化	澜湄国家命运共同体
议题范围	经济合作	政治—安全、经济和可持续发展、社会—人文
优势	老机制，组织机构比较完备；有良好基础、合作规划等；亚行作为中间人，各方易接受	高效率直接反映各方利益诉求；涵盖政治—安全、经济和可持续发展、社会—人文等，互联互通、产能、跨境经济、水资源、农业和减贫为优先领域；中国在合作中的投入大，支持力度强

---

① 苏长和：《以分歧治理谋划国际关系的新准则》，《新华文摘》2015 年第 19 期。

续表

	大湄公河次区域经济合作	澜沧江—湄公河合作
劣势	经济为主，政治安全、社会文化等领域非常薄弱；中国难以在其中发挥积极作用	新机制，机制建设有待完善，缺乏长期发展规划；成员间的政治互信有待加强
机遇	次区域国家间经济合作日趋紧密；次区域国家政治局势较为稳定；各国对基础设施建设、产能合作等需求旺盛；社会文化交流频繁	
挑战	经济下行压力增大；非传统安全问题较为突出；文化认同较为薄弱	
	来自 LMC 的冲击和影响；与域内其他机制的协调与合作	东盟是否认可和支持；能否有效应对域外大国的博弈和竞争

注：笔者自制。

（一）在合作领域方面，次区域的发展现状需要 LMC 与 GMS 的协调与合作

当今世界正处于大发展大变革大调整时期，逆全球化和贸易保护主义趋势抬头，地缘性政治问题错综复杂。在各地区和各国对资本、市场和技术的竞争日趋激烈的背景下，无论是 GMS 的可持续性发展，还是 LMC 的深入推进，都面临着如何应对国际和地区格局发展变化所带来的新机遇和新挑战，以及如何满足次区域国家向更高层次合作目标迈进，深化利益融合的现实需求。从次区域发展的现实情况来看，各国经济社会的发展水平仍然比较滞后，要实现次区域各国的共同繁荣与发展仍然是任重而道远，仅依靠某一个合作平台的资金、技术、智力支持是远远不够的，需要多方协力共同推进。

可以看到，澜沧江—湄公河合作确立的优先领域，以及大湄公河次区域经济合作确立的重点领域存在交叉和重合。以二者都非常重视的基础设施互联互通为例，加强基础设施互联互通是澜湄次区域在新阶段的关键动力，是推动地区经济繁荣的新增长点。然而，就各国国内基础设施建设方面而言，次区域各国经过多年的建设虽然已取得积极成效，不过仍然普遍低于世界平均水平。老挝、柬埔寨、缅甸等国与世界平均水平还有相当距离（见表 4 - 3），需要进一步增加资金和技术投入。据亚洲开发银行的测算，2010 年至 2020 年这十年间，澜湄次区域六国在基础设施的投资需求高达 4.7 万亿美元，占亚洲总投资需求的 57.12%（见表 4 - 4）。事实上，任何一个国家、机构或者

是私人部门，都难以独立满足如此庞大的资金需求。

表4-3   澜湄次区域各国全球竞争力和基础设施排名和得分

| 国家 | 2017—2018 年 | | | |
| | 全球竞争力 | | 基础设施 | |
	排名	得分	排名	得分
中国	27	5.0	46	4.66
泰国	32	4.72	43	4.70
越南	55	4.36	79	3.90
柬埔寨	94	3.93	106	3.14
老挝	98	3.91	102	3.27

资料来源：《全球竞争力报告2017—2018》，http：//www. weforum. org。

表4-4   次区域各国基础设施投资需求（2010—2020）

| 国家 | 占亚洲总投资的百分比（%） | 投资需求（百万美元） | 投资比重 | | 年均投资（百万美元） |
			新建投资（%）	维护改造投资（%）	
中国	53.118	4367642	72	28	397058
柬埔寨	0.163	13364	51	49	1215
老挝	0.138	11375	56	44	1034
缅甸	0.264	21698	56	44	1973
泰国	2.103	172907	72	28	15719
越南	1.335	109761	53	47	9978

资料来源：Infrastructure for Asian Connectivity, pp. 33 - 34, https：//www. adb. org/sites/default/files/publication/159325/adbi-infra-asian-connectivity. pdf。

在次区域基础设施互联互通方面，目前，泛亚铁路在中国境内的建设已经取得了显著成就，东线已经基本完成，中、西线也有积极进展。但是，在柬埔寨、老挝、缅甸等国境内的泛亚铁路建设还比较滞后，这些国家也难以为项目提供资金支持。此外，次区域内的能源和通信、港口、航道等基础设施建设，都有着巨大的资金需求。相关项目本身建设周期长，投资风险大，加之一些地区山高林密、地质条件复杂、民族宗教矛盾突出，这更加大了项目投资的经济成本。

GMS 和 LMC 在次区域内有很大的互补与合作空间。鉴于国际金融危机局势，基础设施建设对于刺激经济复苏和提供就业机会的重要性和紧迫性大幅提升。在这样的关键时刻，中国和亚洲基础设施投资银行等国家和国际组织能够发挥更大也更为重要的作用。GMS 已经为次区域基础设施建设投入了大量资金，LMC 的建立和发展也有助于满足次区域发展的资金需求。次区域基础设施互联互通需要迅速增加资金，并向包括私营部门在内的联合融资者调动更多资金，用于次区域基础设施建设，协助各国解决包括规划、协调及能力建设和机构建设等在内的软基础设施问题。次区域基础设施建设涉及多国，各国在项目确定、资金筹集、项目监管、处理社会和环境问题等方面都需要具有一定程度约束力的正式合作机制。LMC 与 GMS 应进行协调和对接，尽快建立必要的沟通和协商机制，调动相关资源服务于次区域基础设施建设。

除了互联互通领域，LMC 与 GMS 在环境保护、人力资源开发、国际减贫等众多领域也有着很好的基础和平台。以国际减贫合作为例，早在 2005 年中国已经在亚行下设中国减贫与区域合作基金。该基金的宗旨是支持亚行在亚洲和太平洋地区的发展中成员国减贫合作，促进区域发展等。其中，大湄公河次区域经济合作就是援助的重点之一。中国提供了 4000 万美元的资金支持，支持亚行发展中成员体的技术援助项目超过 82 个。2017 年，中国再次向亚行出资 5000万美元，以促进亚行在该基金下扩大提供赠款技术援助。[①] 减贫合作是澜沧江—湄公河合作的优先领域之一，可以充分与大湄公河次区域经济合作进行对接与合作，借鉴相关工作经验，以提高资源利用率，切实促进次区域经济发展和民生改善。

（二）在机制建设方面，LMC 需要向 GMS 学习和借鉴

如何协调 LMC 与 GMS 的竞合关系，本身也是 LMC 机制建设的重要内容。反过来讲，如果 LMC 一味追求与 GMS 等次区域内其他合作机制进行竞争，则不仅会弱化自身的发展基础，降低各成员的预期收益，还很有可能引来美国、日本等国家的对抗，继而导致澜沧江—湄

---

① Asian Development Bank，"People's Republic of China Poverty Reduction and Regional Cooperation Fund：2016Annual Report"，November 2017，pp. 1 - 3，https：//www. adb. org/sites/default/files/institutional-document/379511/prc-fund-annual-report-2016. pdf.

公河合作的计划或是项目频频被"政治化"，成为一场场国际政治博弈。因此，在 LMC 的机制建设进程中，不应过分强调竞争关系，而应注意与 GMS 等合作机制进行协调合作，以化解多边阻力和政治风险。

澜沧江—湄公河合作才刚刚迈入正轨，还处于经验摸索阶段。即使澜沧江—湄公河合作有望实现"后来居上"，但是无论是在"建章立制"，还是在促进自身科学决策和高效运行等方面，都存在着向次区域相关机制学习的空间。大湄公河次区域经济合作已经在次区域积累了近 30 年的实践经验，对于澜沧江—湄公河合作来说具有重要借鉴意义。大湄公河次区域经济合作已经建立起良好的运营体系，有着比较充足的项目储备，系统掌握了次区域各国的相关政策及发展重点，对次区域的未来有明晰规划。相比之下，澜沧江—湄公河合作仍在探索前进阶段，可以在机制建设、项目合作及内部管理等诸多方面向大湄公河次区域经济合作学习。在此基础上，进一步借鉴亚行在规则制定、治理结构、运营管理、风险控制、项目评估等方面的经验，从而降低运营成本，提高运营透明度，做到风险与收益平衡。当前，LMC 与 GMS 在机制对接方面仍然存在裂隙，可以考虑尽快推动 LMC 与 GMS 搭建一个知识、经验分享的平台，保持对话就是保证一定的透明度。这将有利于信息分享和知识经验的交流，减少一定的重复投入的成本。在此基础上，可进一步探讨 LMC 领导人会议和 GMS 峰会结合的可能性。

总体而言，澜湄次区域可持续发展的任务非常艰巨，维护次区域的繁荣与稳定需要多方共同努力。GMS 与 LMC 应该聚焦合作与发展，二者之间的相互协作、积极配合将促进次区域发展，共同助力东盟共同体建设和区域一体化进程，最终次区域各国及这两项机制本身都会从中受益。对中国而言，GMS 与 LMC 在制度设计上的不同特点以及两者的竞合关系，中国可以有针对性地制定适当的地区合作战略。中国已经在改革发展、基础设施建设、产能合作等众多领域积累了丰富的知识和经验，可以通过这两个平台，与湄公河国家实现分享与合作，给次区域国家和人民带来更多实实在在的利益，共同实现次区域繁荣与稳定。

小　结

从纵向比较来看，一是在适应时代发展变化以及在发展速度等方面，相较大湄公河次区域经济合作，澜沧江—湄公河合作更为契合逆全球化背景下，次区域六国迫切需要推动合作升级的新需求。LMC的发展速度更快，效率更高。二是在合作成果及影响力方面，大湄公河次区域经济合作的成就更大。GMS二十多年的发展历程，为六国提供的不仅仅是合作与协商的平台，更是增进了六国加强合作的共识和信心，既提供了合作模式与经验，也增进了次区域共同的利益。LMC的建立和发展本身也得益于GMS取得的成就。三是在主要困难方面，澜沧江—湄公河合作要实现更高的合作目标，必然面临更多的挑战和困难。深度融合意味着次区域各国将以更紧密的合作关系结合在一起，而各国为了克服不利于合作的地区政治、经济、社会、文化等困难，所需要付出成本和代价较之前也将更大。澜沧江—湄公河合作需要通过六国的共同努力将次区域合作成功带向新的高度。

从横向比较来看，一是在合作领域方面和主导权方面，澜沧江—湄公河合作更具综合性和合作优势。澜沧江—湄公河合作从起步之初就确立了"三大支柱"，主要目标和主要内容都涉及经济、政治安全、社会文化的发展，并且明显呈现出由"外力驱动"转向"内力驱动"的特点，更契合了次区域国家和地区的发展需求，具有更良好的发展潜力和发展前景。二是在机制建设方面，两项机制的制度化水平都比较低。但是大湄公河次区域经济合作经过二十多年的发展，在组织和机构上更为完善和细化，在运行方式上也更为有效。LMC还有很多方面需要向GMS学习和借鉴，应积极探寻机制对接的方式及渠道。

总体上说，大湄公河次区域经济合作与澜沧江—湄公河合作各具优势和不足。大湄公河次区域经济合作的发展历史相对悠久，已经成为澜湄次区域内合作机制的一种标杆，后者即使有望后来居上，但是仍需假以时日。在次区域的发展进程中，二者必然长期共存。目前，两项机制呈现出竞合关系，既存在竞争的一面，也存在广阔的合作空间。澜湄次区域可持续发展任务艰巨，实现次区域发展繁荣需要多方共同努力。GMS 与 LMC 应该聚焦发展与合作，二者之间的相互协调、积极合作将促进次区域发展，共同助力东盟共同体建设和区域一体化进程，最终次区域国家及这两项机制本身都会从中受益。对中国而言，LMC 与 GMS 在制度设计上的不同特点以及两者的相互关系，中国可以有针对性地制定适当的地区合作战略。

第五章

GMS 与 LMC 比较研究对我国
参与次区域合作的启示

从大湄公河次区域经济合作发展成熟到澜沧江—湄公河合作的创建和推进，澜湄次区域合作的发展进程折射出两个重要变化。一是中国与湄公河国家关系正在逐步走向深度融合。中国与湄公河国家由经贸合作，逐步向政治互信、社会文化交融发展。二是中国在国际制度体系中正在逐步由规则的接受者向制定者转变。20 世纪 90 年代初，中国积极寻求加入国际机制，通过主动地学习、运用国际规则来争取自己的利益。进入 21 世纪，中国的综合实力不断提升，国家利益不断拓展，也更加了解和熟悉国际体系的运行规则与秩序，在国际事务中已经开始具备了设置议程和制定规则的能力。这使得中国更加深入地参与到国际机制体系中，并逐步在体系内发挥建设性的作用，承担应尽的国际责任。

由此，中国参与澜湄次区域合作的实践，给我国学界和政界带来至少两个方面的思考和启示：一是如何推动次区域合作的演进发展，即如何推动"低阶"次区域合作向"高阶"次区域合作的跨越？二是如何平衡和处理创设机制与既有机制之间的关系，如何才能有效减少多边阻力，降低各方的参与成本，提高新机制的活力和影响力？

第一节　推动次区域合作由"低阶"
向"高阶"跨越

次区域合作已经逐步成为我国与周边国家开展合作的重要载体，

一些学者提出，"一带一路"实质上就是跨越边境的次区域合作。[①]我国倡导的"一带一路"涉及较多的具体项目合作，大致可以归属于次区域合作模式，也符合前文中对于"次区域合作"概念的界定，在次区域合作研究中值得持续关注。在实践层面，要实现次区域合作由"低阶"向"高阶"的跨越，首先，应该明确"高阶"次区域合作的特征。其次，应进一步明晰实现"高阶"次区域合作的基本条件。

一　"高阶"次区域合作的特征

"高阶"次区域合作必然具备次区域合作的一般特征，即前文所述的较低政治经济风险、组织的灵活性等。同时，"高阶"次区域合作还具备一些特殊的合作属性，主要包括以下四个特征：

（一）合作目的具有多重性

如前所述，"高阶"次区域合作是一个相对于"低阶"次区域合作而言的比较概念，各方参与合作的目的往往是多重的。在经济方面追求实现优势互补、完善分工体系、调整产业体系、发挥规模效应、缩小地区发展差距等；在政治方面追求维护国家和地区和平安定、提升国家威望、地区影响力等；在社会文化方面诸如谋求应对环境变化、促进文化交流、提升人力资源发展水平等均包含其中。各参与方对"高阶"次区域合作的发展前景呈现出积极的态势，发展比较领先的"高阶"次区域合作都有着明确具体的愿景规划，尤其是在"高阶"次区域合作的初期推进阶段表现得更为明显。如，澜沧江—湄公河合作在起步之初，就确立了"建设面向和平与繁荣的澜湄国家命运共同体"的合作目标，在这种积极且具体的愿景激励下，澜沧江—湄公河合作在短短两年的时间内就取得了丰富成果。甚至可以说，正是这种追求更高层次合作目标的积极态势，才能保障各类次区域合作能够克服重重障碍，避免陷入深度融合发展的困境。

（二）合作领域具有综合性

为了实现多重合作目标，"高阶"次区域合作的合作领域必然超

---

① 参见柳思思《"一带一路"：跨境次区域合作理论研究的新进路》，《南亚研究》2014 年第 2 期；肖洋《跨境次区域合作与丝绸之路经济带——基于地缘经济学的视角》，《和平与发展》2014 年第 4 期。

越经济合作的单一领域，向政治安全、社会文化领域拓展。虽然"高阶"次区域合作仍然以经济领域为核心，但在政治安全和社会文化融合等方面较"低阶"次区域合作有了质的区别。各参与方由经济融合逐步向政治和文化层面深度交融，这样的合作路径在理论和实践层面均得到了高度认同。在"高阶"次区域合作阶段，各参与方经济、政治及文化交融问题进一步凸显。"低阶"次区域合作中，特别是贸易融合比较容易带动政治和文化的初步交流和相互认可。同时，由于贸易的双赢本质，"低阶"次区域合作的推进还未涉及参与方过多的妥协和让步，也较少牵扯到政治和文化融合带来的纷争；但合作发展到"高阶"次区域合作之后，政治和文化融合就成为一个无法规避的关键问题。总体而言，"高阶"次区域合作必然会涉及成员方政治和文化方面的深度融合，能否解决好由此引发的协同问题是深度融合能否顺利推进的关键因素之一，而不仅仅在于经济利益的共赢以及分配模式是否有效。

（三）合作机制具有较高制度化水平

国际合作机制的建立，可以起到规范行为体行为，增强信息的透明性，以及承诺的可信性等作用。随着合作的深入，次区域国家间日益形成相互依赖的关系，彼此间的共同利益也不断扩大，由此推动合作向宽领域、深层次、高水平的方向发展。"高阶"次区域合作的跨越必然以制度化的形式来实现。在衡量国际合作的制度化水平方面，主要有三个维度，即"正式化（明确阐述、公开批准），集中化（成立组织机构、建立行政设施），授权化（第三方实施规则、解决冲突）"[①]。这三个维度整体上具有前后递进关系，随着合作的深化和拓展，加强合作机制的集中化、授权化是必然趋势。在次区域合作的低级阶段，相关组织所得到的授权是相当有限的，甚至可以说是微不足道的。在高度深化融合阶段，要争取获得各参与方更多的授权，甚至可以考虑建立统一的组织机构，以协调和管理各参与方经济社会的发展。从实践层面来看，尽管目前澜沧江—湄公河合作的制度化水平还比较低，

---

① 田野：《国际制度的形式选择——一个基于国家间交易成本的模型》，《经济研究》2005 年第 7 期。

但是相关倡议和举措表明，澜沧江—湄公河合作已经将提升机制建设作为重要的发展方向，其制度化的趋势也必然越来越明显。

（四）合作动力具有内生性

相比"低阶"次区域合作往往由外部力量引导和推进，"高阶"次区域合作的发展呈现出由内力驱动的特征。从澜湄次区域合作发展的实践可以看到，次区域合作的真正驱动力来自于区域内部，域内各国的利益需求是推动次区域合作深化发展的根本动力。这样的趋势和变化才能够更加契合次区域发展的实际需要，也更有利于保障合作的可持续性。"高阶"次区域合作的这一特征，反映出域内国家在本区域经济发展和政治稳定的主体地位，也充分体现了任何区域的和平与发展只能依靠域内国家自主努力的国际政治经济现实。

二 次区域合作由"低阶"向"高阶"演进的主要条件

综合来看，要实现次区域合作由单一的、低水平合作向综合性的、高水平合作的跨越，需要在合作领域、合作机制以及合作主导权三个方面都随之提质升级，实现与次区域合作发展需求的动态匹配。其中，次区域大国在合作中发挥主导作用是深化次区域合作的关键因素。不过具体到各个区域，上述三个要素的实现方式可能存在差异，因此还需要更为细致的研究。出于本书主题相关考虑，在此仅将澜湄次区域合作由"低阶"向"高阶"演进的启示总结如下：

（一）深化和拓展功能性合作是次区域合作的基础

首先，次区域合作应继续深入推进经济领域的合作。在不同的发展时期，各国及次区域经济利益的内涵和偏重点会发生位移。比如在合作发展初期，次区域内会进行一些小规模的贸易、投资建设，但随着互信的进一步增加、合作领域的进一步拓宽，以及各成员体自身经济实力的提升、地缘一体化的逐渐加强和全球化冲击的日益加大，次区域内部的经济利益追求会进一步扩大，以至逐渐建立起更加稳定的金融网络系统和得以自身调节市场的调控力，并成为经济利益本身的一部分。当次区域内各参与方在经济上越来越呈现复合相互依存状态、越来越交织成网之时，就会产生共同的经济利益并且不断扩展，合作的基础越来越牢固，这是次区域合作得以实现的基本前提。

其次，在合作中应该不断拓展新的功能性合作领域。合作应选择一些技术性的，或是较少争议的，能契合多方利益诉求的领域，除了贸易、投资、金融等经济领域的之外，在环境保护、公共卫生、交通通信、非法移民、恐怖主义等问题上，各国往往有着共同的利益，靠各个国家单独行动无法解决，难以取得满意的效果，各国有着深化合作的需求。随着非政治性的、功能性的合作顺利推进并不断扩展，这些领域的合作可以凝聚共同利益、增强互惠关系，为了实现共同利益的最大化，合作将进一步向政治、安全领域延伸。次区域经济合作也将逐步地由个别领域的合作向综合性的合作发展。不断拓展功能合作也将为次区域合作提供持久的发展动力。

最后，要加强合作文化和区域认同建设。次区域合作需要充分结合次区域的历史、政治、经济的发展情况，培育次区域合作文化。对于亚洲地区而言，其内核应该是亚洲文明中的开放包容精神，即尊重多样性、差异性和灵活性。① 在实践层面，次区域合作进程不曾间断，并不断取得重要进展，为地区和平与发展做出积极贡献。究其主要原因，就在于其包容性、灵活性所提供的内在生命力，次区域合作应该继续保持这一特色。此外，以往的区域合作理论往往以欧洲一体化为考察对象，并以是否成功提升区域治理的水平为检验标准，但这一模式并不完全适用于亚洲地区的次区域合作。在今后的合作中，要通过不断培育符合次区域发展的合作文化，增进共识，聚合各方利益，共同推进合作进程，为次区域长远发展提供有力保障。

（二）重塑或创设合理的合作机制是次区域合作的保障

功能性合作达到一定程度后必然需要制度性建设予以保障。在合作中形成机制的实体是相互依存的，彼此间相互依存的程度越高、范围越广，那么在合作中共享的利益就越多，从而利用既有机制或者创设新机制的需求也就更大。②

第一，重塑次区域内既有的合作机制。在次区域合作的发展进程

---

①　张蕴岭：《东盟 50 年的思考》，《世界知识》2017 年第 14 期。

②　James E. Dougherty, Robert L. Pfaltzgraff, Jr., *Contending Theories of International Relations: A Comprehensive Survey (fifth Edition)*, New York: Addison Wesley Longman, Inc., 2000, p. 531.

中，要保障各国的集体行动更为持久和深入，合作的连续性和深入性，必然需要合作制度化、机制化。只有如此，才可能增强次区域内部的凝聚力，提升对外讨价还价的能力。随着次区域合作的深化，制度化建设也必然越来越完善。但是，利益互补是合作机制出现的必要条件但非充分条件。由于交易成本，以及其他一些不确定性因素的影响，维持和提升既有机制往往比重新建立机制更为容易。因此，尽可能地调整既有机制，而不是推倒重来，才是各参与方真正理性的行为。① 次区域合作的实现可以在充分发挥现有合作制度功效的基础上，不断完善和推进机制建设，将有利于降低交易成本，减少合作中的不确定性。

第二，考虑创设次区域合作的新机制。在次区域合作的发展进程中，当各参与方的合作需求、合作领域、合作动力等方面已经发生变化，相关合作机制也应随之完善。"一旦某些国际制度建立起来，会进一步增加建立其他国际制度的压力。许多人将卷入其中，而且由于确信的合作收益，将会有更多的人意识到，随着国际合作的加强，他们的福利水平也会增加。"② 如果次区域内经济、社会、文化等领域合作已经逐步向政治、安全领域的合作"溢出"，进而产生功能连锁反应时，相关机制就必须及时作出调整，顺势提升合作水平和层次，否则就会成为次区域合作深入发展的障碍。当一些国际制度出现失灵，不能完全满足更高水平的合作，以解决日益增加的区域公共问题时，就出现变革的必要。如果次区域内原有合作机制难以适应发展的新形势，则应该积极考虑创设新的合作机制。一旦新的国际机制成功创建，各参与方将从相对高水平和对称的信息中获益，进一步促使支持机制的谈判和协议更易于达成。③ 通过建立一个更为有效、合理的管理机制，可以规范各行为体的行动，保证区域内各成员国的利益，同时加快区域合作的建设进程。

---

① Robert Keohane, *After Hegemony：Cooperation and Discord in the World Political Economy*, Princeton N. J.：Princeton University Press, 1984, p. 106.

② 参见 Paul Taylor, "Functionalism：The Approach of David Mitrany", in A. J. R. Groom and Paul Taylor, eds., *Frameworks for International Cooperation*, p. 131。

③ Robert Keohane, *After Hegemony：Cooperation and Discord in the World Political Economy*, Princeton N. J.：Princeton University Press, 1984, p. 100.

值得重视的是，次区域合作的制度化水平应该根据次区域的实际情况来决定。集中化、授权化的合作机制固然有利于保障合作的稳定性、推进高层次合作目标的实现。但是，在各参与方缺乏战略互信、利益错综复杂、认同感较低的一些区域，高层次的合作机制不仅难以建立，反而会阻碍合作进程，降低次区域合作的效果。

（三）域内大国在次区域合作中发挥主导作用是关键

应该认识到，共同利益的存在对合作的演进是重要的，但仅有共同利益的存在，并不必然保证国际合作的出现。在推进次区域合作演进发展的过程中，域内大国应该在两个方面发挥出关键作用：

第一，大国在合作中要主动承担区域公共产品的供给。首先，大国在区域公共产品供给方面应该"先行一步"。在次区域合作进程中，区域公共产品能帮助各参与方通过集体行动的方式，有效应对和解决次区域内的"市场缺失"和合作中的"囚徒困境"① 等问题。具体表现为次区域内基础设施建设、关税优惠、贸易便利化、投资优惠安排、非传统安全问题的解决、环境与卫生合作等多个方面。但是，由于次区域合作往往面临着纷繁复杂的国际环境，以及多样性的区域公共产品需求。客观上，区域公共产品供给需要一个引领者或者主导者，其作用在于率先支付区域公共产品的供给成本。成为区域公共产品主导供给方必须具备两个条件：一是要有供给能力，二是要有供给意愿。次区域内的大国能否引领区域公共产品供给，是关系到次区域合作成效的重大问题。区域大国和强国在次区域合作中往往有切身的利益关切，完全有意愿也具备率先供给区域公共产品的能力，应当率先而为，在合作中积极提供区域公共产品，允许其他国家"免费搭车"。

其次，大国应促成小国在区域公共产品供给方面"积极跟进"。从理论上讲，区域公共产品既可以由区内大国单独提供，也可以由区内各国合作提供。但是实践表明，任何国家都不具备长期承担区域公

① "囚徒困境"是指两个被捕的囚徒之间的一种特殊博弈，说明为什么即使是在合作对双方都有利时，保持合作也是困难的。囚徒困境是博弈论的非零和博弈中颇具代表性的例子，反映个人最佳选择并非团体最佳选择。虽然困境本身具有模型性质，但是在区域合作的现实中，也会频繁出现类似情况。

共产品供给的实力。因此，共同分担区域公共产品的供给成本，不仅是各参与方达成合作的需要，也应成为深化合作的现实选择。不过，共同分担并不等于平均分担，各参与方应合作承担相应的供给成本。区域公共产品的供给既要遵循"受益人支付"原则，也应该依据公共产品的不同类型而有所区别。尤其是在公共问题增多、合作内容扩大的情况下，只有各国合理分担区域公共产品的供给成本，才能使得区域公共产品随着各国贡献的增加而得以增加，进而实现"帕累托最优"①，以保障合作的可持续性。在次区域合作进程中，大国不仅应承担供给区域公共产品"先行"的成本，还应该促使其他成员国也成为区域公共产品供给者。通过寻找各国利益的汇合点，协商解决利益分歧和冲突，共同实现区域公共产品有效供给。在次区域合作深度融合阶段，联合提供是比单独提供更具现实性和可持续性的政策选择。

第二，大国要有效应对域外体对次区域合作的介入。由于次区域合作中的地缘具有对外开放性，这就意味着不能完全避免外来行为体对次区域的作用和影响。尤其是当面临强大的国家个体或者比次区域整体实力更强劲的域外行为体时，对次区域的影响更难以回避。需要认识到的是，虽然作用体是在次区域之外，但引发其进入次区域内并采取行动的根源在于次区域内的国家。次区域合作的实现不仅与本次区域内各行为体紧密相关，一些域外国家、国际组织等行为体的态度、利益诉求、措施策略等也在很大程度上影响合作进程。在当今，世界各国和各地区间日益形成复合相互依赖的关系，域外体参与次区域合作有其必然性，这也是推进次区域合作中所要了解和研究的，要厘清引发的原因，探究回避的方式，以及如何更好地开展协调与合作。

域外体尤其是大国对次区域合作的参与，在一定程度上能对次区域的经济和社会发展给予援助和支持。但是，与此同时，也可能使得

---

① 帕累托最优（Pareto Optimality）是经济学中的重要概念，在博弈论、工程学和社会科学中有着广泛的应用。帕累托最优指的是资源分配的一种理想状态，即假定固有的一群人和可分配的资源，从一种分配状态到另一种状态的变化中，在没有使任何人境况变坏的前提下，使得至少一个人变得更好。帕累托最优是公平与效率的"理想王国"。

大国利益在次区域内交汇重叠，大国间的博弈可能加剧次区域合作的复杂性，也不利于次区域内部政治互信，影响次区域合作进程。大国往往通过多重合作机制参与到次区域合作中，各种机制相互牵制，呈现"意大利面条碗效应"，进一步加剧各参与方身份认同的模糊性，从总体上会破坏一个地区构建集体身份认同的努力。[①] 在次区域合作的建设中，如何协调域外大国在次区域的战略利益与重大关切，真正考虑次区域的发展诉求，维护地区的持久和平，成为必须考虑的重要因素。次区域内各国特别是大国，应加强与域外大国的战略对话和协调，避免对抗，坚持良性竞争，共同维护和促进次区域的繁荣与稳定。

第二节　协调处理既有机制与创设机制的关系

随着合作关系的演进发展，必然要求相应的机制予以保障。事实上，对于中国而言，由于自身在国际体系中的地位不断提升，"转制""改制"和"建制"已经逐步发展成为中国与国际制度关系的新特点。[②] 中国从利用规则寻求自身利益，到主动参与机制并在其中发挥建设作用，再到转变、改造既有机制和建设新机制。这种渐进的参与方式与中国对国际机制和规则的熟悉程度相关，更与中国的综合实力提高紧密相连。如何协调处理创设机制与既有机制间的关系，已经日益成为我国在外交活动中面临的突出问题，表现在次区域层面，更是一个亟待妥善处理和解决的难题。

一　正确认识既有机制与创设机制的关系

国际机制的意义在于使得各参与方的行为处于一种可预期的状态，有利于降低不确定性因素。由此，国际机制的设计和不断创新变

---

① 李巍：《东亚经济地区主义的终结？——制度过剩与经济整合的困境》，《当代亚太》2011 年第 4 期。

② 苏长和：《全球公共问题与国际合作：一种制度分析》，上海人民出版社 2009 年版，第 238 页。

得愈加重要。特别是对于正在向世界大国方向发展的中国而言，如果仅仅停留在既有规范和原则范围内，将很难在区域秩序的构建中发挥应有作用，也难以获得周边国家认可和支持。未来，中国需要在规范和机制的创建方面积极有为，逐步成为地区规范、规则的创制者。[①]

（一）创设区域合作新机制的必然性

第一，共同利益的增长推动区域合作新机制的产生。在日趋紧密且相互依赖的区域合作中，各参与方已经在很多问题领域产生越来越多的共同利益，使得各参与方处于"一荣俱荣、一损俱损"的关系。然而，这仅仅只是问题的表象。更深层次的含义在于，各参与方如何对区域公共问题的治理达成积极协议，并采取更加主动的行动。在涉及区域公共议题治理时，共同利益是合作演进和升级的基本前提，但是存在共同利益并不会自动促成合作的深化。[②] 正如基欧汉所指出的，"在很多情况下，即使彼此间存在共同利益，合作也照样会失败。特别是当不确定性比较突出，且各行为体获取信息的能力不一时，集体行动的障碍与战略上的估算，也许会使行为主体无法正确意识到相互间存在共同利益的现实"[③]。

次区域合作本身是一种国际集体行动，既可以视为国际集体行动的形式，也可以被理解为国际集体行动的结果，各参与方对集体行动的需求可以用来解释次区域合作演进的动因。可以说，次区域合作的演进就源于各参与方基于公共问题增加，为实现共同利益而采取的集体行动。在经济领域越来越相互依存的情况下，次区域内各国的共同利益产生并不断拓展。不过，这种共同利益需要各参与方进一步提升合作水平、拓展合作领域才可能得以实现。基于此，可以将次区域合作的进程视为各参与方为了实现本区域的共同利益，而对次区域合作进行提质升级的过程。次区域合作得以实现和推进的核心动力在于，合作的收益超过单边行动的收益。

---

① 姜志达：《东亚秩序的演进与中美规范竞合》，《当代世界》2014 年第 8 期。

② 苏长和：《全球公共问题与国际合作：一种制度分析》，上海人民出版社 2009 年版，第 59 页。

③ Robert O. Keohane, *After Hegemony: Cooperation and Discord in the World Political Economy*, New Jersey: Princeton University Press, 1984, p. 6.

　　事实上，经济领域的合作本身不可能与政治、安全、社会等领域的合作截然分开，尽管"低阶"次区域合作是"低政治"的，但并非"去政治化"的。从次区域合作的实现路径来看，纯粹的政治安全等领域的合作进程往往艰难曲折，而通过经济融合再拉动政治安全合作，最终实现深度融合，在理论上被认为是最具可行性的道路。究其原因，就在于政治博弈往往是一场零和游戏，而经济合作则是双赢格局。由此，一方面经济合作的成功为各参与方展开政治安全、社会文化等领域的合作奠定了基础；另一方面政治安全、社会文化等领域合作的开展和深化，也将保障和推进经济合作的可持续性发展。全面的、高层次的"高阶"次区域合作，就成为次区域合作必然的发展方向。

　　次区域合作是增进次区域整体利益的一种态度和行为，各参与方之间与日俱增的共同利益要转化为现实，最终还是需要依靠国际制度来维持和保障。需要通过有效的制度设计与制度安排，汇聚行动者的预期，降低不确定性，必要的情况下通过限制与约束个体的行动，来促成公共利益的实现。次区域内各国追求国家利益，对合作的原则、规则、规范和程序进行创设，利用国际机制减少域内国家间合作的交易成本，以非冲突的方式，付出相对较小的代价，获取相对大额利益，最大限度地减少无机制下的损失。奥兰·扬指出，国际机制建立以后，相关国家就可以开展机制内的交涉，调整各方利益冲突。[1] 国际机制的运行是以利益需求为基础的，各参与方如果各行其是，甚至一意孤行则会导致共同损失，无法实现共同利益。由此，各参与方创立国际机制以便消除或减少集体行动的困境。[2] 有关次区域合作升级的关键问题在于，如何通过机制的设计与创新，引导和激励各行为体在寻求自身利益的同时，为实现区域的整体利益，以及解决区域公共问题等方面采取更加积极主动的集体行动。

---

　　[1]　Oran R. Young, "Regime Dynamics: The Rise ande Fall of International Regimes", *International Regimes*, ed., Stephen Krasner, Ithaca: Cornell University Press, 1983, pp. 93 – 113.

　　[2]　Robert O. Keohane, *After Hegemony: Cooperation and Discord in the World Political Economy*, New Jersey: Princeton University Press, 1984, pp. 85 – 109.

第二，次区域合作的新机制有利于保障和实现共同利益。次区域合作的新机制对次区域合作深化与秩序演进是重要的，公共利益需要通过制度安排和相互合作来实现和维持。次区域合作机制为次区域治理提供了基本的原则与规范。作为规范系统的次区域合作，其对次区域公共问题的治理，是通过汇聚行为者的预期，加快信息的沟通和传递，约束不负责的个体行动，来促进和扩大各参与方在区域公共问题治理上的合作，将次区域纳入有秩序的运行模式中。

次区域合作新机制是为了适应合作并保障合作而出现的，而不同的集体行动问题，需要不同的制度解决途径和方式。次区域合作演进和升级同样首先需要解决机制安排等问题，以充分发挥合作机制对于地区事务的规范功能，进一步引导各参与方通过集体行动来解决共同面临的问题，构建更良好的地区秩序以及更加紧密的合作关系。特别是在关乎本区域共同利益的领域中，合作机制不仅能够促成合作的深化，还可以提升各参与方的认同感。①

通过深化次区域合作，各参与方可以实现其利益、目标或偏好，但是如果缺乏相匹配的国际制度，次区域国家间将很难实现本来可以相互获益的合作。由此次区域合作由"低阶"向"高阶"的演进，还将取决于相关机制的发展模式。从理论上而言，次区域合作的实现可以通过提升次区域合作既有机制，或是通过创设新的合作机制以适应新形势，满足各参与方的发展需求。当各方有着足够重要的共同利益，及其他相关条件都得以满足时，合作也可以出现，国际机制也可以创设。但是，这并不意味着次区域合作的新机制可以轻易地创设，当代国际机制很少是通过简单的途径就可以成功建立的。认清这个事实，可以更容易理解为什么既有机制受到各国政府的珍视。构造国际机制所需付出的高成本，本身就有助于既有机制的延续。即使成功创设了新的合作机制，新机制也必然与既有机制有着紧密关联。并且，需要看到，"新合作机制的创设本身就是由旧机制所培育出来的相互信任感而得到促进。国际机制很少从混乱中出现，相反，新机制和旧

---

① 樊勇明、钱亚平、饶芸燕：《区域国际公共产品与东亚合作》，上海人民出版社2014 年版，第92 页。

机制之间是彼此相互依赖的"①。

"高阶"次区域合作的新机制出现也并不意味着"低阶"次区域合作机制的消亡或是终结。"低阶"次区域合作的机制更不可能在新机制创设后，就自动自发地退出历史舞台。"国际机制本身具有其生命力，而这种能力独立于最初导致它们产生的基本因素"②。一旦国际机制建立起来，其具有自我运行和维持的特点，"由于边际成本低于平均成本，机制一经建立就能稳定地维持下去"③。只要国际合作机制存在，就有合作的可能，合作本身也会导致更多国际机制的建立。

由此，新旧合作机制必然在一定时期内长期共存。一方面，既有机制的原则、规则、制度和程序，以及它们相互联结在一起而产生的互动，对于各国政府而言是有益的，因为这些安排使得沟通成为可能，从而有利于增进信息交流，降低各方的交易成本。"即使成员间的权力变得更加分散，集体行动问题的解决变得更为严峻，但是，既有合作机制所发挥的作用将弥补这些不足。"④。另一方面，次区域合作所创设的新机制本身也必然经历从产生、发展到成熟的过程，要经历时间的考验，才有可能实现对既有机制的真正超越。这就需要在实践层面，协调和处理好旧机制运作和新机制创设之间错综复杂的关系，探究两者间的契合之处，推进二者协调发展，才能真正降低参与成本，减少合作的不确定性，最大化地实现参与方的共同利益，满足次区域发展的实际需求。

创设国际合作新机制尤其要妥善解决利益分配的问题，要准确反映各参与方的利益诉求，从而使新机制更加契合地区深度融合的现实

---

① Robert Keohane, *After Hegemony: Cooperation and Discord in the World Political Economy*, Princeton N. J.: Princeton University Press, 1984, p. 79.

② James E. Dougherty, Robert L. Pfaltzgraff, Jr., *Contending Theories of International Relations: A Comprehensive Survey (fifth Edition)*, New York: Addison Wesley Longman, Inc., 2000, p. 531.

③ Charles P. Kindelberger, "International Public Goods without International Government", *The American Economic Review*, No. 1, 1986, pp. 1 – 11.

④ Robert Keohane, *After Hegemony: Cooperation and Discord in the World Political Economy*, Princeton N. J.: Princeton University Press, 1984, p. 102.

需要。尽量平衡好各参与方的利益尤其是中小国家的利益，通过求同存异、循序渐进的方式，提升新机制的协调与约束能力。另外，次区域合作新机制还需要关注次区域内既有机制的角色定位与彼此关系等问题。在次区域内往往会存在一些明显交叉重合的合作机制，这就需要处理和协调好新机制与既有机制的关系。

（二）既有机制与创设机制的竞合关系

次区域合作的演进是与合作机制的设计和创新紧密联系的，没有国际机制，次区域合作将会非常困难，甚至无法持续。在国家相互依赖日趋紧密、公共问题日益暴露的地区中，合作机制对于次区域的治理与稳定、发展与进步，是至关重要的、不可或缺的。相互依赖关系的内在逻辑，推动着次区域合作新制度的形成。只要各行为体处于相互依赖的关系之中，那么为了维系这种关系，各行为体就会自觉或不自觉、主动或被动地去设计各种各样的机制，以使合作稳定而有序。

由此，也就产生了新机制与既有机制的关系问题。在同一次区域内，新机制与老机制难免会存在参与方、合作议题、合作范围、重点领域、合作目标，乃至会议议程的交叉重叠。新老机制的交叉重叠程度越高，彼此间的关系也越为复杂，更加需要妥善处理。从本质上来讲，创设机制并不是对既有机制的替代，而是在现有合作基础之上，对合作领域的拓展、合作水平的提升，以及机制建设的完善。加之既有机制有其自身的生命力，新老机制必然长期共存。二者不可避免地存在竞争乃至对抗的一面，也存在广阔的合作空间。其中微妙的是，新老机制的合作与竞争拥有共同焦点，即哪项机制可以为本地区带来真实且持久的繁荣与和平。

既有机制与创设机制不是"零和"关系，二者在竞争中合作，在合作中竞争。竞争的一面需要磨合，共通的一面提供了彼此兼容合作的空间。具体而言，既有机制与创设机制的竞合关系主要表现为三个方面：一是两者具备既竞争又合作的两面属性。在新旧机制的关系中，竞争与合作不分主次从属，彼此渗透交织。二是竞争所产生的摩擦有时可能会表现得比较直接，甚至比较激烈，但总体属于可控和可协调的，基本属于"和平竞争"。三是新旧机制之间的关系状态，对地区关系往往具有全局性的、战略性的影响，成为各参与方观察、展望地区秩序发展方向的重要坐标。

二　处理既有机制与创设机制关系的策略选择

"事实上，任何国家的全球影响力都发端且首先施展于其周边地区。"① "一带一路"国际合作的推进，使得周边国家和地区在中国外交中的重要性进一步凸显。我国与周边国家的合作大多通过区域合作或是次区域合作的方式来实现，环顾中国周边各个区域的机制建设，基本都呈现出合作机制复杂化的局面，有学者称之为"制度过剩"，或是"机制拥堵"。② 中国作为正在崛起的发展中大国，机制复杂性是中国外交面临的新问题和新挑战，必须予以重视和妥善解决。

应该看到，由于合作的各参与方利益诉求往往比较复杂，很难在一个合作机制内得到表达，因此各国创建了嵌套、交叠、平行的合作框架。在特定环境下，多项合作机制有助于满足不同参与方的利益和需求。不过，复杂的合作机制也在一定程度上影响了区域合作深化，对区域深度融合造成了阻碍。但这一现象不能简单地成为否定所有国际合作机制的理由。相反，应该更加重视合作机制的设计、创建和发展等问题。当前区域合作深化发展所面临的问题，不是因为机制太多，而是因为机制的短缺；不是合作机制没有作用，而是如何建设更好的合作机制，发挥其应有的效应。

因此，要在我国周边地区营造和平稳定、合作共赢的发展环境，就必须重视和妥善处理机制复杂性等问题。处理好创设机制与既有机制之间的关系，也就成为关乎各成员国合作态势，以及次区域合作发展前景的关键问题。在策略选择上，处理创设机制与既有机制的策略主要是三种方式，即"另起炉灶"，"厚此薄彼"，"协同发展"。三者在处理创设机制与既有机制的竞合关系上，各有所侧重，对次区域合作与地区秩序的构建却有着截然不同的影响。

---

① 刘阿明：《权力转移过程中的东南亚地区秩序》，《世界经济与政治》2009 年第 6 期。
② 参见李巍《东亚经济地区主义的终结？——制度过剩与经济整合的困境》，《当代亚太》2011 年第 4 期；毕世鸿《机制拥堵还是大国协调——区域外大国与湄公河地区开发合作》，《国际安全研究》2013 年第 2 期。

表 5 - 1　　　　　　　　　　与创设机制既有机制的竞合关系

	竞合	成本	收益
另起炉灶	竞争	高	低
厚此薄彼	竞争	中	中
协同发展	合作	低	高

注：笔者自制。

（一）另起炉灶

"另起炉灶"即意味着放弃既有机制，重头做起，全力支持新机制的创设和发展。这一策略突出了新机制与老机制的竞争关系，由此也造成机制建设的高成本。尤其在国际金融危机后日趋复杂的国际政治经济格局中，过于急切打破现有格局的国家和相关机制势必遭遇到较大的抵制与反对。即使能够克服重重阻力，推进了新机制的建设和发展，往往所获收益较低。

对于中国而言，尽管在某些方面已经具备全球性影响力，但中国总体上还是一个地区大国，"中国的实力远没有强大到让外部世界作出改变，来适应自己的程度"①。在当前的发展阶段，处理创设机制与既有机制的关系上推行"另起炉灶"，不失为外交策略的一种新尝试，但是必然会面临很大的阻力，而阻力的来源将不仅来自次区域合作的内部，来自域外的力量也会成为阻碍新机制发展壮大的重要障碍。

在次区域合作内部，对于如何看待正在迅速崛起的中国，周边国家的态度往往比较矛盾。一方面，一些国家希望搭乘中国经济发展顺风车，愿意与中国加强合作关系，将中国视为本地区的发展、稳定的动力源泉；另一方面，又将中国视为本地区潜在的安全威胁。② 鉴于此，周边国家大体上采取了"大国平衡"政策，希望从复杂的地缘博弈中获得最大利益。一些国家和地区还努力谋求建立符合自身利益和特性的地区新秩序，阻止本地区变成大国相互对抗的阵地。比如，东南亚国家就通过组成联盟的方式，在东南亚地区事务的博弈中，通

---

① 薛力：《美国再平衡战略与中国"一带一路"》，《世界经济与政治》2016 年第 5 期。
② 刘阿明：《权力转移过程中的东南亚地区秩序》，《世界经济与政治》2009 年第 6 期。

过集体的力量使得地区局势向有利于其自身的方向转变。

就域外因素而言，不得不考虑美国、日本、印度等国家的影响。随着创设机制的发展，特别是中国的地区影响力和话语权将随之不断提升，这极有可能挑战美国等国家在中国周边地区的战略利益。美国主要是通过保持对地区事务的主导权，以及一些特定的地区安排和相关机制来保障其利益，鉴于美国在这些地区的重大利益，不可能自外于合作进程。对任何排除美国的区域合作机制设计，美国都会加以警惕乃至进行干预。现有的"开放区域主义"无法有效应对美国等域外国家的全面深度介入，不能为地区深度融合提供有效应对外部干预的方式，这将使得地区合作日益偏离地区经济社会发展、各国渐进融合的合作目标。

总体上说，在我国周边，地区秩序正在发生渐进的、稳定的变化，但我国并不是次区域合作机制发展的唯一主导因素。"另起炉灶"创设的合作机制，其发展前景不仅取决于我国或是相关大国的主观战略资源投入和客观国际环境现实，也依赖于参与合作的其他各个国家对地区秩序构建的认知及努力。中国、域外大国、域内其他国家，三方的相互博弈和相互影响将最终决定创设机制与既有机制的发展前景，也影响和决定着地区秩序的结构和走向。

（二）厚此薄彼

"厚此薄彼"即意味着重视和优待创设机制，轻视或怠慢既有机制。不可否认，新机制的起步之初，必然需要予以更大的投入，才有可能促成机制的创设与发展。不过"厚此薄彼"也是突出创设机制与既有机制之间的竞争关系，"厚此薄彼"难免顾此失彼。即使是对于既有机制的"参与但不积极"，也会给合作带来更多的不确定性，不确定性进而会带来疑惧，增加次区域合作其他参与方"选边站"的安全焦虑，也会进一步引发域外国家的干预。

在很长一段时期内，创设机制与既有机制必然彼此呈现出相互交叉、重叠的态势，这在一定程度上增加了各方参与合作的成本，加剧了地区深度融合的困境。在参与主体、地域范围、主要功能等方面，创设机制与既有机制往往高度重叠，彼此相互竞争。在合作项目、合作议程等方面则相互掣肘，效率低下。究其实质，主要源于合作主导权的竞争，以及战略互信的缺失，导致相关机制安排成为国家及国际组织相互较量的重要工具。在这种"复杂化"的机制环境中，新机制也难以脱颖而出，很难实现机制构建的预期目标。机制复杂化也会给地区的长治久安带来诸多负面影响：第一，域外大国对地区合作的介入，制约了域内国家实现地区整合的自主性努力。第二，机会主义的盛行，中小国家基于实用主义的态度，普遍参与各类重叠甚至竞争性的区域合作安排。① 一些行为体以短期利益来衡量相关国际机制对其的价值和收益，导致对各项合作机制的认同感比较低，蕴藏了潜在的冲突风险。第三，造成区域公共产品的供给效率低下，供给与需求之间严重失衡，进一步制约了区域政治经济新秩序的构建。②

在这样的机制环境下，中国的周边外交及参与的区域、次区域合作都受到了较大限制，很难通过机制平台将日益上升的国家实力相应地转化为地区影响力。近年来，中国积极创设了一些符合地区发展需求的新机制，如，亚洲基础设施投资银行，澜沧江—湄公河合作等。虽然，这些努力取得了一定的积极成效，但是离预期仍然相去甚远，且无法有效缓和周边国家的不安及降低域外大国的干扰。其中的重要原因就在于合作机制"复杂化"导致的竞争。新机制不仅无法有效缓和权力竞争，而且会成为权力竞争的工具，进一步激化矛盾，弱化机制效率，阻碍地区合作的稳步推进。"厚此薄彼"的策略不可能使机制复杂化的局面得以改善，反而会增加区域深度融合的阻力。

从中国方面来说，一方面需要恰当认识域外国家在我国周边地区的利益及影响，全面思考中国与美国等国家间的竞争与合作，使之走向良性竞争轨道。事实上，中国不可能在冲突或竞争思维方式下，实现自身利益的最大化。另一方面需要认识到，周边国家对中国的崛起有疑虑可以说在所难免，一些国家在大国间寻求平衡的战略将是长期的。中国需要通过更加广泛的互惠互利合作，让周边国家能够更多地分享利益，积极参与由中国倡议发起的区域合作以及全球议程之中。

---

① G. John Ikenberry, "Between the Eagle and the Dragon: America, China, and Middle State Straegies in East Asia", *Political Science Quarterly*, Vol. 20, No. 20, 2015, pp. 1 - 35.

② 陈小鼎：《区域公共产品与中国周边外交新理念的战略内涵》，《世界经济与政治》2016 年第 8 期。

尽管当前这仍是一大挑战，但是我国处于相对主动的位置，有着较大的可能性来实现。①

（三）协同发展

"协同发展"即推动创设机制与既有机制实现相互协作，达到共同发展的双赢目标。协同发展与"另起炉灶""厚此薄彼"不同，突出的是创设机制与既有机制间的合作关系。既有机制的衰退、消亡不是创设机制胜利的附带产物，创设机制的发展与既有机制的共同发展相辅而成。协同发展模式的核心在于"和合"，"和合"是中国传统文化的精髓和核心价值理念，以合作精神避免空间上、心理上、制度上的对抗，追求"和而不同""协和万邦"的境界，代表了全球化时代中国对人类命运的共同价值追求。② 协同发展实现了竞争与合作的融合，是一种超越了竞争与合作各自的缺陷，并且结合了二者优势的一种方法。协同发展可以有效避免两败俱伤、降低资源的浪费，实现"竞合"各方的"双赢"乃至"多赢"。③

周边地区机制复杂性及机制建设与中国自身利益息息相关，中国应该为推动地区深度融合贡献自身力量。进一步推动相关机制的协调、整合将是我国周边外交的重要切入点，也是塑造良好周边秩序的关键环节。中国周边外交新理念倡导的"亲、诚、惠、容"，正是通过增加区域公共产品的供给，塑造区域合作的新架构，建立更加稳定有序的周边环境。④ 中国倡导的新型次区域合作无论是理念设计，还是机制安排等方面，都秉承着协同发展、开放包容的基本原则，强调创设机制是对既有机制的补充而非替代，充分体现"和而不同"的中国理念。新型次区域合作是对既有地缘政治与地缘经济模式的超越，具备更加充分的利益包容性与制度弹性。⑤

具体而言，创设机制与既有机制应该在不同方面互相调适，共同促进区域的发展。创设机制也只有建立在借鉴和包容的基础上，才可

---

① 薛力：《美国再平衡战略与中国"一带一路"》，《世界经济与政治》2016 年第 5 期。

② 王义桅：《以和合共生实现三重超越》，《人民论坛·学术前沿》2013 年第 12 期。

③ 储昭根：《竞合主义：国际关系理论的新探索》，《太平洋学报》2015 年第 8 期。

④ 陈小鼎：《区域公共产品与中国周边外交新理念的战略内涵》，《世界经济与政治》2016 年第 8 期。

⑤ 冯维江：《丝绸之路经济带战略的国际政治经济学分析》，《当代亚太》2014 年第 6 期。

能具有更加强大的生命力和更为持久的影响力。在机制的建设和发展进程中，要通过有针对性的设计和建设，进一步有效降低机制间冲突，不断提升合作层次和拓展合作空间。如，澜沧江—湄公河合作与大湄公河次区域经济合作，二者呈现出机制嵌套，事实上也反映了各参与方在利益、观念等方面的日益趋同。在具体机制的互动过程中，如果各参与方能够协商一致，就可以为克服机制复杂性的不利影响，实现地区深度融合创造积极条件。通过凝聚机制间共通性，相互借鉴学习，加强协调合作，切实推动地区的繁荣与发展。

中国作为负责任的地区大国，正在通过创设区域及次区域合作的新机制，在力所能及的范围内，增加和丰富区域公共产品供给。中国对于区域合作、全球合作的态度更趋稳定，也更加开放。在当前复杂的机制环境中，我国创建次区域合作新机制一定要明确定位，避免重复建设，以补充与升级为主，争取与既有合作框架实现有效对接，共同推进次区域的发展。创设机制与既有机制的协调发展会是一个长期的、不稳定的进程。二者构建良性互动的协同发展关系对于整个地区的和平、稳定、发展而言，会是一个明智的现实选择。

小　结

次区域合作已经逐步成为我国与周边国家开展合作的重要载体，我国提出的"一带一路"倡议涉及较多的具体项目合作，大致可以归属于次区域合作的范畴，也符合前文中对于"次区域合作"概念的界定，在次区域合作研究中值得持续关注。

中国参与澜湄次区域合作的实践，给我国学界和政界带来两个方面的重要启示。一是在推动次区域合作的演进发展方面。要实现次区域合作由单一的、低水平合作向综合性的、高水平合作的跨越，需要在合作领域、合作机制以及合作主导权三个方面都随之提质升级，实现与次区域合作发展需求的动态匹配。其中，次区域大国在合作中发挥主导作用是深化次区域合作的关键因素。具体到不同区域，上述三个要素的实现方式可能有所不同，因此还需要对其进行更为细致的研究。

　　二是在处理创设机制与既有机制的关系方面。随着合作关系的演进发展，必然要求相应的机制予以保障。在策略选择上，处理创设机制与既有机制的策略主要是三种方式，即"另起炉灶"，"厚此薄彼"，"协同发展"。三者在处理创设机制与既有机制的竞合关系上，各有所侧重，对次区域合作与地区秩序的构建却有着截然不同的影响。就我国当前的周边环境而言，创设机制与既有机制的协调发展会是一个长期的、不稳定的进程。推动新老机制构建良性互动的协同发展，对于整个地区的和平、稳定、发展而言，将会是一个明智的现实选择。

结　　论

本书通过对大湄公河次区域经济合作与澜沧江—湄公河合作的系统比较，一方面探究次区域合作演进发展的新趋势，尝试为新的理论突破提供更为可靠的事实依据。另一方面对如何处理既有机制与创设机制之间的关系进行探讨，为我国解决次区域合作机制复杂化的问题提供借鉴与参考。总体上看，通过"利用理论解构现实"到"建构理论指导现实"的逻辑路径，结合我国与湄公河国家开展次区域合作的现实成就，从理论深度和战略高度，提炼出周边外交新时代深化次区域合作的发展策略。由此得出的主要结论，以及需要继续深入研究的问题在以下几个方面：

一　主要结论

（一）次区域合作由"低阶"向"高阶"演进

从次区域合作的实现路径来看，通过经济融合再拉动政治安全、社会文化合作，最终实现深度融合，在理论上被认为是最具可行性的道路。以经济合作为主的"低阶"次区域合作属于功能合作，最终都会遭遇深度融合的困境，需要靠其他功能来解决，合作的领域也由此得到了扩展。随着参与方的深度融合，为获得更大利益所面临的阻力和障碍也会增加，只有通过更高层次的合作加以解决，实现"低阶"向"高阶"的跨越。从实践层面来看，次区域合作的发展也印证了上述理论推想。在东南亚、东亚地区，各国间展开次区域合作往往从经济等"低政治"的领域着手，随着合作发展内外环境的变化，各参与方在合作中的偏好和诉求，以及次区域共同利益的改变，过去看似"高水平""高层次"的合作，在现阶段看来可能是"低水平"

"低层次"的。由此推动了合作内容演进发展，呈现出次区域合作的"成长性"。

（二）澜沧江—湄公河合作契合了"高阶"次区域合作的发展趋势

澜沧江—湄公河合作的建立，正是中国与湄公河国家依据国际和地区形势发生的新变化，立足于次区域发展的新需求和新目标，致力于建立高水平、高层次的合作关系，促进次区域国家深化合作、共克时艰、共谋发展而提出的合作构想。澜沧江—湄公河合作立足于次区域的发展需求，同时也是中国主动参与区域治理、提高自身话语权的初步尝试，正在逐渐发展成为共商共建共享"一带一路"的重要平台。澜沧江—湄公河合作确立了构建"澜湄国家命运共同体"的目标，有望成为"人类命运共同体"先行先试的样板。

（三）在澜湄次区域的发展进程中，GMS与LMC将长期共存

正是GMS的成功，才孕育和培养了LMC；LMC的建立和完善，也正是对GMS困境的突破与发展。在现阶段，两项机制各有优势和不足。LMC确立了"政治—安全、经济和可持续发展、社会—人文"三大支柱，呈现出由"外力"转向"内力"驱动的特点，更契合了次区域国家和地区的发展需求，具有更良好的发展潜力与发展前景。不过，GMS的发展历史相对悠久，既提供了合作模式与经验，也增进了次区域共同的利益，已经成为次区域内合作机制的一种标杆。即使澜沧江—湄公河合作有望"后来居上"，但就目前的情况来看，若要成功实现对大湄公河次区域经济合作的全面超越，仍有待时日。

（四）GMS与LMC应该且可以实现协调发展

这两项合作机制，对于各成员国而言，并不是"非此即彼"的选择题，次区域国家"喜新"但并没有"厌旧"。LMC不是对GMS的"另起炉灶"。尽管存在竞争的一面，但二者也有着广阔的合作空间。一方面，二者间的竞争并不存在"零和"的特点。竞争和合作本身也不是截然分开的，更多的情况下是一种相互并存、此消彼长的状态。另一方面，从次区域发展的现实情况来看，各国经济社会的发展水平仍然比较滞后，要实现次区域各国的共同繁荣与发展仍然是任重而道远，仅依靠某一个合作平台的资金、技术、智力支持是远远不够的，需要多方协力共同推进。因此，GMS与LMC应在有效发挥各

自功能性作用的基础上，实现相互协调、共同发展，最终次区域国家和这两项机制本身都会从中受益。

（五）我国应该引导和推进次区域合作的深化发展

要实现次区域合作由单一的、低水平合作向综合性的、高水平合作的跨越，需要在合作领域、合作机制以及合作主导权三个方面都随之提质升级，与次区域合作的发展需求实现动态匹配。在这一进程中，域内大国充分有效发挥主导作用将是深化合作的重要因素。我国应在区域公共产品供给方面"先行一步"，要充分考虑周边国家的长期发展需求，提供具有较强的针对性、开放性与包容性的区域公共产品，并促成周边国家在区域公共产品供给方面"积极跟进"，合理分担供给成本，有效实现区域公共产品的供给。同时，我国也应该协调好域外大国在相关地区的战略利益、重大关切，通过加强战略对话和协调，避免对抗，坚持良性竞争，共同维护和促进次区域的繁荣与稳定。

（六）我国需要对国际机制复杂化等问题给予关注，妥善处理创设机制与既有机制的关系

作为正在崛起的发展中国家，我国应对机制复杂化等问题给予重视。处理好创设机制与既有机制之间的关系，是关乎各成员国间合作态势，以及区域合作发展前景的关键问题。在策略选择上，处理创设机制与既有机制的策略主要是三种方式，即"另起炉灶"，"厚此薄彼"，"协同发展"。三者在处理创设机制与既有机制的竞合关系上，各有所侧重，对区域合作与地区秩序的构建却有着截然不同的影响。相较而言，"另起炉灶""厚此薄彼"更突出机制间的竞争关系，"协同发展"更突出的是合作关系。在当前的国际及地区政治经济环境下，构建机制间良性互动的协同发展，对于整个区域的和平、稳定、发展而言，将会是一个更为明智的现实选择。

二　未来研究的课题

（一）次区域合作未来的发展方向

本书通过分析和研究，提出次区域合作由"低阶"向"高阶"发展，是其演进发展的路径。但是当"高阶次区域合作"发展到一

定程度，其下一步的演进方向是什么呢？次区域合作的各参与方间建立起越来越紧密的政治经济、社会文化关系，是否可以向"命运共同体"发展呢？在现实层面，我国在全球和地区治理上，提出了"人类命运共同体""周边命运共同体"等发展理念和愿景。澜沧江—湄公河合作确立了构建"澜湄国家命运共同体"的发展目标，如何将理想转化成为现实？相关问题需要学理解释，也需要实践的检验。

目前，次区域合作呈现方兴未艾之势，次区域合作的新实践将推进相关研究的不断深化。对于这些新实践，研究者需要做的是进一步将其概念化、理论化，从而有益于国际社会。特别是中国学者应依据我国参与的次区域合作的新发展、新动态，相应地创造出新的合作理念、范式及理论，为推进次区域及区域合作理论的发展，提供更多来自中国的经验和智慧。

（二）次区域合作机制复杂化如何实现有效整合

随着中国综合国力的提升以及对外开放水平的提高，中国与周边国家的合作无论在广度还是深度上都得到显著的提升。正是在不断扩展和深化的地区合作中，中国参与并塑造区域及次区域合作的相关机制。不过，随着各项国际机制间成员身份、主要议题、规则制定等方面的交叠问题越来越明显，地区合作机制复杂化直接影响中国自身利益，这将是我国深化与周边国家和地区合作进程中长期面临的一个问题。

本书在大湄公河次区域经济合作与澜沧江—湄公河合作比较研究的基础上，提出二者应该且可以实现协调发展。但是，协调处理既有机制与创设机制的关系，在一定程度上，只能算是权宜之计。从长远来看，应该在条件具备的情况下，推进相关地区性、功能性国际机制的整合。一个整合的机制将是合法性程度最高的机制形式，能够大大降低合作成本，提高合作效率。随着合作的深化，各参与方政策偏好的趋同，利益的深度融合，可能会由此产生一个新的功能性制度领域。事实上，这种现象在澜湄次区域已经初步显现。由此，如何把握次区域合作发展的新趋势，有效推进大湄公河次区域经济合作与澜沧江—湄公河合作对接、整合，仍需要进一步的理论指导和实践探索。

参考文献

一 中文文献

（一）著作

"一带一路"沿线国家安全风险评估编委编:《"一带一路"沿线国家安全风险评估》,中国发展出版社 2015 年版。

柴瑜、陆建人、杨先明:《大湄公河次区域经济合作研究》,社会科学文献出版社 2007 年版。

丁斗:《东亚地区的次区域经济合作》,北京大学出版社 2001 年版。

丁文丽:《大湄公河次区域货币合作:理论、基础与对策》,人民出版社 2009 年版。

樊勇明、薄思胜:《区域公共产品理论与实践——解读区域合作新视点》,上海人民出版社 2011 年版。

樊勇明、钱亚平、饶芸燕:《区域国际公共产品与东亚合作》,上海人民出版社 2014 年版。

耿协峰:《新地区主义与亚太地区结构变动》,北京大学出版社 2003 年版。

胡志丁:《次区域合作与边境安全及边界效应调控研究》,人民出版社 2014 年版。

李光辉:《东北亚区域经济一体化战略研究——基于东亚区域经济合作框架的思考》,中国商务出版社 2011 年版。

李玫:《大湄公河次区域经济合作法律问题研究》,对外经济贸易大学出版社 2006 年版。

李铁立:《边界效应与跨边界次区域经济合作研究》,中国金融出版社 2005 年版。

李向阳：《"一带一路"：定位、内涵及需要优先处理的关系》，社会科学文献出版社 2015 年版。

李义敢、毛义强：《滇沪联合参加澜沧江—湄公河次区域合作研究》，云南民族出版社 2001 年版。

李义敢、唐新义、李平：《大西南联合参与澜沧江—湄公河次区域合作开发研究》，云南民族出版社 2001 年版。

刘金鑫：《澜沧江—湄公河次区域合作研究报告》，云南大学出版社 2016 年版。

刘卫东、田锦尘、欧晓理：《"一带一路"战略研究》，商务印书馆 2017 年版。

刘稚：《大湄公河次区域经济走廊建设研究》，云南大学出版社 2009 年版。

刘稚：《东南亚概论》，云南大学出版社 2007 年版。

刘稚、卢光盛：《大湄公河次区域合作发展报告》（蓝皮书）系列丛书，社会科学文献出版社 2011—2016 年版。

刘稚、卢光盛：《澜沧江—湄公河合作发展报告（2017）》（蓝皮书），社会科学文献出版社 2017 年版。

卢光盛：《地区主义与东盟经济合作》，上海辞书出版社 2008 年版。

卢光盛：《地缘政治视野下的西南周边安全与区域合作研究》，人民出版社 2012 年版。

卢光盛：《中国与大陆东南亚国家经济关系研究》，社会科学文献出版社 2014 年版。

马树洪：《东方多瑙河——澜沧江—湄公河流域开发探究》，云南人民出版社 2016 年版。

苏长和：《全球公共问题与国际合作：一种制度的分析》，上海人民出版社 2009 年版。

田野：《中国参与国际合作的制度设计：一种比较制度分析》，社会科学文献出版社 2017 年版。

王灵桂：《国外智库看"一带一路"（之一）》，社会科学文献出版社 2015 年版。

王灵桂：《国外智库看"一带一路"（之二）》，社会科学文献出版社

2016 年版。

王灵桂、赵江林：《"周边命运共同体"建设：挑战与未来》，社会科学文献出版社 2017 年版。

王义桅：《"一带一路"：机遇与挑战》，人民出版社 2015 年版。

王义桅：《世界是通的："一带一路"的逻辑》，商务印书馆 2015 年版。

王义桅：《"一带一路"战略构想：机遇与风险》，人民出版社 2015 年版。

王逸舟：《创造性介入：中国外交的转型》，北京大学出版社 2015 年版。

魏景赋、邱成利：《大湄公河次区域经济研究——GMS 机制内的产业与贸易合作》，文汇出版社 2010 年版。

许利平：《中国与周边命运共同体：构建和路径》，社会科学文献出版社 2016 年版。

亚洲开发银行研究院编：《亚洲基础设施建设》，邹湘、智银凤等译，社会科学文献出版社 2012 年版。

阎学通：《历史的惯性：未来十年的中国与世界》，中信出版社 2013 年版。

杨洁勉：《大整合：亚洲区域经济合作的趋势》，天津人民出版社 2007 年版。

杨小兵、曹忠祥：《迈向全球性大国的关键一步——我国国际次区域经济合作研究》，经济科学出版社 2015 年版。

喻常森：《亚太国家对中国崛起的认知与反应》，时事出版社 2013 年版。

张鸿：《区域经济一体化与东亚经济合作》，人民出版社 2006 年版。

张蕴岭：《在理想与现实之间——我对东亚合作的研究、参与和思考》，中国社会科学出版社 2015 年版。

郑先武：《安全、合作与共同体：东南亚安全区域主义理论与实践》，南京大学出版社 2009 年版。

郑先武：《区域间主义治理模式》，社会科学文献出版社 2014 年版。

中国—东盟商务理事会秘书处：《中国—东盟互联互通》，中国铁道出版社 2011 年版。

［美］奥尔森：《集体行动的逻辑》，陈郁、郭宇峰、李崇新译，格致
　　出版社 2014 年版。

［美］彼得·卡赞斯坦、罗伯特·基欧汉、斯蒂芬·克拉斯纳编：
　　《世界政治理论的探索与争鸣》，秦亚青等译，上海人民出版社
　　2006 年版。

［美］罗伯特·基欧汉：《霸权之后：世界政治经济中的合作与纷争
　　（增订版）》，苏长和等译，上海人民出版社 2012 年版。

［美］罗伯特·吉尔平：《国际关系政治经济学》，杨宇光等译，上海
　　人民出版社 2011 年版。

［美］罗伯特·吉尔平：《全球政治经济学》，杨宇光等译，上海人民
　　出版社 2013 年版。

［英］彼得·罗布森：《国际一体化经济学》，戴炳然译，上海译文出
　　版社 2001 年版。

［英］约翰·伊特韦尔等：《新帕尔格雷夫经济学大辞典》（第二
　　卷），经济科学出版社 1996 年版。

（二）文章

白如纯：《“一带一路”背景下日本对大湄公河次区域的经济外交》，
　　《东北亚学刊》2016 年第 3 期。

毕世鸿：《机制拥堵还是大国协调——区域外大国与湄公河地区开发
　　合作》，《国际安全研究》2013 年第 2 期。

毕世鸿：《澜湄合作如何深化》，《世界知识》2016 年第 12 期。

蔡拓、杨昊：《国际公共物品的供给：中国的选择与实践》，《世界经
　　济与政治》2012 年第 10 期。

柴瑜：《论亚行大湄公河次区域合作未来发展规划与中国的任务》，
　　《创新》2011 年第 1 期。

陈小鼎：《区域公共产品与中国周边外交新理念的战略内涵》，《世界
　　经济与政治》2016 年第 8 期。

储昭根：《竞合主义：国际关系理论的新探索》，《太平洋学报》2015
　　年第 8 期。

丁斗：《图们江和澜沧江—湄公河增长三角：次区域经济合作的一种

研究》，《战略与管理》1998 年第 3 期。

东艳：《全球贸易规则的发展趋势与中国的机遇》，《国际经济评论》
　　2014 年第 1 期。

东艳、冯维江、邱薇：《深度一体化：中国自由贸易区战略的新趋
　　势》，《当代亚太》2009 年第 4 期。

董锐：《国际次区域经济合作的概念演进及理论研究综述》，《呼伦贝
　　尔学院学报》2009 年第 5 期。

杜兰：《中美在中南半岛的竞争态势及合作前景》，《南洋问题研究》
　　2016 年第 3 期。

樊勇明：《从国际公共产品到区域公共产品——区域合作理论的新增
　　长点》，《世界经济与政治》2010 年第 1 期。

樊勇明：《区域性国际公共产品——解释区域合作的另一个理论观
　　点》，《世界经济与政治》2008 年第 1 期。

付琴雯：《中国参与跨界水资源治理的法律立场和应对——以新"澜
　　湄机制"为视角》，《学术探索》2017 年第 3 期。

付瑞红：《湄公河次区域经济合作的阶段演进与中国的角色》，《东南
　　亚纵横》2009 年第 5 期。

付瑞红：《亚洲开发银行与湄公河次区域经济合作》，《东南亚研究》
　　2009 年第 3 期。

宫玉涛：《近年来缅甸国内的民族冲突对我国西南边疆地区的影响》，
　　《西南民族大学学报》2016 年第 2 期。

广西社会科学院课题组：《东盟成立 40 周年大事记》，《东南亚纵横》
　　2007 年第 7 期。

郭鸽：《国家利益、意识形态和对外政策》，《太平洋学报》2005 年
　　第 12 期。

郭延军：《"一带一路"建设中的中国周边水外交》，《亚太安全与海
　　洋研究》2015 年第 4 期。

郭延军：《权力流散与利益分享——湄公河水电开发新趋势与中国的
　　应对》，《世界经济与政治》2014 年第 10 期。

郭延军：《中国参与澜沧江—湄公河水资源治理：政策评估与未来走
　　势》，《中国周边外交学刊》2015 年第 1 期。

郭延军、任娜：《湄公河下游水资源开发与环境保护——各国政策取
　　向与流域治理》，《世界经济与政治》2013 年第 7 期。

郭振雪：《大湄公河次区域合作国内外研究：回顾与分析》，《东南亚
　　纵横》2013 年第 9 期。

贺平：《跨区域主义：基于意愿联盟的规制融合》，《复旦国际关系评
　　论》2014 年第 2 期。

贺平：《日本主导下的亚洲开发银行：历史、现在与未来》，《复旦国
　　际关系评论》第十六辑。

贺圣达：《大湄公河次区域合作：复杂的合作机制和中国的参与》，
　　《南洋问题研究》2005 年第 1 期。

贺圣达：《澜沧江—湄公河次区域合作的理论与方法》，《东南亚》
　　1997 年第 2 期。

胡向春：《缅甸克伦武装冲突解析》，《现代军事》2014 年第 11 期。

胡志丁、骆华松、夏显芳、阳茂庆：《次区域合作及其发展的成
　　因——一个跨学科视角的分析》，《世界地理研究》2010 年第 2 期。

黄河：《公共产品视角下的"一带一路"》，《世界经济与政治》2015
　　年第 6 期。

黄河：《区域公共产品与区域合作——解决 GMS 国家环境问题的新视
　　角》，《国际观察》2010 年第 2 期。

黄河：《区域性公共产品：东亚区域合作的新动力》，《南京师大学
　　报》2010 年第 3 期。

黄河、杨海燕：《区域性公共产品与澜湄合作机制》，《深圳大学学
　　报》（人文社会科学版）2017 年第 1 期。

黄征学、肖金成、申兵：《中国参与澜沧江—湄公河国际次区域合作
　　的思路及对策》，《区域经济评论》2013 年第 3 期。

黄志勇、邝中、颜洁：《亚洲开发银行的运行分析及其对筹建亚洲基
　　础设施投资银行的启示》，《东南亚纵横》2013 年第 11 期。

姜永铭：《论跨国次区域经济合作的边界》，《延边大学学报》（社会
　　科学版）2008 年第 4 期。

鞠海龙、邵先成：《中国—东盟减贫合作：特点及深化路径》，《国际
　　问题研究》2015 年第 4 期。

孔凡伟：《制度互动研究：国际制度研究的新领域》，《国际观察》
　　2009 年第 3 期。

郎平：《发展中国家区域经济一体化框架下的政治合作》，《世界经济
　　与政治》2012 年第 8 期。

李晨阳：《澜沧江—湄公河合作：机遇、挑战与对策》，《学术探索》
　　2016 年第 1 期。

李金明：《当前南海局势与越南的南海政策》，《学术前沿》2016 年
　　第 12 期。

李平：《大湄公河次区域（GMS）合作 20 年综述》，《东南亚纵横》
　　2012 年第 2 期。

李少军：《论中国双重身份的困境与应对》，《世界经济与政治》2012
　　年第 4 期。

李巍：《东亚经济地区主义的终结？——制度过剩与经济整合的困
　　境》，《当代亚太》2011 年第 4 期。

李向阳：《跨太平洋伙伴关系协定：中国崛起过程中的重大挑战》，
　　《国际经济评论》2012 年第 2 期。

李向阳：《论海上丝绸之路的多元化合作机制》，《世界经济与政治》
　　2014 年第 11 期。

李向阳：《区域经济合作中的小国战略》，《当代亚太》2008 年第 3 期。

李向阳：《全球化条件下的区域经济合作》，《世界经济》2002 年第 5 期。

李向阳：《新区域主义与大国战略》，《国际经济评论》2003 年第
　　7 期。

李志斐：《水问题与国际关系：区域公共产品视角的分析》，《外交评
　　论》2013 年第 2 期。

李志斐：《中国周边水资源安全关系之分析》，《国际安全研究》2015
　　年第 3 期。

刘阿明：《权力转移过程中的东南亚地区秩序》，《世界经济与政治》
　　2009 年第 6 期。

刘传春：《中国对外合作机制的身份认同功能：以澜湄合作机制为例
　　的分析》，《国际论坛》2017 年第 6 期。

刘均胜：《澜湄合作：示范亚洲命运共同体建设》，《中国经济周刊》

2016 年第 13 期。

刘振民：《坚持合作共赢　携手打造亚洲命运共同体》，《国际问题研究》2014 年第 2 期。

刘振民：《为构建亚洲命运共同体营造和平稳定的地区环境》，《国际问题研究》2015 年第 1 期。

刘稚：《澜沧江—湄公河次区域经济合作的现状与前景》，《当代亚太》2000 年第 5 期。

刘稚、徐秀良：《"一带一路"背景下澜湄合作的定位及发展》，《云南大学学报》（社会科学版）2017 年第 5 期。

卢光盛：《国际公共产品与中国—大湄公河次区域国家关系》，《创新》2011 年第 3 期。

卢光盛：《澜沧江—湄公河合作机制与中国—中南半岛经济走廊建设》，《东南亚纵横》2016 年第 6 期。

卢光盛：《澜湄机制如何从湄公河地区诸多边机制中脱颖而出？》，《当代世界》2016 年第 5 期。

卢光盛：《湄公河航道的地缘政治经济学：困境与出路》，《深圳大学学报》（人文社会科学版）2017 年第 1 期。

卢光盛：《区域性国际公共产品与 GMS 合作的深化》，《云南师范大学学报》2015 年第 4 期。

卢光盛、别梦婕：《"命运共同体"视角下的周边外交理论探索和实践创新——以澜湄合作为例》，《国际展望》2018 年第 1 期。

卢光盛、别梦婕：《澜湄国家命运共同体：理想与现实之间》，《当代世界》2018 年第 1 期。

卢光盛、别梦婕：《澜湄合作机制：一个"高阶的"次区域主义》，《亚太经济》2017 年第 2 期。

卢光盛、雷著宁：《澜湄机制是中国—东盟合作新纽带》，《世界知识》2016 年第 16 期。

卢光盛、罗会琳：《从培育期进入成长期的澜湄合作：新意、难点和方向》，《边界与海洋研究》2018 年第 2 期。

卢光盛、罗会琳：《澜湄合作：发展评估和未来方向》，《世界知识》2018 年第 3 期。

卢光盛、张励：《澜沧江—湄公河合作机制与跨境安全治理》，《南洋问题研究》2016 年第 3 期。

卢光盛、张励：《澜湄合作机制：升级澜湄流域地缘政治经济架构的新通道》，《世界知识》2017 年第 3 期。

罗梅、马金岸：《大湄公河次区域经济合作回眸》，《当代世界》2008 年第 9 期。

罗圣荣：《奥巴马政府介入湄公河地区合作研究》，《东南亚研究》2013 年第 6 期。

马建英：《美国对中国"一带一路"倡议的认知与反应》，《世界经济与政治》2015 年第 10 期。

马学礼：《重塑规则还是整合地缘：亚太经济深度一体化的模式之争》，《东南亚研究》2015 年第 5 期。

门洪华：《构建新型国际关系：中国的责任与担当》，《世界经济与政治》2016 年第 3 期。

莫泰尧、李平：《大西南联合参与澜沧江—湄公河次区域经济合作的探讨》，《思想战线》2000 年第 2 期。

庞中英：《论"一带一路"中的国际"对接"》，《探索与争鸣》2016 年第 5 期。

渠立权、胡志丁、洪菊花、骆华松：《次区域合作背景下的云南边境区域经济合作研究》，《资源开发与市场》2017 年第 2 期。

全毅：《中国—东盟澜湄合作机制建设背景及重要意义》，《国际贸易》2016 年第 8 期。

任娜、郭延军：《大湄公河次区域合作：问题与对策》，《战略决策研究》2012 年第 2 期。

任远喆：《奥巴马政府的湄公河政策及其对中国的影响》，《现代国际关系》2013 年第 2 期。

阮思阳、李宇薇：《澜沧江—湄公河国际水运通道建设研究》，《广西社会科学》2016 年第 6 期。

邵建平：《澜沧江—湄公河合作机制的推进路径探析》，《广西社会科学》2016 年第 7 期。

沈铭辉：《大湄公河次区域经济合作：复杂的合作机制与中国角色》，

《亚太经济》2012 年第 3 期。

时殷弘：《"一带一路"：祈愿审慎》，《世界经济与政治》2015 年第
  7 期。

孙云飞：《从"搭便车"到"被搭便车"：中国供应地区安全公共产
  品的选择》，《太平洋学报》2015 年第 9 期。

田野：《国际制度的形式选择——一个基于国家间交易成本的模型》，
  《经济研究》2005 年第 7 期。

屠酥、胡德坤：《澜湄水资源合作：矛盾与解决路径》，《国际问题研
  究》2016 年第 3 期。

王存刚：《国家发展战略对接与新型国际关系构建——以中国的"一
  带一路"战略为例》，《中国战略报告》2016 年第 2 期。

王明国：《国际制度复杂性与东亚一体化进程》，《当代亚太》2013
  年第 1 期。

王亚军：《"一带一路"倡议的理论创新与典范价值》，《世界经济与
  政治》2017 年第 3 期。

王琰婷：《浅析大湄公河次区域合作》，《东南亚纵横》2007 年第
  9 期。

王义桅：《以和合共生实现三重超越》，《人民论坛·学术前沿》2013
  年第 12 期。

王玉主：《关于进一步推进泛北部湾经济合作的几点思考》，《东南亚
  纵横》2018 年第 2 期。

王玉主：《区域公共产品供给与东亚合作主导权问题的超越》，《当代
  亚太》2011 年第 6 期。

韦红、魏智：《中国—东盟救灾区域公共产品供给研究》，《东南亚研
  究》2014 年第 3 期。

吴世韶：《从"次区域经济合作"到"次区域合作"：概念辨析》，
  《社会主义研究》2011 年第 1 期。

吴泽林：《亚洲区域合作的互联互通：一个初步的分析框架》，《世界
  经济与政治》2016 年第 6 期。

武友德、李灿松、李正、张磊：《澜沧江—湄公河流域合作治理体系
  的理论基础与实现途径》，《云南师范大学学报》（哲学社会科学

版）2016 年第 5 期。

谢念亲、谢娟：《文化认同与东亚合作》，《亚非纵横》2012 年第 1 期。

邢广程：《理解中国现代丝绸之路战略——中国与世界深度互动的新型链接范式》，《世界经济与政治》2014 年第 12 期。

邢伟：《水资源治理与澜湄命运共同体建设》，《太平洋学报》2016 年第 6 期。

薛力：《美国再平衡战略与中国"一带一路"》，《世界经济与政治》2016 年第 5 期。

杨洁勉：《中国特色大国外交和话语权的使命与挑战》，《国际问题研究》2016 年第 5 期。

杨权：《新地区主义范式及其对东亚经济一体化的解释》，《世界经济研究》2005 年第 4 期。

袁天昂、唐青生：《中国在大湄公河次区域金融合作中的战略选择》，《云南财经大学学报》2008 年第 4 期。

张艾莲、刘柏：《亚洲基础设施投资格局背后的中日经济博弈与制衡》，《日本学刊》2015 年第 4 期。

张建平、樊子嫣：《"一带一路"国家贸易投资便利化状况及相关措施需求》，《国家行政学院学报》2016 年第 1 期。

张励、卢光盛：《从应急补水看澜湄合作机制下的跨境水资源合作》，《国际展望》2016 年第 5 期。

张励、卢光盛、［美］伊恩·乔治·贝尔德：《中国在澜沧江—湄公河跨界水资源合作中的信任危机与互信建设》，《印度洋经济体研究》2016 年第 2 期。

张锡镇：《中国参与大湄公河次区域合作的进展、障碍与出路》，《南洋问题研究》2007 年第 3 期。

张晓静：《亚太区域合作深度一体化与生产网络的关联性》，《亚太经济》2015 年第 1 期。

张业亮：《美国的全球卫生安全政策——以大湄公河次区域为例的国际政治分析》，《美国研究》2014 年第 3 期。

张蕴岭：《东盟 50 年的思考》，《世界知识》2017 年第 14 期。

张蕴岭：《中国的周边区域观回归与新秩序构建》，《世界经济与政治》2015 年第 1 期。

赵永利、鲁晓东：《中国与周边国家的次区域经济合作》，《国际经济合作》2003 年第 3 期。

钟飞腾：《澜湄合作可有效缓解南海紧张局势》，《世界知识》2016 年第 18 期。

周士新：《澜沧江—湄公河合作机制：动力、特点和前景分析》，《东南亚纵横》2018 年第 1 期。

周新：《"一带一路"战略下澜沧江—湄公河货运法律冲突研究》，《法学杂志》2017 年第 2 期。

［泰］Chayodom Sabhasr、iPiti Srisangnam：《澜湄合作：从"信任危机"到"可持续的信任建构过程"》，王海峰、蓝襄云译，《中国—东盟研究》2017 年第 2 期。

［泰］汤之敏、谢捷魁：《升级版中国—东盟自由贸易区：中南半岛东盟国家的视角》，《东南亚纵横》2014 年第 10 期。

［日］西泽信善：《湄公河地区开发与日本的国际合作——日趋激烈的日中竞争》，《南洋译丛》2010 年第 1 期。

［日］西泽信善：《湄公河地区开发与日本的政府开发援助》，《南洋译丛》2011 年第 1 期。

马学礼：《东亚经济合作中的区域公共产品供给研究》，博士学位论文，吉林大学，2016 年。

王在亮：《改革开放以来中国区域合作理论研究》，博士学位论文，东北师范大学，2014 年。

吴世韶：《中国与东南亚国家间次区域经济合作研究》，博士学位论文，华中师范大学，2011 年。

张杰：《次区域经济合作研究——以大图们江次区域经济合作为中心》，博士学位论文，吉林大学，2009 年。

二 外文文献

（一）著作

Alexander Wendt, *Social Theory of International Politics*, Cambridge：

Cambridge University Press, 1999.

Bela A. Balassa, *The Theory of Economic Integration*, London: George Allen & Unwin, LTD, 1962.

Bruce Russett, *International Regions and the International System: A Study in Political Ecology*, Chicago: Rand Mcnally Company, 1967.

Buzan Barry, *The Asia-Pacific: What Sort of Region in What Sort of World?* Mcgrew Anthony, Brook Christopher eds. Asia-Pacific in the New World Order. London: Routledge, 1998.

Louis J. Cantori, Steven L. Spiegel, *The International Politics of Regions: A Comparative Approach*, New York: Prentice Hall, 1970.

David Mitrany, *A Working Peace System*, London: Royal Institute of International Affairs, 1943.

David Mitrany, *The Progress of International Commitment*, New Haven, CT: Yale University Press, 1933.

Ernst Haas, *Beyond the Nation-State: Functionalism and International Organization*, California: Stanford University Press, 1964.

Jacob Viner, *The Customs Union Issue*, New York: Carnegie Endowment for International Peace, 1950.

James E. Dougherty, Robert L. Pfaltzgraff, Jr., *Contending Theories of International Relations: A Comprehensive Survey (fifth Edition)*, New York: Addison Wesley Longman, Inc., 2000.

Jim Glassman, *Bounding the Mekong: the Asian Development Bank, China, and Thailand*, University of Hawaii Press, 2010.

Joseph S. Nye, *International Regionalism: Readings*, Boston: Little, Brown and Company, 1968.

Joseph S. Nye, *Peace in Parts: Integration and Conflict in Regional Organization*, Boston: Little, Brown and Company, 1997.

Min Tang and Myo Thant, "Growth Triangles: Conceptual and Operational Considerations", in Myo Thant, Min Tang and Hiroshi Kakazu eds., *Growth Triangles in Asia: A New Approach to Regional Economic Cooperation*, Hong Kong: Oxford University Press, 1994.

Paul Taylor, "Functionalism: The Approach of David Mitrany", in A. J. R. Groom and Paul Taylor, eds., *Framework for International Cooperation*, London: Pinter Publishers, 1990.

Robert Gilpin, *War and Change in World Politics*, Cambridge: Cambridge University Press, 1981.

Robert O. Keohane, *After Hegemony: Cooperation and Discord in the World Political Economy*, Princeton NJ: Princeton University Press, 1984.

R. J. Harrison, "Neo-Fuctionalism", in A. J. R. Groom and Paul Taylor, eds., *Framewok for International Cooperation*, 2nd ed., London: Pinter, 1994.

Tom Nierop, *Systems and Regions in Global Politics: An Empirical Study of Diplomacy*, International Organization and Trade 1950 – 1991, Chichester: John Wiley, 1994.

(二) 英文论文

Alex Liebman, "Trickle-down Hegemony: China's 'Peaceful Rise' and Dam Building on the Mekong", *Contemporary Southeast Asia*, Vol. 27, No. 2, 2005.

Alfred Oehlers, "A Critique of ADB Policies Towards the Greater Mekong Sub-region", *Journal of Contemporary Asia*, Vol. 36, 2006.

Andrea Haefner, "Regional Environmental Security: Cooperation and Challenges in the Mekong Subregion", *Global Change, Peace & Security*, Vol. 25, No. 1, 2013.

Calla Wiemer, "Economic Corridors for the Greater Mekong Subregion", *EAI Background Brief*, No. 479, 2009.

Christopher Kilby, "Donor Influence in Multilateral Development Banks: the Case of the Asian Development Bank", *Review of International Organizations*, Vol. 1, No. 2, 2006.

Cinar, E., Joseph Johnson, and Katherine Geusz, "Estimating Chinese Trade Relationships with the Silk Road Countries", *China & World Economy*, Vol. 24, No. 1, 2016.

Ernst B. Haas, "International Integration: The European and the Universal

Process", *International Organization*, Vol. 15, No. 3, 1961.

Wilfred J. Ethier, "The New Regionlism", *The Economic Journal*, Vol. 108, No. 449, 1998.

Jeffrey Frankel, Ernesto Stein, Shang-jin Wei, "Trade Blocs and the Americans: The Natural, the Unnatural, and the Super-natural", *Journal of Development Economic*, Vol. 47, 1995.

Joseph S. Nye, "Comparative Regional Integration: Concepts and Measurement", *International Organization*, Vol. 22, No. 4, 1968.

Paul Taylor, "The Funerionalist Approach to the Problem of International Order", *A Defence Political Studies*, Vol. 16, No. 3, 1968.

Pech Sokhem, Kengo Sunada & Satoru Oishi, "Managing Transboundary Rivers: The Case of the Mekong River Basin", *Water International*, Vol. 32, No. 4, 2007.

Peter Ferdinand, "Westward ho-the China Dream and 'One Belt, One Road': Chinese Foreign Policy Under Xi Jinping", *International Affairs*, Vol. 92, No. 4, 2016.

Philippe Schmitter, "Three Neo-Functional Hypotheses about International Integration", *International Organization*, Vol. 23, No. 1, 1969.

Richard Lipsey, "Economic Unions, in International Encyclopedia of the Social Sciences", Vol. 7, New York: Macmilian Company & The Free Press, 1972.

Robert Powell, "Stability and the Distribution of Power", *World Politics*, Vol. 48, No. 2, 1996.

Samuelson P. A., "The Pure Theory of Public Expenditure", *The Review of Economics and Statistics*, 1954.

Sebastian Biba, "China's Continuous Dam: Building on the Mekong River", *Journal of Contemporary Asia*, Vol. 42, No. 4, 2012.

Timo Menniken, "China's Performance in International Politics: Lessons from the Mekong", *Contemporary Southeast Asia*, Vol. 29, No. 1, 2007.

Tom Nierop, "Macro-regions and the Global Institutional Network, 1950 – 1980", *Political Geography Quarterly*, Vol. 8, No. 1, 1989.

Vannarith Chheang, "Environment and Economic Cooperation in the Me-
　　kong River", *Asia Europe Journal*, Vol. 8, 2010.

Walden Bello, "ADB 2000: Senior Officials and Internal Documents Paint
　　Institution in Confusion", *Focus on Trade*, No. 49, 2000.

三　网站

亚洲开发银行（https://www.adb.org）。

世界经济论坛（https://www.weforum.org）。

中国政府网（http://www.gov.cn）。

中华人民共和国外交部（http://www.fmprc.gov.cn）。

中华人民共和国财政部（http://gjs.mof.gov.cn）。

澜沧江—湄公河合作中国秘书处（http://www.lmcchina.org）。

人民网（http://politics.people.com.cn）。

新华网（http://news.xinhuanet.com）。

后　记

　　本书是在我的博士论文《大湄公河次区域经济合作与澜沧江—湄公河合作比较研究》（云南大学，2018 年）的基础上修改、补充完成的，在 2019 年和 2020 年又对相关数据和部分内容进行了更新。在攻读博士学位期间，我得到了众多良师、益友及家人的关心与支持，这份情谊铭记于心。

　　感谢给予我教导和帮助的云南大学国际关系研究院的各位老师们。特别感谢我的导师卢光盛教授，我有幸在硕士研究生阶段就师从卢老师。在云大的学习、论文的写作，以及本书的出版上，我都得到了卢老师的悉心指导和帮助。卢老师的言传身教，让我不仅习得丰富的理论知识，也学到了严谨的治学风格，这些于我将受益终身。感谢刘稚教授、李晨阳教授，两位老师多年来对我求学之路予以指引，鼓励我突破学术瓶颈，帮助我提高学术修养，在此表示衷心感谢。

　　感谢云南师范大学马克思主义学院的各位领导和同事。罗文教授、吴若飞教授为我提供了很多的支持和帮助，刘化军、刘丽琼、张旭、邱强、杨胜荣诸教授也给予我关心与照顾，让我得以协调好工作与学业，不胜感激。

　　特别感谢我的家人，他们是我前进的动力，也是我最坚强的后盾。感恩我的父亲金庆树和母亲林乐媛，一直陪伴在我身边，尽心尽力地帮助我照顾两个年幼的孩子，鼓励我克服所有的困难，让我有力量勇敢前行。

在本书的研究和写作过程中，我参考了国内外学术同行的研究成果，已在参考文献部分尽量列明来源，在此向学界同行致以谢意。对于书中存在的错漏，我表示遗憾并将在以后的工作中加以改正。

金珍

2021 年 5 月